Kohlhammer

Psychotherapie kompakt

Begründet von

Harald J. Freyberger
Rita Rosner
Ulrich Schweiger
Günter H. Seidler
Rolf-Dieter Stieglitz
Bernhard Strauß

Herausgegeben von

Harald J. Freyberger
Rita Rosner
Günter H. Seidler
Rolf-Dieter Stieglitz
Bernhard Strauß

Heidi Möller
Mathias Lohmer

Supervision in der Psychotherapie

Grundlagen – Forschung – Praxis

Unter Mitarbeit von

Thomas Giernalczyk, Martin Stellpflug,
Jan Moeck, Isabell Diermann,
Silja Kotte, Sylvia Wagenaar,
Gisela Grünewald-Zemsch,
Michael Stasch, Andreas Herrmann

Verlag W. Kohlhammer

Dieses Werk einschließlich aller seiner Teile ist urheberrechtlich geschützt. Jede Verwendung außerhalb der engen Grenzen des Urheberrechts ist ohne Zustimmung des Verlags unzulässig und strafbar. Das gilt insbesondere für Vervielfältigungen, Übersetzungen, Mikroverfilmungen und für die Einspeicherung und Verarbeitung in elektronischen Systemen.

Die Wiedergabe von Warenbezeichnungen, Handelsnamen und sonstigen Kennzeichen in diesem Buch berechtigt nicht zu der Annahme, dass diese von jedermann frei benutzt werden dürfen. Vielmehr kann es sich auch dann um eingetragene Warenzeichen oder sonstige geschützte Kennzeichen handeln, wenn sie nicht eigens als solche gekennzeichnet sind.

Es konnten nicht alle Rechtsinhaber von Abbildungen ermittelt werden. Sollte dem Verlag gegenüber der Nachweis der Rechtsinhaberschaft geführt werden, wird das branchenübliche Honorar nachträglich gezahlt.

1. Auflage 2017

Alle Rechte vorbehalten
© W. Kohlhammer GmbH, Stuttgart
Gesamtherstellung: W. Kohlhammer GmbH, Stuttgart

Print:
ISBN 978-3-17-029843-9

E-Book-Formate:
pdf: ISBN 978-3-17-029844-6
epub: ISBN 978-3-17-029845-3
mobi: ISBN 978-3-17-029846-0

Für den Inhalt abgedruckter oder verlinkter Websites ist ausschließlich der jeweilige Betreiber verantwortlich. Die W. Kohlhammer GmbH hat keinen Einfluss auf die verknüpften Seiten und übernimmt hierfür keinerlei Haftung.

Geleitwort zur Reihe

Die Psychotherapie hat sich in den letzten Jahrzehnten deutlich gewandelt: In den anerkannten Psychotherapieverfahren wurde das Spektrum an Behandlungsansätzen und -methoden extrem erweitert. Diese Methoden sind weitgehend auch empirisch abgesichert und evidenzbasiert. Dazu gibt es erkennbare Tendenzen der Integration von psychotherapeutischen Ansätzen, die sich manchmal ohnehin nicht immer eindeutig einem spezifischen Verfahren zuordnen lassen.

Konsequenz dieser Veränderungen ist, dass es kaum noch möglich ist, die Theorie eines psychotherapeutischen Verfahrens und deren Umsetzung in einem exklusiven Lehrbuch darzustellen. Vielmehr wird es auch den Bedürfnissen von Praktikern und Personen in Aus- und Weiterbildung entsprechen, sich spezifisch und komprimiert Informationen über bestimmte Ansätze und Fragestellungen in der Psychotherapie zu beschaffen. Diesen Bedürfnissen soll die Buchreihe »Psychotherapie kompakt« entgegenkommen.

Die von uns herausgegebene neue Buchreihe verfolgt den Anspruch, einen systematisch angelegten und gleichermaßen klinisch wie empirisch ausgerichteten Überblick über die manchmal kaum noch überschaubare Vielzahl aktueller psychotherapeutischer Techniken und Methoden zu geben. Die Reihe orientiert sich an den wissenschaftlich fundierten Verfahren, also der Psychodynamischen Psychotherapie, der Verhaltenstherapie, der Humanistischen und der Systemischen Therapie, wobei auch Methoden dargestellt werden, die weniger durch ihre empirische, sondern durch ihre klinische Evidenz Verbreitung gefunden haben. Die einzelnen Bände werden, soweit möglich, einer vorgegeben inneren Struktur folgen, die als zentrale Merkmale die Geschichte und Entwicklung des Ansatzes, die Verbindung zu anderen

Methoden, die empirische und klinische Evidenz, die Kernelemente von Diagnostik und Therapie sowie Fallbeispiele umfasst. Darüber hinaus möchten wir uns mit verfahrensübergreifenden Querschnittsthemen befassen, die u. a. Fragestellungen der Diagnostik, der verschiedenen Rahmenbedingungen, Settings, der Psychotherapieforschung und der Supervision enthält.

Harald J. Freyberger (Stralsund/Greifswald)
Rita Rosner (Eichstätt-Ingolstadt)
Günter H. Seidler (Dossenheim/Heidelberg)
Rolf-Dieter Stieglitz (Basel)
Bernhard Strauß (Jena)

Inhalt

Geleitwort zur Reihe 5

Vorwort der Autoren 15

A   Grundlagen der Supervision

1   Ein Wirkmodell der Supervision 21
Mathias Lohmer

1.1   Das Dreieck der Supervision 21
    1.1.1   Der Pol des Patienten 22
    1.1.2   Der Pol des Psychotherapeuten 23
    1.1.3   Der Pol des Supervisors 24

1.2   Der dynamische Regelkreis des Supervisionsprozesses 25
    1.2.1   Die intrapsychische Dynamik im Patienten .. 26
    1.2.2   Die interpersonelle Dynamik Patient – Therapeut 27
    1.2.3   Die interpersonelle Dynamik Supervisand – Supervisionsgruppe – Supervisor 28
    1.2.4   Die interpersonelle Dynamik Therapeut – Patient 30
    1.2.5   Auswirkung auf die intrapsychische Dynamik im Patienten 31

1.3   Fazit: Supervision als Triangulierung und Containment 32

2	Selbstreflexion in der Supervision – sehnsüchtig gewünscht und ängstlich vermieden	34

Thomas Giernalczyk

2.1	Einführung	34
2.2	Aspekte der Gegenübertragung	35
2.3	Selbstreflexion in der Ausbildungssupervision	37
2.4	Auseinandersetzung mit der Übertragung in der Ausbildung von Supervisoren	41
2.5	Innenkreis	42
2.6	Außenkreis	44
2.7	Das Agieren unbemerkter Übertragung	45
2.8	Die zweite Chance – Metakommunikation und Selbsterfahrung	47
	»Das Ungesagte Gedachte«	47
	Schaukasten: Gedachtes Ungesagtes	49
2.9	Fazit	50

3	Der Kontext der Supervision	51

Mathias Lohmer und Heidi Möller

3.1	Supervision im stationären Kontext	51
	3.1.1 Die interne Supervision	52
	3.1.2 Die externe Supervision	53
3.2	Supervision im ambulanten Kontext	62
	3.2.1 Die Rollen des Supervisors	63
3.3	Fazit	64

4	Rechtliche Grundlagen der Supervision in der Psychotherapie	66

Martin Stellpflug und Jan Moeck

4.1	Supervision in der Ausbildung und Supervision für Approbierte	66
4.2	Der Supervisionsvertrag	67
4.3	Haftung des Supervisors	69
	4.3.1 Haftung gegenüber dem Supervisanden	69
	4.3.2 Haftung gegenüber dem Patienten..........	70
4.4	Berufsrechtliche Vorgaben	73

4.4.1	Supervision als Berufsausübung	73
4.4.2	Berufsrechtliche Anforderungen an Ankündigung und Ausübung von Supervision	75
4.4.3	Pflicht zur gewissenhaften Berufsausübung	75
4.4.4	Schweigepflicht	76
4.4.5	Dokumentationspflicht	79
4.4.6	Abstinenzgebot	82
4.4.7	Zusammenfassung	83

B Empirische Zugänge in der Supervision

5 Zum Stand der Forschung in der Klinischen Supervision .. 89
Heidi Möller, Isabell Diermann und Silja Kotte
- 5.1 Die Forschungslandschaft zur Supervision 89
- 5.2 Einblicke in den Forschungsstand zur psychotherapeutischen Supervision 90
  - 5.2.1 Tatsächliche Inanspruchnahme von Supervision und Intervision durch Psychotherapeuten 91
  - 5.2.2 Befunde zur Wirksamkeit von psychotherapeutischer Supervision 92
  - 5.2.3 Einflussfaktoren auf die Wirksamkeit psychotherapeutischer Supervision 96
- 5.3 Implikationen für Forschung und Praxis 100

6 Intervision als Qualitätssicherungsinstrument in der Psychotherapie 104
Heidi Möller und Sylvia Wagenaar
- 6.1 Einführung 104
- 6.2 Methode und Stichprobe 105
- 6.3 Ergebnisse 106
  - 6.3.1 Inanspruchnahme von Intervision und Supervision 106
  - 6.3.2 Gestaltung der Rahmenbedingungen von Intervisionsgruppen 107
  - 6.3.3 Prinzip der Leiterlosigkeit 109

	6.3.4	Die inhaltliche Arbeit von Intervisions- gruppen – Themen und Inhalte der Treffen	110
	6.3.5	Abgrenzung zum Format Supervision	110
	6.3.6	Merkmale guter und schlechter Intervisionssitzungen	111
	6.3.7	Funktion und Wirkung von Intervision	112
6.4	Diskussion		113
	6.4.1	Kernmerkmal ›Berufsbezogene Fälle‹	113
	6.4.2	Kernmerkmal ›Gruppenmodus‹	114
	6.4.3	Kernmerkmal ›Ablaufsystematik und Rollenstruktur‹	115
	6.4.4	Kernmerkmal ›Wechselseitigkeit‹	116
	6.4.5	Das Ergebnis in Bezug auf die Wirkung von Intervision	117
6.5	Ausblick		118

7 Supervision in der psychoanalytischen Ausbildung: Notwendigkeiten – Facetten – Stolpersteine ... 120
Gisela Grünewald-Zemsch

7.1	Rahmenbedingungen der Supervision während der Ausbildung		121
	7.1.1	Passung zwischen Supervisand und Supervisor – die erste gemeinsame Sicht auf den Patienten	121
	7.1.2	Die Unterschrift – Ausgangspunkt einer ersten institutionellen Verwicklung	122
7.2	Supervision während der Ausbildung – was geschieht da?		123
	7.2.1	Das supervisorische Setting	124
7.3	Konzepte des Verstehens in der Supervision		125
	7.3.1	Die triadische intersubjektive Matrix	125
	7.3.2	Der Parallelprozess	126
	7.3.3	Projektive Identifizierung	126
	7.3.4	Beratung	126
	7.3.5	»Verstehen« des Behandlungsgeschehens: eine unmögliche Aufgabe?	127

		7.3.6	Die Supervisionsbeziehung als Beziehung mit erheblichem institutionellen Wirkungsgrad	128

7.4 Die Supervision im Kontext der institutionellen Bedingungen 131
    7.4.1 Ausbildung als primäre Aufgabe der psychoanalytischen Ausbildungsinstitute 131
    7.4.2 Supervision in der psychoanalytischen Ausbildung als »institutionelle« Kränkung .. 132
    7.4.3 Supervision als ein Geschehen, an dem viele institutionelle Aspekte beteiligt sind ... 133
    7.4.4 »Thinking under fire« – ein Forschungsprojekt zur Erforschung der emotionalen und institutionellen Aspekte der Supervisionsbeziehung 134
    7.4.5 Ein gutes Ende? 136

C Methodische Zugänge in der Supervision

8 OPD-gestützte Fallsupervision in einem interdisziplinären Team 141
Michael Stasch
8.1 Einleitung 141
8.2 Herausforderungen an die stationäre Psychotherapie 142
8.3 Die Achse »Beziehung« der OPD – ein kurzer Exkurs 144
8.4 Beziehungsmuster als Bewältigung von Konflikt und Struktur 145
    8.4.1 Dysfunktionale Beziehungsmuster als Konfliktbewältigung 146
    8.4.2 Ein strukturelles Unvermögen »vergröbert« das Beziehungsmuster 147
    8.4.3 Das Beziehungsmuster schützt strukturelle Vulnerabilitäten 148

        8.4.4   Schlussfolgerungen für die Handhabung
                der therapeutischen Beziehung 150
    8.5   OPD-gestützte Fall-Supervision als Gruppenprozess 151
        8.5.1   Ablauf der Fallsupervision im Team 151
    8.6   Zusammenfassung 158

9   Methoden in der Klinischen Supervision 161
    Heidi Möller und Mathias Lohmer
    9.1   Der Beitrag der Psychoanalyse zur Technik
            der Supervision 161
        9.1.1   Psychoanalytische Grundlagen 161
        9.1.2   Einzel- und Gruppensupervision 162
        9.1.3   Supervision mit dem Stundenprotokoll 163
        9.1.4   Supervision mit Videoaufzeichnungen 163
    9.2   Der Beitrag der Humanistischen Psychologie
            zur Supervisionstechnik 165
        9.2.1   Anleihen aus dem Psychodrama Morenos .. 165
        9.2.2   Anleihen aus dem Methodenrepertoire
                der Gestalttherapie 173
    9.3   Fazit 177

10 Balintgruppe als Methode der Supervision 178
    Andreas Herrmann
    10.1   Was ist und wozu dient eine Balintgruppe? 178
    10.2   Michael Balint und die Entwicklung
            der Balintgruppenarbeit 180
    10.3   Struktur und Leitung einer Balintgruppe 182
    10.4   Eine »Balintsupervision« 184
    10.5   Zur Diskussion der Fallsupervision in der Gruppe.. 188
    10.6   Modifikationen und Grenzen der Balintgruppe 190

11 Image von Supervision im Klinikkontext 193
    Isabell Diermann
    11.1   Zur Relevanz des Images von Supervision
            im Klinikkontext 193
    11.2   Konzeptualisierung des Images von Supervision 195

11.3   Warum Supervisionstransfer? 198
11.4   Das Image von Supervision im Klinikkontext –
       Ergebnisse einer Pilotstudie 199
       11.4.1 Welches Image hat Supervision
              im Klinikkontext? 200
       11.4.2 Verhaltensrelevanz des Images und
              Nachhaltigkeit der Supervision 201
       11.4.3 Implikationen für die Praxis 202

Autoren- und Herausgeberportraits 207

Stichwortverzeichnis 211

Vorwort der Autoren

Der Supervision wird *die* zentrale Funktion der Qualitätssicherung in der Psychotherapie zugeschrieben. Das zentrale Ziel der Supervision ist die Steigerung der professionellen Kompetenz im Umgang mit den Patienten. Die Supervision wird dabei von praktizierenden Psychotherapeuten als maßgeblicher Einflussfaktor für ihre therapeutische Weiterentwicklung benannt und als höchst hilfreich eingestuft. Klinische Supervision dient zudem der therapiebezogenen Problemlösung, dem kollegialen Austausch und der emotionalen Entlastung.

Grund genug für uns, ein Werk zusammenzustellen, das konzeptionelle Überlegungen, unterschiedliche supervisorische Settings, methodische Zugänge, rechtliche Aspekte und den Stand der Forschung in diesem zentralen Aspekt psychotherapeutischer Versorgung zur Verfügung stellt. Mit Beiträgen zur Theorie der Supervision sowie Ausführungen zu unterschiedlichen Methoden und Konzepten legen wir einen Band rund um die Klinische Supervision vor, der Psychotherapeuten ebenso wie Supervisoren anspricht und letztendlich zum Wohle der Patienten beitragen kann.

Im *ersten Teil* des Buches werden die *Grundlagen der Klinischen Supervision* entfaltet:

Mathias Lohmer stellt ein *Wirkmodell der Supervision* vor, in dem deutlich wird, wie sich die intrapsychische Patientenproblematik interpersonell in der therapeutischen Beziehung inszeniert und in der Supervisionssituation widerspiegelt. Durch szenisches Verstehen in der Supervision kann die intrapsychische Verarbeitung des Patienten indirekt, aber effektiv gefördert werden.

Thomas Giernalczyk plädiert in seiner Arbeit über *Selbstreflexion in der Supervision* dafür, die Reflexion der Übertragung des Supervisanden als Teil seiner Gegenübertragung im Rahmen der Supervision explizit mitaufzunehmen. Es wird beschrieben, wie auf diese Weise der Beziehungs- und Interventionsspielraum für den Therapeuten erweitert und der Nutzen für den Patienten vergrößert wird.

Mathias Lohmer und Heidi Möller zeigen in ihrer Arbeit *Der Kontext der Supervision*, dass der organisationale Kontext der Fallsupervision eine Grundmatrix bildet, auf der sich die Dynamik des supervisorischen Prozesses entfalten kann.

Zu unterscheiden ist dabei die Supervision im stationären und im ambulanten Bereich.

Martin Stellpflug und Jan Moeck bieten in ihrer Arbeit *Rechtliche Grundlagen der Supervision in der Psychotherapie* einen profunden Überblick zu den rechtlichen Rahmenbedingungen der Supervision in der Ausbildung und für Approbierte. Fragen der Haftung, der Schweigepflicht, der gewissenhaften Berufsausübung etc. werden so abgehandelt, dass Praktiker komprimiert ein Fundament erhalten, das nicht nur Halt in der Arbeit mit Ausbildungskandidaten geben kann.

Der *zweite Teil* des Bandes widmet sich der *wissenschaftlichen Fundierung* von Supervision:

Heidi Möller, Isabell Diermann und Silja Kotte bieten eine Zusammenfassung zum aktuellen *Stand der Forschung in der Klinischen Supervision*. Belastbares, empirisch gewonnenes Wissen wird ebenso referiert wie offene Fragen, von denen es in der Klinischen Supervision noch zahlreiche gibt. Dies soll uns ermutigen, weiter in Kooperation mit den Experten der Praxis zu forschen.

Das am häufigsten gelebte Format der kollegialen Fallberatung – die *Intervision* – wird anhand einer explorativen Studie von Heidi Möller und Sylvia Wagenaar vorgestellt.

Das Kapitel von Gisela Grünewald-Zemsch *Supervision in der psychoanalytischen Ausbildung – Notwendigkeiten – Facetten – Stolpersteine* fokussiert Supervision in der Ausbildung zum Psychoanalytiker. Die Autorin beschreibt die dialektische Spannung zwischen Unterstützung und Kontrolle, indem sie Supervisionspaare über einen langen Zeitraum engmaschig durch Telefoninterviews begleitete.

Im dritten Teil des Buches werden schließlich unterschiedliche *methodische Zugänge* vorgestellt:

Michael Stasch zeigt in seinem Kapitel *OPD-gestützte Fallsupervision in einem interdisziplinären Team*, wie Supervision das Sprechen einer »gemeinsamen Sprache«, welche sich am unmittelbaren Erleben der Teammitglieder orientiert, einen lebendigen Austausch im Team, das Aufweichen hierarchischer Teamstrukturen und das Erkennen von Gegenübertragungsverstrickungen und Tendenzen zur Eigenübertragung fördert.

Die *Methoden in der Klinischen Supervision* werden von Heidi Möller und Mathias Lohmer breit aufgefächert. Neben psychodynamischen Zugängen finden vor allem auch Interventionsmethoden aus der humanistischen Psychologie ihren Platz und machen Mut, in der Klinischen Supervision auch neue Wege zu gehen.

Andreas Herrmann zeigt im Kapitel *Balintgruppe als Methode der Supervision*, dass die Arbeit mit einer Balintgruppe eine klassische Methode der Fallsupervision in der Gruppe darstellt. Klassisch kann diese Methode deswegen genannt werden, weil sie sich zum einen seit vielen Jahrzehnten in verschiedenen Feldern professioneller Beziehungen bewährt hat, zum anderen ist es so, dass die Arbeit mit einer Balintgruppe modifiziert werden kann und dennoch als eigenständiges Konzept erkennbar bleibt

So wichtig qualitativ hochwertige Supervisionsprozesse selbst sein sollten, Supervision muss auch als attraktives Instrument der Personen- und Personalentwicklung wahrgenommen werden. So stellt Isabell Diermann in ihrer Arbeit *Das Image von Supervision im Klinikkontext* eine erste Studie zum Image von Supervision und Coaching im Klinikkontext vor.

Alle Autoren geben Einblick in ihre langjährige Erfahrung und Expertise, in ihre konzeptuellen Überlegungen und ihre Praxis in Klinischer Supervision. Ihnen sei ein herzlicher Dank dafür! Isabell Diermann danken wir für ihre professionelle Unterstützung in der Manuskriptbearbeitung. Herrn Ruprecht Poensgen vom Kohlhammer Verlag danken wir für die Einladung, dieses wichtige Thema in der Reihe »Psychotherapie kompakt« vorzustellen.

Kassel und München im September 2017
Heidi Möller und Mathias Lohmer

A   Grundlagen der Supervision

1 Ein Wirkmodell der Supervision

Mathias Lohmer

Warum wirkt Fallsupervision eigentlich? Wie transferiert sich die Problematik der Patient-Therapeut-Beziehung in die Supervision? Und wie wirkt sich dann das Ergebnis der Supervision auf den therapeutischen Prozess aus? Diesen Grundsatzfragen soll im nachfolgenden Kapitel nachgegangen werden.

1.1 Das Dreieck der Supervision

Das Verhältnis der grundlegend Beteiligten eines supervisorischen Prozesses zueinander kann in einem »Dreieck der Supervision« konzeptualisiert werden, bei dem immer die Beziehungen zwischen Therapeut (Supervisand), Supervisor und Patient im Verhältnis zueinander gedacht werden (▶ Abb. 1 »Das Dreieck der Supervision«).

Der Patient trifft dabei auf einen Therapeuten, der wieder auf einen Supervisor trifft – und jeder von den Dreien handelt nach einer impliziten bzw. expliziten Krankheits- und Heilungstheorie, bewegt sich in einem spezifischen Behandlungskontext und hat eigene Erwartungen. Es lohnt sich, diese Grundbedingungen zu reflektieren, um die Komplexität des Supervisionsgeschehens entsprechend konzeptualisieren zu können.

A Grundlagen der Supervision

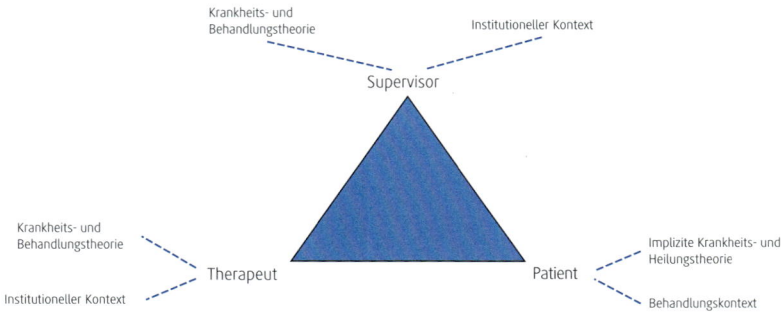

Abb. 1: Das Dreieck der Supervision

1.1.1 Der Pol des Patienten

Der Patient hat in der Regel seine implizite Krankheits- und Heilungstheorie. Darin ist enthalten: »Was ist mein Problem? Was wird mich gesund machen? Was wünsche und befürchte ich vom Therapeuten?«. Der Patient steht in einem spezifischen Behandlungskontext: seinem sozialen, beruflichen und familiären Umfeld, er hat Vorerfahrungen, die er mit Therapie bisher gemacht hat, gegebenenfalls parallele Behandlungen im somatischen oder Heilpraktiker-Bereich, verfügt über eigene Motivation oder eher Fremdmotivation und hat spezifische Finanzierungsmodalitäten. Mit diesem Kontext trifft der Patient nun auf seinen Psychotherapeuten.

> Ein depressiver Patient, Herr A., mit mittlerem Strukturniveau fühlt sich überarbeitet, leidet unter einer als abweisend erlebten Haltung seiner Ehefrau und ist mit seiner Karriereentwicklung unzufrieden. Er sucht einen Therapeuten auf, in der Hoffnung, dass dieser »ihn wiederaufrichten« und ihm »ein besseres Selbstvertrauen vermitteln« kann.

1.1.2 Der Pol des Psychotherapeuten

Der Psychotherapeut hat eine explizite und implizite Krankheits- und Behandlungstheorie und explizite und implizite Bedürfnisse im Rahmen der Therapie. Explizit sind Krankheits- und Behandlungstheorie, so wie er sie in seiner Ausbildung gelernt hat bzw. in kollegialen Diskussionen und dem Antragsverfahren an den Gutachter wiedergibt. Implizit und manchmal unbewusst, auch bedingt durch die eigene Übertragung und Gegenübertragung auf den Patienten (▶ Kap. 2 »Selbstreflexion in der Supervision«), gibt es ergänzende oder kontrastierende Krankheits- und Behandlungstheorien, die in das Behandlungsgeschehen einfließen. Explizite Bedürfnisse an die Therapie sind die Sicherung seiner eigenen materiellen Basis, aber auch die Bestätigung in seiner Rolle als Therapeut, Befriedigung über Behandlungserfolge und Wünsche und Ängste gegenüber dem Patienten – z. B. der Wunsch, der Aggression des Patienten zu entkommen, der depressiven Klage auszuweichen oder ein schlimmes Trauma »wiedergutzumachen«.

Die Therapie findet nun in einem spezifischen institutionellen Kontext statt. Findet sie in einer eigenen Praxis statt, wird der Therapeut sich stärker als »Herr des Verfahrens«, zuweilen aber auch alleingelassen und in Frage gestellt fühlen. Behandelt er den Patienten in einer Klinik (z. B. psychiatrische oder psychosomatische Klinik), so findet eine fokale oder intensive Kurztherapie statt, indem der Einzelpsychotherapeut nur eine Facette des therapeutischen Geschehens darstellt. Unterstützung wird auch durch andere therapeutische Settings in Anspruch genommen (Kunst- und Musiktherapie, Sport etc.). Oft leidet der Psychotherapeut darunter, nur selten die »Früchte des eigenen Tuns« ernten zu können, da das eigentliche Durcharbeiten einer Problematik in einem sich anschließenden ambulanten Kontext stattfinden wird. Im Rahmen zum Beispiel einer forensischen Psychotherapie ist der institutionelle »Zwangskontext« der Therapie bedeutsam, in dem der Patient nicht primär freiwillig an einer Therapie teilnimmt und das »dritte Element« der Behandlung, hier Justiz und Staat, immer präsent ist.

Der Therapeut hat weiterhin seine eigenen Erwartungen an Supervision. So kann er zum Beispiel Hilfe bei Verwicklungen oder einen Zuwachs an Kompetenzen, an »Mastering«, suchen, oder er muss die Supervision im Rahmen einer Ausbildung »absolvieren«.

Mit diesen Erfahrungen und Erwartungen des Patienten und seinen eigenen Krankheitsvorstellungen, Kontextvariablen und Erwartungen an eine Supervision trifft er nun auf einen Supervisor.

> Der Therapeut, Herr B., begegnet seinem Patienten, Herrn A., zunächst mit viel Wohlwollen, ermutigt ihn, sich im Beruf und gegenüber seiner Ehefrau »besser abzugrenzen« und sieht ein zu hohes, forderndes Ich-Ideal und Eltern, die Anpassung und Leistungsbereitschaft forderten, als ursächlich für die Depression seines Patienten. Durch Konflikte am Arbeitsplatz und in der Ehe sowie die Aggressionshemmung des Patienten ist es seiner Diagnose entsprechend nun zu der neurotisch-depressiven Entwicklung gekommen. Nach einiger Zeit fühlt sich Herr B. jedoch zusehends gelähmter mit Herrn A., seine wohlwollenden Vorschläge werden von Herrn A. als »nicht wirklich hilfreich« zurückgewiesen, Herr B. wird ärgerlicher, hilfloser, fühlt sich ungenügend als Therapeut und sucht zur Supervision Herrn C. auf.

1.1.3 Der Pol des Supervisors

Der Supervisor wiederum hat auch seine eigene explizite und implizite Krankheits- und Behandlungstheorie, die sich von der des Supervisanden sowie der des Patienten unterscheiden kann, und explizite und implizite Bedürfnisse im Rahmen der Supervision. Auch er sichert durch die Supervision seine materielle Basis und möchte sein Selbstkonzept als guter Supervisor im Rahmen der Supervision stärken. Auch er hat Wünsche und Ängste gegenüber dem Supervisanden: Wird er als guter Supervisor anerkannt oder nur in Kauf genommen? Nimmt der Supervisand freudig-kritisch seine Anmerkungen auf oder verschließt er sich? Fühlt sich der Supervisor durch den Supervisanden in eine hilflose und ohnmächtige Situation gebracht, in der er auch nicht weiterweiß?

Auch die Supervision findet in einem spezifisch institutionellen Kontext statt. Sie kann ein »privater« Auftrag eines Supervisanden an den

Supervisor sein, ihn zum Beispiel punktuell im Rahmen einer Verwicklung mit dem Patienten oder als kontinuierliche Begleitung zu unterstützen, es kann sich um die regelmäßige Supervision im Rahmen einer Aus- oder Weiterbildung innerhalb eines Institutes handeln oder aber um die externe Fallsupervision im Rahmen einer Behandlungseinrichtung – zum Beispiel einer Klinik oder einer Beratungsstelle. Weiterhin kann es auch die interne Fallbesprechung oder Supervision einer solchen Einrichtung sein, in der leitende Psychologen oder Oberärzte Therapeuten in ihrem Tun anleiten.

Als Folge dieses Aufeinandertreffens im Dreieck der Supervision findet ein komplexer Abgleichungs- und Anpassungsprozess statt. Explizit und implizit werden die unterschiedlichen Erwartungen und Voraussetzungen der einzelnen Akteure miteinander verhandelt. Im günstigen Falle stellt sich Komplementarität her und ein produktiver Regelkreis des Supervisionsprozesses kann wirksam werden (▶ Kap. 3 »Der Kontext der Supervision«).

Im ungünstigen Fall kommt es zu einer dauerhaften Störung der supervisorischen und therapeutischen Prozesse, die nur schwer aufgelöst werden kann. Hier kann eine »Supervision der Supervision« als Metaprozess nützlich und notwendig sein.

1.2 Der dynamische Regelkreis des Supervisionsprozesses

Supervision steht als Gesamtprozess in einem Regelkreis, der von der intrapsychischen Dynamik des Patienten über die interpersonale Dynamik Therapeut – Patient zur interpersonellen Dynamik Therapeut – Supervisionsgruppe – Supervisor zur interpersonellen Dynamik Therapeut – Patient und damit wieder zur intrapsychischen Dynamik des Patienten führt (▶ Abb. 2).

A Grundlagen der Supervision

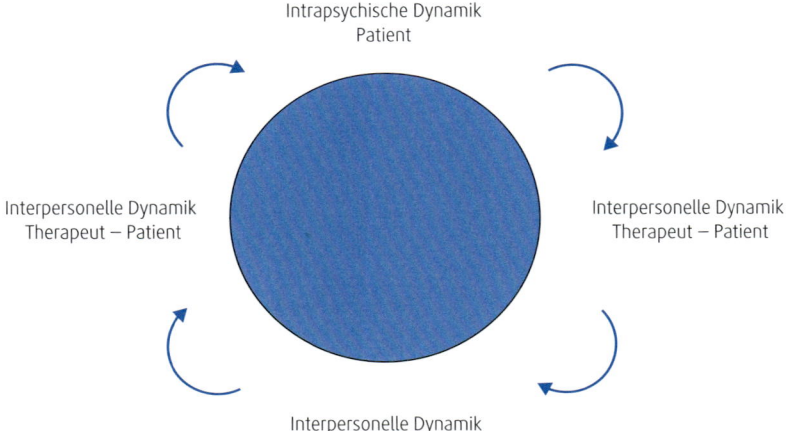

Abb. 2: Der dynamische Regelkreis der Supervision

1.2.1 Die intrapsychische Dynamik im Patienten

Wenn wir als Startpunkt die intrapsychische Psychodynamik im Patienten oder Patientensystem nehmen, so ist die Grundlage der Supervision die Entfaltung der Patientenproblematik in einer Szene, einer Aktualisierung und einer unbewussten Einbeziehung des Therapeuten oder Therapeutensystems in die eigene Problematik. Widersprüchliche, intrapsychische Anteile und Ambivalenzen des Patientensystems (Einzelpatient/Gruppe/Paar/Familie) tendieren zur inneren Aufspaltung, um die innere Konfliktspannung zu verringern. So kann in einem inneren Autonomie-Abhängigkeitskonflikt der Teil der Abhängigkeitswünsche an den Partner (oder auch den Therapeuten) delegiert werden, wenn der Patient selbst sich als innerlich unabhängig, enge Beziehungen eher flüchtend und abgegrenzt erlebt. Beide Seiten gleichzeitig können nicht integriert werden, so dass eine andere Person als Träger des eigenen, nicht gelebten oder abgelehnten Anteils notwendig wird.

> In unserem Fallbeispiel erlebt sich Herr A. selbst als gutwillig, angepasst, überfordert, gekränkt – also eher als »Opfer« seiner Lebensverhältnisse. Der Therapeut, Herr B., sieht ihn zunächst als »Opfer«

seines inneren ungelösten Konfliktgeschehens und seiner Identifikationen – wird dann aber zusehends in eine »Macht-Ohnmacht-Szene« verwickelt, in der er sich selbst als ärgerlich und hilflos, ja entwertet erlebt.

1.2.2 Die interpersonelle Dynamik Patient – Therapeut

Erst durch diese »Ansteckung« des Therapeuten oder des Therapeutensystems geschieht auf einer tieferen oder unbewussten Ebene eine Kommunikation über die Struktur- oder Konfliktdynamik im Patienten/Patientensystem – auf diese Weise wird diese auch dem Erleben des Therapeuten zugänglich. Dies geschieht mittels projektiver Prozesse (Projektion bzw. projektive Identifizierung) und als Teil der Übertragungs-/Gegenübertragungsbeziehung.

Durch die Übertragung bzw. Projektion solcher unbewussten, abgelehnten, konflikthaften oder nicht bewussten Anteile von inneren Objekt- oder Selbstaspekten identifiziert sich der Therapeut – je nach eigener »Valenz«, also seiner Persönlichkeit, seiner Konfliktneigung und seiner Übertragungsneigung – mit den Einzelaspekten des Patienten und übernimmt spezielle »Rollen« in dessen »Szene«. Im Sinne der Gegenübertragung handelt es sich hier um eine konkordante (dem bewussten Selbstanteil des Patienten entsprechende) oder symmetrische (dem übertragenen Objektanteil des Patienten entsprechende) Gegenübertragung (Racker 1978). Der Therapeut »spielt also mit«, wird angesteckt, registriert vielleicht, dass er sich in einer für ihn ungewöhnlichen Weise kritisch, zaghaft, gelähmt oder unterstützend, konfrontierend, aber auch »aushaltend« verhält. Er kann es in einigen Fällen durch »Selbstanalyse« auch verstehen und einordnen, in anderen Fällen bleibt ihm die Art der Szene und seines eigenen Mitspielens aber unbewusst – genau hier greift die Wirkung von Supervision und begründet zugleich deren Notwendigkeit.

Der Therapeut erlebt sich jetzt unbewusst so, wie sich der Patient z. B. gegenüber seinem Chef oder seiner Ehefrau fühlt, bzw., wie

> diese sich ihm gegenüber erleben. Der aggressive Teil des Patienten, in der er auch Macht ausübt (hier die »Macht des Opfers«) wird latent in seiner Zurückweisung von Zuwendung, Deutungen und supportiven Ratschlägen deutlich, während er sich manifest weiterhin hilflos und ohnmächtig fühlt. Der Therapeut reagiert ärgerlich, womit er wieder die Wahrnehmung des Patienten bestätigt, von anderen stets schlecht behandelt zu werden.

1.2.3 Die interpersonelle Dynamik Supervisand – Supervisionsgruppe – Supervisor

Der Therapeut (Supervisand) bringt nun mit seinem Fallbericht die Dynamik der therapeutischen Szene (die spezifische Übertragungs-Gegenübertragungsgleichung, die spezifische Rollenverteilung im therapeutischen Paar) in das psychische Feld der Supervisionsgruppe bzw. der Supervisand-Supervisoren-Beziehung. In der Einzelbeziehung Supervisand – Supervisor erlebt der Supervisor stärker »am eigenen Leib«, wie ihn die berichtete Szene der therapeutischen Beziehung affiziert.

Dieses Phänomen wird in Gruppensupervisionen wie einer Balintgruppe (▶ Kap. 10 »Balintgruppe als Methode der Supervision«) noch deutlicher sichtbar, da die Affekte in diesem Spiegelungsprozess stärker hervortreten und die einzelnen Gruppenmitglieder sich mit den einzelnen Facetten der therapeutischen Szene klar identifizieren. Der Supervisor kann hier stärker in der beobachtenden Position bleiben und die Essenz der Szene erfassen.

Wird der Therapeut/Supervisand vom Patienten zum allmächtig-hilfreichen Objekt gemacht, so fühlt sich die Gruppe oft stellvertretend entweder hypomanisch, aktiv oder voller guter Ratschläge (symmetrische Gegenübertragung) oder aber überfordert, gelähmt, kritisch, dem Therapeuten sein Scheitern vor Augen führend (konkordante Gegenübertragung zur berichteten Szene). Je stärker strukturell gestört ein Patient ist, desto heftiger wird diese »Widerspiegelungsdynamik« sichtbar, in der sich die berichtete therapeutische Szene im Hier und Jetzt der Beziehung zum Supervisor bzw. zur Supervisionsgruppe reinszeniert.

Da die Gruppe, vor allem aber der Supervisor, weniger »dicht« an der therapeutischen Szene beteiligt ist als der Therapeut, also weniger verwickelt und in das Übertragungs-Gegenübertragungsgeschehen einbezogen ist, können diese ihre eigenen Empfindungen, ihr Erleben und ihre Handlungsimpulse leichter aus der Distanz heraus zur Kenntnis nehmen, zurücktreten und die Dynamik der supervisorischen Szene als Spiegelphänomen erkennen. Hier ist es vor allen Dingen die Aufgabe des Supervisors, die Beobachtungen im Rahmen der Supervisionsgruppe und seine eigene Gegenübertragung daraufhin zu untersuchen, inwiefern diese ein Hinweis auf die therapeutische Szene sein können.

Das Zurücktreten des »handelnden Ich« hinter das »beobachtende Ich« ist der zentrale Schritt und die zentrale Kompetenz des Supervisors, die er ausüben und vermitteln kann. Anschließend interpretiert der Supervisor im Dialog mit dem Supervisanden und der Gruppe die Dynamik der therapeutischen Szene von der Teilhabe an der Szene bis zur Reflexion auf der Metaebene.

Auf dieser Grundlage können dann behandlungstechnische Strategien im Dialog zwischen Supervisand und, wenn vorhanden, Supervisionsgruppe und Supervisor erarbeitet werden. Der bisher unbewusst gebliebene Teil kann im günstigen Fall verstanden werden und im Therapeuten selbst kann es zu einem Schritt der Integration von vorher getrennt oder abgespalten gehaltenen Anteilen kommen. Auch hier geht eine Veränderung der Gegenübertragung einer Veränderung der Übertragung voraus. Der Therapeut macht zunächst einen Entwicklungsschritt, der im System Therapeut – Patient eine Veränderung ermöglicht.

> Herr B. berichtet in der Supervisionsgruppe über seine Behandlung mit Herrn A. Ein Teil der Gruppe findet, dass die Arbeitssituation von Herrn A. wirklich unzumutbar ist und Chef und Ehefrau sich seine Gefügigkeit zu Nutze machten. Andere Gruppenmitglieder ärgern sich über die Anspruchshaltung von Herrn A. und bestärken Herrn B., mehr von seinem Patienten zu fordern. Wieder andere fühlen sich nach einiger Zeit müde, weil nach dem Zurückrufen des Supervisanden in den Balintgruppenkreis dieser die meisten Anregungen seiner Kollegen als »nicht wirklich hilfreich« oder »alles

schon ausprobiert« zurückweist. An dieser Stelle kann der Supervisor nun darauf hinweisen, dass hier ein »Parallel- oder Spiegelprozess« im Gange ist: Alle bemühen sich, versuchen Herrn B. zu stärken, müssen aber offensichtlich scheitern – ob dies nicht einen unbewussten Sinn habe? Jetzt kann der Therapeut offener über seinen Ärger gegenüber Herrn A. sprechen, und nun wird deutlich, wie sehr dieser eine passiv-aggressive Abwehr zur Konflikt- und Beziehungsregulation benutzt. In der Begegnung mit ihm kommt es also zu einer Rollenumkehr in der »Täter-Opfer«-Rollenaufteilung, die aber erst in der supervisorischen Situation vollständig erlebbar und verstehbar wird.

1.2.4 Die interpersonelle Dynamik Therapeut – Patient

Was der Therapeut aus dem Supervisionsprozess gelernt hat, kann er nun – mit affektiver Präsenz und ausreichender Distanz – in ein kognitiv-emotionales Konzept der therapeutischen Beziehung, der Psychodynamik des Patienten und der entsprechenden Behandlungstechnik integrieren. Dies führt zu einer veränderten Einstellung und einem veränderten Verhalten (klären, konfrontieren, deuten) des Therapeuten, was wiederum Einsicht und emotionales Lernen des Patienten befördert und damit einen Einfluss auf das Selbst- und das Beziehungskonzept des Patienten hat. Der Patient erlebt seinen Therapeuten »anders«, das ursprüngliche Spiel wird »gestört«, ein Veränderungsprozess kann eintreten. So induziert der Therapeut eine Veränderung der therapeutischen Szene.

In der nächsten Therapiestunde beschreibt Herr A. wie er »einfach nicht weiterkomme«, er sehe ja, dass sich sein Therapeut Herr B. alle Mühe gebe, aber ihm sei wohl nicht zu helfen. Herr B. fühlt sich nun nicht mehr so ohnmächtig wie noch vor der Supervisionsstunde, kann den unbewussten Sinn der Szene erkennen bzw. eine Hypothese dazu anbieten: »So sehr Sie sich wünschen, dass ich Ihnen mit einem guten Ratschlag entscheidend weiterhelfen kann, so gibt es doch auch eine andere Seite in Ihnen, die es vielleicht etwas zufrieden stellt, dass ich nicht wirklich weiterkomme und kein solcher »Schlaumeier« wie Ihr Chef oder eine »Besserwisserin« wie Ihre Frau sein kann. Könnte da was dran sein?« Zögerlich stimmt Herr A. zu: »Vielleicht ein bisschen.« Darauf Herr B.: »Das Gute daran für Sie ist ja, dass Sie keinen offenen Widerstand leisten müssen und trotzdem den anderen, in dem Fall mich, sonst manchmal Ihren Chef oder Ihre Frau, ganz gut aushebeln können!«. Herr A: »Wenn die sich aber immer auch so überlegen aufführen«! Darauf Herr B.: »So zeigen Sie mir und denen ganz schön die Grenzen auf, lassen uns abblitzen und sich ohnmächtig fühlen, so wie es Ihnen manchmal vielleicht auch geht«. Allmählich kann deutlich werden, wie auf diese verdeckte Weise Herr A. Macht ausübt, aber um den Preis des depressiven Rückzugs – ohne zu einer wirklich offenen Selbstbehauptung zu kommen.

1.2.5 Auswirkung auf die intrapsychische Dynamik im Patienten

Durch das wiederholte Durcharbeiten des bisher unbewusst Gebliebenen, aber auch durch das freiere, ungehemmtere und stärker reflektierte Zugreifen des Therapeuten auf seine eigenen Wahrnehmungen und Erkenntnisse, kommt es zu einer Veränderung der inneren Konzepte, der Selbst- und Fremdbilder, der Annahmen und Rollenmuster im Patienten. Er kann – begleitet vom Therapeuten – neben sich treten, sich selbst besser beobachten, eine neue emotionale Erfahrung mit dem Therapeuten machen und damit alte Denk- und Verhaltensmuster in Frage stellen. Im gelingenden Fall kommt es zu einer Modifikation der inneren Objektbeziehungen, einer Integration aufgespaltener Anteile und Ambivalenzen, einer reiferen Konfliktlösung und damit einer inneren Entwicklung des Patienten.

Für Herrn A. war es wichtig, dass sein Therapeut in wohlwollender, an Erkenntnis interessierter Weise die Rollenumkehr in der Macht-Ohnmacht-Szene beschreiben konnte – anders hätte er die Interpretation zu Recht als Angriff erlebt. In Sinne des supervisorischen Verständnisses wäre der erlebte Angriff aus einer agierten Gegenübertragung heraus erfolgt. Erst die reflektierte Gegenübertragung erlaubt den Schritt aus der Rollenfixierung; die Befreiung des Therapeuten aus seiner Szene und Fixierung erlaubt nachfolgend die Emanzipation des Patienten aus seiner Rollenfixierung (vgl. Bauriedl 1998). Herrn A. wurde nun das Ausmaß seiner Wut, aber auch seiner Befriedigung darüber deutlich, seine Widersacher »lahmlegen« zu können. Aufgrund seiner Bewertung schien offene Selbstbehauptung bisher zu gefährlich, Unterwerfung ebenso unerträglich zu sein. Durch den Dialog mit seinem Therapeuten, Herrn B., ermutigt, begann Herr A. nun, in einer offeneren und klareren Weise für seine Interessen einzutreten, aber auch ein Gefühl dafür zu bekommen, wo er wichtige Andere wie seinen Chef und seine Frau durch Bedenken und Zögerlichkeit dazu brachte, ihn zu drängen.

1.3 Fazit: Supervision als Triangulierung und Containment

Wir verstehen Supervision als einen Regelkreis und Prozess notwendiger Ansteckung im Rahmen der unbewussten Patienten-Dynamik und darauffolgender Auflösung von Verwicklungen und Verstrickungen (vgl. Lohmer 2014). Supervision findet immer in einem Dreieck statt (Patient – Therapeut – Supervisor; Therapeut – Supervisor – Ausbildungsinstitut; Therapeut – Supervisor – Supervisionsgruppe etc.). Sie ist somit ein triadischer Prozess par excellence.

Supervision ist damit ein Spezialfall von Containment: »Unverdautes« und Unbegriffenes im Patient-Therapeut-System wird durch eine fruchtbare Container-Contained-Beziehung zwischen Therapeut und Supervisor (bzw. Supervisionsgruppe) in etwas »Verstehbares« transformiert (▶ Kap. 3 »Der Kontext der Supervision«). Im günstigen Fall ergibt diese eine neue Gestalt der therapeutischen Szene.

Kernelement dieses Verarbeitungsprozesses ist die Oszillation zwischen Teilhabe und Beobachtung. Durch die Konfrontation mit dem »fremden« verstehenden Blick kann eine emotional bedeutsame Metaebene für den Therapeuten (und indirekt für den Patienten) erreicht werden.

Literatur

Bauriedl T (1998) Beziehungsanalyse. Frankfurt: Suhrkamp.
Lohmer M (2014) Der Umgang mit Verwicklungen und Verstrickungen – Abstinenz, Containment und Verantwortung im Beratungsprozess. In: Lohmer M, Möller H (Hrsg.) Psychoanalyse in Organisationen. Stuttgart: Kohlhammer.
Racker H (1978) Übertragung und Gegenübertragung. Studien zur psychoanalytischen Technik. München: Ernst Reinhard.

2 Selbstreflexion in der Supervision – sehnsüchtig gewünscht und ängstlich vermieden
Reflexion der Übertragung als Teil der Gegenübertragungsanalyse des Supervisanden

Thomas Giernalczyk

Dieses Kapitel plädiert dafür, die Reflexion der Übertragung des Supervisanden als Teil seiner Gegenübertragung im Rahmen der Supervision explizit mitaufzunehmen. Es wird beschrieben, wie auf diese Weise der Beziehungs- und Interventionsspielraum für den Therapeuten erweitert und der Nutzen für den Patienten vergrößert wird. Anhand von Fallbeispielen aus der Gruppensupervision von Ausbildungskandidaten und von erfahrenen Psychotherapeuten werden unterschiedliche methodische Zugänge aufgezeigt. Zu ihnen zählen die Verwendung des modifizierten Objektbeziehungsdreiecks, Arbeit im Außen- und Innenkreis und Metakommunikation.

2.1 Einführung

In der Supervision wird üblicherweise die Gegenübertragung des Supervisanden und des Supervisors als wichtiger Zugang zum Verständnis der Psychodynamik des Patienten und der Gestaltung der therapeutischen Beziehung genutzt. Die Übertragung des Supervisanden als Bestandteil der Gegenübertragung bleibt nach den Erfahrungen unserer Arbeitsgruppe zur psychodynamischen Supervision oftmals aus der Diskussion ausgeklammert. Üblicherweise werden Auffälligkeiten, die sich aus dem Fallbericht hinsichtlich der Beziehungsdynamik ergeben, als Spiegelphänomene und Parallelprozesse (Balint 1980) verstanden.

Sie werden somit fast ausschließlich auf die Psychodynamik des Patienten oder auf die vom Patienten evozierte Beziehungsdynamik zwischen Patient und Therapeut zurückgeführt.

Wir vertreten die Position, dass Selbsterfahrung und Selbstreflexion nicht nur in den dafür primär vorgesehenen Lehrtherapien und Selbsterfahrungsgruppen stattfinden sollten. Vielmehr plädieren wir dafür, dass bestimmte Formen von Selbstreflexion als Lernmöglichkeit systematisch in Supervisionen aufgenommen werden sollten. Selbstreflexion öffnet einen Raum, in dem der Supervisand eigene Übertragungskomponenten erkennen und besprechen kann. Dies dient wiederum dem Ziel, diese in der Beziehung zum Patienten zu berücksichtigen und weitere Beziehungs- und Interventionsmöglichkeiten zu generieren. Supervision firmiert in der psychoanalytischen Ausbildung auch unter dem Begriff der Kontrollanalyse. In dieser Begrifflichkeit ist die Auseinandersetzung mit dem subjektiven Faktor des Supervisanden stark im Vordergrund. Auf den subjektiven Faktor der Übertragung wollen wir uns im Weiteren konzentrieren.

2.2 Aspekte der Gegenübertragung

Clarkin et al. (2008) beschreiben vier Komponenten der Gegenübertragung des Therapeuten: die Reaktion auf das (unbewusste) Beziehungsangebot des Patienten, Reaktionen des Therapeuten auf die äußere Realität des Patienten, Haltungen und Reaktionen, die sich aus der äußeren Realität des Therapeuten ergeben, und die (neurotische Übertragung) des Therapeuten (Clarkin et al. 2008). Folgt man dieser totalitaristischen Definition, so ist die Übertragung als bedeutender Faktor innerhalb der Gegenübertragung klar konzipiert. Selbstreflexion in der Supervision hat in verschiedenen Phasen der Berufsausübung jeweils unterschiedliche Funktionen.

- Für Supervisanden liegt während der Ausbildung und am Anfang ihrer psychotherapeutischen Tätigkeit der Schwerpunkt darauf, sich

mit eigenen biografischen Beziehungsmustern verstärkt auseinanderzusetzen und deren Einfluss auf die therapeutische Beziehung wahrzunehmen.
- Erfahrene Supervisanden, die schon viele Jahre als Psychotherapeuten tätig sind, sind in der Regel mit ihren biografisch geprägten Beziehungsmustern vertraut. Sie sollen in der Supervision darin bestärkt werden, zu untersuchen, wie die eigenen Muster von der Psychodynamik des Patienten aktiviert werden und inwiefern dadurch Verständnis- und Interventionsspielraum beeinflusst und gegebenenfalls beeinträchtigt werden.
- Erfahrene Supervisanden, die selbst als Supervisoren arbeiten, sollen darüber hinaus in der Supervision lernen, wie sie Selbstreflexion für ihre Supervisanden in ihrem Supervisionsprozess nutzen können.

In der Fall-Gruppensupervision bestimmen die Vertrautheit und die Intensität positiver Erfahrungen miteinander, in welchem Grad sich Supervisanden hinsichtlich ihrer persönlichen Gleichung öffnen wollen und wie persönlich supervisorische Interventionen werden können, ohne das Gefühl von Sicherheit und Integrität zu tangieren. Dem Supervisor kommt eine maßgebliche, steuernde Rolle für die Selbstreflexion zu. Zu seinen Aufgaben gehören der Beginn, die Steuerung und die Beendigung der Phase von Selbstreflexion. Er kann sie durch entsprechende Fragen und Interventionen ins Rollen bringen, wenn er beispielsweise fragt: »Darf ich Sie dabei auf Ihre Überlegungen zur eigenen Übertragung ansprechen?« Oder: »Haben Sie eine Idee, an welchen Stellen Ihrer Arbeit eigene Übertragung zum Schwingen gekommen ist?« Ist die Selbstreflexion in der Gruppe einmal angestoßen, so ist der Supervisor auch gefordert, den Supervisanden vor ungebetenen Deutungen der Gruppenteilnehmer zu schützen, wenn sie über die aktuelle Situation hinausgehen, den Supervisanden beschämen könnten oder zum Vehikel werden, mit dem »offene Rechnungen« in der Gruppe beglichen werden sollen. Schließlich liegt es auch in der Verantwortung des Supervisors, den Selbstreflexionsprozess zu beenden bzw. entsprechende Signale des Supervisanden aufzugreifen.

2.3 Selbstreflexion in der Ausbildungssupervision

Zunächst wenden wir uns einer Sequenz in der Gruppensupervision von tiefenpsychologischen Ausbildungskandidaten zu. Hier liegt der Schwerpunkt auf der Thematisierung biografischer Aspekte des Kandidaten. Als zentrales Konzept wird eine Modifikation des Objektbeziehungsdreiecks (Malan 1979) angewendet. Es soll zuerst das klassische Objektbeziehungsdreieck erläutert werden, um dann die Veränderungen für unseren Zweck daraus abzuleiten.

Das Objektbeziehungsdreieck unterscheidet drei prototypische Interaktionssituationen, die zum Verständnis der Beziehungs- und Übertragungsneigung der Patienten herangezogen werden. Die »Hier und Jetzt Situation« beschreibt die Interaktion in der psychotherapeutischen Situation. Die »Da und Dort Situation« charakterisiert Interaktionen mit aktuellen Bezugspersonen. Mit der »Dort und Damals Situation« wird die Beziehungssituation mit den primären Bezugspersonen in der Herkunftsfamilie gefasst. In der Supervision eignet sich dieses Modell vorzüglich, um einander ähnelnde Beziehungsmuster aus allen drei Interaktionssituationen abzuleiten. Es wird davon ausgegangen, dass unbewusst Beziehungen aus der Kindheit im gegenwärtigen Umfeld und in der Psychotherapie reaktualisiert werden. Von jedem der drei Eckpunkte des Dreiecks ausgehend kann eine Beschreibung von ähnlichen Inszenierungen entwickelt werden, die Grundlage für Interventionen und Deutungen sind. Die Gegenübertragung des Therapeuten spielt bei der Decodierung der Muster somit eine zentrale Rolle und ist oft der Ausgangspunkt, um diese zu erschließen. Üblicherweise wird das Dreieck zur Analyse der Beziehungsmuster des Patienten angewendet. In unserem Kontext wollen wir es jedoch etwas modifizieren und zur Reflexion des Erlebens des Supervisanden verwenden, um Übertragungsanteile für ihn verstehbarer zu machen.

A Grundlagen der Supervision

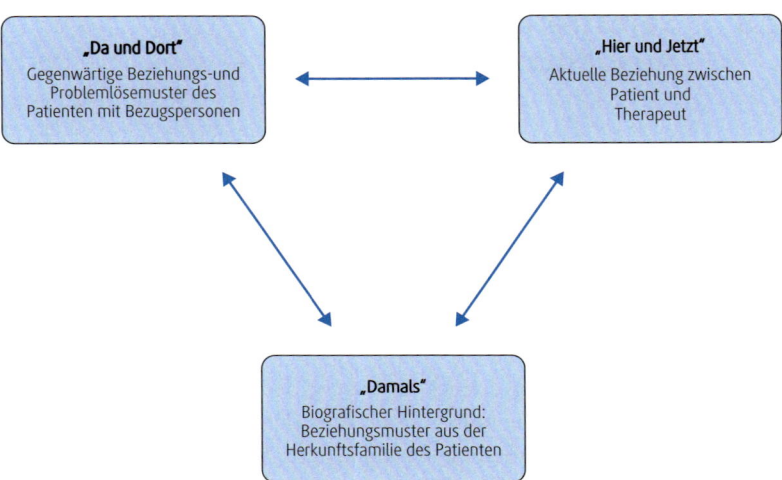

Abb. 3: Objektbeziehungsdreieck nach Malan (nach Giernalczyk und Albrecht 2012)

Das Beispiel stammt aus einer Gruppensupervision mit tiefenpsychologischen Ausbildungskandidaten.

> Obwohl nur noch 20 Minuten Zeit bis zum Ende sind, möchte ein Kandidat noch ein kurzes Anliegen klären. Er leitet seine Fallerzählung damit ein, dass er erklärt: »Diesen Patienten mag ich nicht und ich verstehe das nicht, außerdem ist mir das unangenehm, dass es so ist und mir reicht ein kurzer Slot.« Er beschreibt, dass der Patient 44 Jahre alt ist, Übergewicht hat, verheiratet ist und als Rechtsanwalt arbeitet. Er hat den Eindruck, dass der Patient seine Mundwinkel nach unten zieht, und nimmt ihn als passiv und bedrückt wahr. Der Patient spricht ihn zweimal mit leicht verfälschtem Familiennamen an, er korrigiert ihn und fragt ihn, ob er eine Idee habe, warum er sich seinen Namen nicht merken kann. Der Patient zuckt mit den Schultern, atmet aus und sagt, er habe keine Idee. Der Patient schildert seine depressive Symptomatik, die daraus resultierende Leblosigkeit in seiner Ehe und seine Arbeitsstörungen. Er formuliert seine Hoffnung, dass ihm diese Therapie helfen könne. Nach relativ kur-

zer Erzählung meint der Supervisand, dass ihm selbst nichts mehr einfiele, er aber eigentlich sogar einen gewissen Ekel gegen diesen Patienten empfinde und er sich nicht sicher sei, ob das überhaupt hierhergehören würde. Der Supervisor betont, dass diese Gefühle selbstverständlich einen Platz in der Supervision haben und dass es für Psychotherapeuten sehr wichtig sei, die eigene Gegenübertragung wahrnehmen und beschreiben zu können. Erleichtert fragt der Falleinbringer nun in die Gruppe, was sie dazu meine. Die Gruppe reagiert mit Anteilnahme. Eine Kollegin sagt spontan, sie habe den Patienten in der Ambulanz gesehen und meine auch, dass er »ein muffiges Mannsbild« sei. Eine andere Kollegin bezieht sich auf die Verdrehung des Namens und bemerkt ihren Ärger darüber, sie findet: »Du lässt dich von ihm abwerten und deshalb kannst du ihn nicht leiden«. Der männliche Kollege vermutet, dass die Ablehnung des Falleinbringers seine aggressive Gegenübertragung auf das Aggressionsproblem sei, das beim Patienten hinter der Depression stünde.

Der Falleinbringer bedankt sich für die Ideen und erklärt, dass ihm die indirekte Aggression, die in der Namensverdrehung enthalten sein kann, sehr bewusst sei und dass er seinen Ärger darüber gut spüren könne. Er glaube aber nicht, dass dies seine Ablehnung auslöst. Er habe aber stark auf das »muffige Mannsbild« reagiert. Der Supervisor ermuntert ihn, einen Moment bei diesem Begriff zu bleiben und seinen Einfällen nachzugehen. Der Falleinbringer wirkt nun traurig und meint: »Ja, das ist was Persönliches«. Er hält kurz inne und fährt fort: »Bei mir zu Hause war es so muffig und ich hab' mich immer so angestrengt, den Vater aufzumuntern und das hat auch nichts gebracht, eher hat mich das selber angestrengt. Und ich war so froh, als ich damit nichts mehr zu tun hatte... vielleicht bin ich nicht geeignet als Therapeut mit solchen eigenen Problemen.« Der Supervisor hält gegen: »Wir haben alle unsere Verletzungen, die in unserer Arbeit berührt werden können. Es geht darum, sich damit auseinanderzusetzen, nicht darum, sie zu vermeiden. Ich würde Ihnen gerne das Objektbeziehungsdreieck von Malan vorstellen, weil sich damit sehr gut nachvollziehen lässt, was sich ereignet hat. Im »Da und Dort« der therapeutischen Interaktion hat das

Beziehungsangebot des Patienten bei Ihnen Ablehnung und Ekel mobilisiert. Sie haben jetzt für sich erarbeitet, welchen eigenen biografischen Bezug sie im Zusammenhang mit ihrer Herkunftsfamilie, im Modell gesprochen im »Dort und Damals«, finden können und in unserer Supervisionsgruppe (im »Hier und Jetzt«) hat sich darüber hinaus etwas von ihrer Traurigkeit abgebildet. Vielleicht könnte man sagen, dass ihre Ablehnung eine Abwehr der Traurigkeit dargestellt hat.« Die Gruppe stellt Fragen zum Modell und der Supervisor ordnet abschließend ein, dass der Falleinbringer seinen Affekt konstruktiv zur Selbstreflexion genutzt hat und nicht der Gefahr erlegen ist, alle eigenen Regungen ausschließlich auf den Patienten zu beziehen.

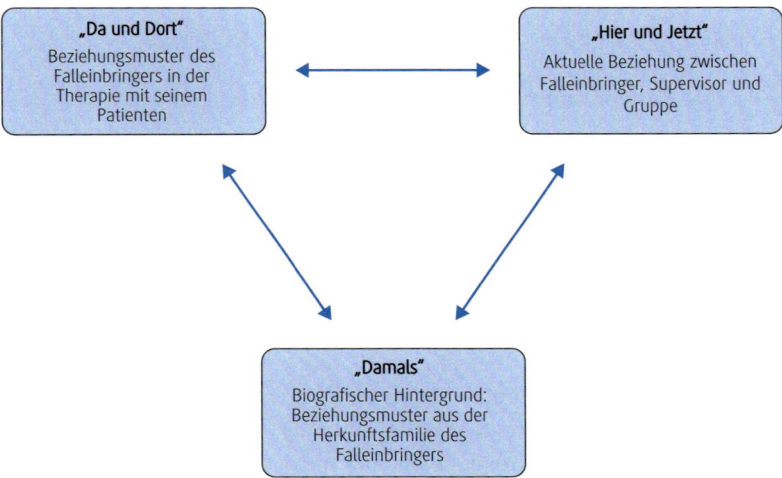

Abb. 4: Modifiziertes Objektbeziehungsdreieck (nach Giernalczyk und Albrecht 2012)

2.4 Auseinandersetzung mit der Übertragung in der Ausbildung von Supervisoren

Die nachfolgende Fallvignette stammt aus einer Supervisionsgruppe erfahrener Psychotherapeuten und Supervisoren. Gearbeitet wurde mit einem Innen- und einem Außenkreis. Die Teilnehmer sind mit der Erfassung von Psychodynamiken sehr vertraut. Bevor der Falleinbringer mit seiner Erzählung begann, lud der Leiter ihn dazu ein, eigene Anteile und Übertragungen zu berücksichtigen.

Kommentar: Mit dieser Intervention markierte der Supervisor, dass er das Thema Selbstreflexion für wünschenswert hielt, öffnete damit diesen thematischen Raum und gab einen Anstoß, in diese Richtung zu denken (Prozess anstoßen).

Der Supervisand berichtete von einer Lehrtherapie mit einer 30-jährigen Psychologin in psychotherapeutischer Weiterbildung. Sein Interesse bestand im besseren Verständnis eigener Motivationsprobleme in der dargestellten Therapie.

Fallbericht

Der Falleinbringer beschrieb eine Kandidatin, die einerseits distanziert und geschäftsmäßig die Notwendigkeit der Lehrtherapie auf die Notwendigkeit für ihren Abschluss reduzierte und andererseits bereits in der ersten Stunde in Tränen ausbrach und sehr betroffen von der Depression ihrer Mutter berichtete. Der Falleinbringer erläuterte anschließend die Lebensgeschichte beiläufig und fasste übersichtlich und routiniert zusammen: »Die Mutter der Kandidatin entwickelte nach der Geburt eine postnatale Depression, in den ersten Lebensmonaten versorgten daher der Vater und die Großeltern das Kind. Als die Mutter zwei Jahre später wieder depressiv wurde, trennte sich der Vater. Darauf folgten schwierige Erfahrungen mit wechselnden Partnern der Mutter. Als das Mädchen zehn Jahre alt war, ging

die Mutter wieder eine feste Partnerschaft ein, der Partner, genannt »Papa«, kümmerte sich liebevoll um das Kind.«
   Der Falleinbringer beschrieb im Anschluss die zweite Sitzung mit der Kandidatin, in der sie ihren Kinderwunsch erläuterte. Die Kandidatin stellte ausführlich Tage und Uhrzeiten mit den besten Empfängnischancen dar und machte sich darüber Gedanken, wie sie sich selbst so organisieren könne, dass sie diese Zeitfenster nutzt. Der Falleinbringer erlebte die Herangehensweise der Kandidatin als kontrollorientiert und zwanghaft: »Ich habe das freundlich bearbeitet und legte ihr nahe, die Schwangerschaft nicht zu erzwingen.« Der Falleinbringer lachte leise und fuhr fort: »Nach sechs Wochen Behandlung war sie dann schwanger. Zwischen kurzen Episoden großer Betroffenheit erläuterte die Kandidatin ausführlich alltagspraktische Fragen: Wie sieht ein guter Kinderwagen aus? Und wieviel darf er kosten? Wann muss sie eine Krippe suchen und worauf dabei achten? Mir ist es nicht gelungen, von diesen Themen Bezüge zur Kandidatin selbst herzustellen. Ich fürchte, ich bin ein Teil der Stringenz, ich werde eingebaut in das Programm. Und jetzt frage ich mich, was hat das mit der Kandidatin und was hat das mit mir zu tun?« Nach drei Verständnisfragen wurde der Falleinbringer zum Zuhören eingeladen.

> *Kommentar:* Der Falleinbringer beendete seine Darstellung, indem er den Anstoß zur Selbstreflexion aufgriff und bestätigte damit die Bedeutung des Themas, ohne inhaltlich darauf weiter einzugehen.

2.5 Innenkreis

Die Teilnehmenden des Innenkreises bezogen sich nach der Fallvorstellung auf die zahlreichen Beziehungsabbrüche, die die Kandidatin erlebt hatte und leiteten daraus die Ambivalenz der Kandidatin hinsichtlich der Lehrtherapie ab. Sie argumentierten, dass es für die Kandidatin ris-

2 Selbstreflexion in der Supervision

kant sei, sich auf den Therapeuten einzulassen, weil sie unbewusst fürchten könnte, dass auch diese Beziehung abgebrochen würde. In diesem Zusammenhang wurde die zwanghafte Seite der Kandidatin als Abwehr gegen und damit Kontrolle über schmerzliche Gefühle verstanden. Der Wechsel zwischen starken Gefühlen und sachlichen Themen wurde als Pendeln zwischen den Polen, Not abzuwehren und Not zuzulassen, konstruiert. Eine Teilnehmerin meldete zurück, dass sie den Falleinbringer während der Fallschilderung als angestrengt und resignativ erlebte. Ein Teilnehmer beschrieb seinen Eindruck, dass der Falleinbringer eigentümlich unbeteiligt und entspannt wirkte.

Der Supervisor fragte den Falleinbringer »Worauf möchten sie reagieren und was wird Ihnen über sich und ihre Haltung deutlich?« In Bezug auf sich selbst meinte der Falleinbringer: »Also meine Motivationsprobleme sind eine Art Spiegelung der Angst der Kandidatin vor Beziehungsabbruch. Ich reagiere reserviert und halte mich mit einer Lässigkeit zurück, weil ich auch meine, dass sie mich nur ins Programm einbaut. Meine eigene Geschichte mit Zurückweisungen ist mir sehr bewusst und darüber möchte ich hier nicht sprechen.«

Kommentar: Der Supervisor kombinierte auch hier seine allgemeine Frage mit der spezifischen Perspektive der Selbstreflexion. Der Falleinbringer verband das Beziehungsangebot der Kandidatin mit seiner Beziehungsgestaltung, anschließend verwies er auf eine vorhandene biografische Selbsterkenntnis und markierte sie als Grenze, nicht darüber sprechen zu wollen. Damit berührte er ein verbreitetes Missverständnis. Bei (erfahrenen) Psychotherapeuten ist das Ziel der Selbstreflexion weniger die vertiefende Bearbeitung biografischer Komponenten, als vielmehr die Frage, durch welche Interaktionen sie aktiviert werden und wie sie sich auf die Behandlungen auswirken. Dementsprechend geht es nicht um die lebensgeschichtliche Zurückweisung des Therapeuten, sondern darum, wie er darauf reagiert, wenn er in der Therapie zurückgewiesen wird.

Der Supervisor lud nun die Teilnehmenden des Außenkreises ein, ihre Beobachtungen und Kommentare beizusteuern.

2.6 Außenkreis

Die Teilnehmenden des Außenkreises charakterisierten die Arbeit des Innenkreises und die Art, die Beiträge einzubringen, als schleppend, »wie mit angezogener Handbremse, die sich erst langsam lockerte«. Sie sahen darin einen Parallelprozess zur Behandlung und zum inneren Geschehen des Falleinbringers. Weiter führten die Teilnehmenden aus, der Innenkreis habe die Kandidatin regelrecht beworben, um das Interesse des Falleinbringers an ihr zu wecken. Der Falleinbringer wirke einerseits gekränkt von der Kandidatin und andererseits ängstlich, sie nach der Geburt des Kindes zu verlieren.

> *Kommentar:* In dieser Vignette konzentrieren sich die Beiträge des Außenkreises auf die Gruppendynamik und generieren daraus ihre Hypothese für das Beziehungsgeschehen in der Therapie und für die Psychodynamik des Falleinbringers. Was bisher nicht gesagt werden konnte, weil noch nicht gedacht und bewusst, wurde gemeinsam inszeniert. Der Gruppenprozess wurde mit einer Fahrt mit angezogener Handbremse verglichen. Der Supervisor fokussierte erneut auf die Selbstreflexion des Falleinbringers, indem er ihn fragte, wie er denn seine eigene Dynamik in dieser Situation einbringen würde. Merklich weniger zurückgenommen als zu Beginn seiner Falldarstellung reflektierte der Falleinbringer nun, dass er, sicher ohne es weiter zu beachten, reservierter und lässiger als üblich auf seine Kandidatin reagiert habe, weil er sich auf diese Weise vor ihrer Zurückweisung schützen wollte.

2.7 Das Agieren unbemerkter Übertragung

Der Kontext dieser Fallvignette ist eine Ausbildungsgruppe für Supervisoren. Diese Gruppe war jedoch deutlich kleiner und es wurde nur mit einem Kreis gearbeitet.

Fallbericht

Der Falleinbringer berichtete über die ersten drei Supervisionsstunden mit einer Ausbildungskandidatin. Sie führte im Rahmen ihrer Ausbildung zur tiefenpsychologischen Therapie Vorgespräche, um ihren zweiten Behandlungsfall zu beginnen. Ähnlich wie die Ausbildungskandidatin befand der Falleinbringer sich ebenfalls in einer Anfangssituation, weil diese Supervisandin für ihn die erste Ausbildungskandidatin war, die er in seinem Ausbildungsinstitut supervidierte.

Anlass für seine Fallvorstellung war seine Frage, ob er mit einer bestimmten Bemerkung gegenüber der Kandidatin »zu weit gegangen sei«. Er schilderte, dass der Supervisandin von der Leiterin einer Kasuistik-Gruppe, in der sie ihren Fall vorgestellt hat, sinngemäß gesagt wurde: »Eigentlich ist die Patientin nicht geeignet, aber machen Sie es halt, wenn Sie sich schon so eingelassen haben.« Er beschrieb in Folge, dass die Kandidatin angestellt in einer Beratungsstelle für traumatisierte Patienten arbeitete und in diesem Rahmen Kontakt mit der Patientin aufgenommen hatte. Die Patientin war eine 40-jährige alleinerziehende Mutter, ihr Leitsymptom waren Panikattacken. In der Zeit zwischen ihrem 12. und 14. Lebensjahr wurde sie von einem Onkel sexuell missbraucht. Die Patientin gab an, darüber noch nie gesprochen zu haben. Auslösend für die aktuelle Symptomatik war eine unvorhergesehene Begegnung mit diesem Onkel auf einem Familienfest. Im Rahmen ihrer Erzählung merkte sie an, dass über diesen Missbrauch in ihrer Familie »nichts aufkommen darf«.

Der Falleinbringer beschrieb die Kandidatin als zurückhaltende 30-jährige Frau. Er schilderte nun die dritte Supervisionsstunde mit der Kandidatin und beschrieb seine Wahrnehmung, dass die Kandidatin im Laufe der Sitzung rote Flecken am Hals entwickelte. Er ging detailliert darauf ein, dass er einen inneren Konflikt erlebte, ob er diese Beobachtung mitteilen sollte, oder ob er darauf verzichten sollte. Er fürchtete, durch das Ansprechen eine persönliche Grenze zu überschreiten, meinte aber zugleich, damit einen wichtigen Hinweis geben zu können. In der Sitzung entschied er sich schließlich dazu, seine Bemerkung mit einer Selbstoffenbarung zu verbinden. Er zitierte sich wie folgt: »Ich sehe, dass Sie hektische Flecken am Hals haben und ich bemerke, wie es mir kalt den Rücken runterläuft und meine Finger ebenfalls kalt werden, wenn wir über diese Patientin sprechen.«

Er schloss seine Darstellung mit der Bemerkung, dass er der Kandidatin abgeraten habe, mit dieser Patientin im Rahmen der Ausbildung eine Therapie zu beginnen, weil er die Patientin als zu ambivalent und in ihrer Motivation zu »doppelbindend« empfand.

In der folgenden Arbeit der Supervisionsgruppe wurden einige Beiträge geliefert, die den Kollegen entlasteten. Die Beiträge begründeten, warum die Intervention nicht zu kritisch gewesen sei. Die Teilnehmenden bemerkten allerdings auch, dass eine rasche Festlegung des Beobachteten erfolgte, weil er die Hautrötungen der Supervisandin als »hektisch« bezeichnete, obwohl dies doch zunächst genauer untersucht werden müsse. Die Supervisionsgruppe stellte seine Entscheidung, von der Patientin abzuraten, in Frage. Hatte der Falleinbringer vor allem den Wunsch der Patientin, dass nichts nach außen dringen sollte, als Grund gegen die Therapie gesehen, so argumentierte die Gruppe, dass dies als Anfangsambivalenz durchaus tolerierbar sei.

Der Supervisor lud den Supervisanden im Anschluss an die Gruppenarbeit zum erneuten Kommentar ein und ermunterte ihn, auch sich als Person mit einzubeziehen. Der Supervisand lächelte und meinte, dass ihm klar würde, dass sein gespanntes Verhältnis zur Leiterin der Kasuistik-Gruppe einen größeren Einfluss auf seine Arbeit gehabt hatte, als er bisher angenommen habe. Diese Leiterin habe vergessen, ihn auf die Liste der Supervisoren zu setzen, deshalb habe er ein Jahr lang keine Anfragen gehabt, was ihn verärgerte. Sein Impuls, der Supervisandin von der Patientin rasch abzuraten, war von seinem Distanzierungswunsch gegenüber der Leiterin beeinflusst gewesen. Er meinte darüber hinaus auch, dass seine rasche Interpretation der Hautrötungen auch eine Art Verkehrung ins Gegenteil gewesen sei, »er würde nicht ein Jahr warten, sondern gleich verlässlich reagieren.«

> *Kommentar*: Im Vordergrund der Selbstreflexion stand für den Falleinbringer ein institutioneller Konflikt, der etwas mit seiner Lebenssituation zu tun hatte. Sein Ärger auf die Leiterin der Kasuistik-Gruppe beeinflusste seine Intervention maßgeblich in seiner Supervision. Er trat mit der Leiterin in einen Konkurrenzkampf, in dem sie zur Kandidatin sagte »arbeite mit der Patientin«, während er die Gegenposition einnahm und sagte »arbeite nicht mit der Patientin«. Das Beispiel zeigt, wie eine nicht verstandene externe Übertragung ausagiert wird. Hinzu kommt, dass er sehr schnell interpretierte und eine weitreichende Entscheidung auf dünner Datenbasis traf, ohne seine Übertragung zunächst zu reflektieren.

Im folgenden Abschnitt wird nun auf eine weitere methodische Möglichkeit hingewiesen, mit der Selbstreflexion unterstützt wird. Im Gegensatz zum bisher Diskutierten bezieht sich dieses Vorgehen nun nicht mehr primär auf den Falleinbringer, sondern bezieht die anderen Gruppenmitglieder in den Prozess der Übertragungsreflexion mit ein.

2.8 Die zweite Chance – Metakommunikation und Selbsterfahrung

»Das Ungesagte Gedachte«

Um den assoziativen Raum weiter zu öffnen, kann der Supervisor danach fragen, welche Impulse für Bemerkungen die Teilnehmenden im

Laufe der Arbeit gehabt haben, aber nicht äußern mochten. Die Teilnehmenden werden zuerst gebeten, diese unterdrückten Impulse bei der Nachbetrachtung zur Verfügung zu stellen. Im zweiten Schritt werden die Teilnehmenden eingeladen, auch zu erläutern, was sie davon abgehalten hat, ihre Gefühle, Gedanken oder Beobachtungen zu thematisieren. Oft zeigt sich in dieser Phase, dass die Teilnehmenden den Eindruck hatten, dass ein Einfall für den Falleinbringer nicht zumutbar gewesen sei bzw. dass sie durch diesen Einfall zu viel Selbstoffenbarung zeigen würden. Durch dieses Vorgehen in zwei Schritten wird sowohl das assoziative Prinzip gefördert als auch der bewusste (und unbewusste) Widerstand in die Betrachtung mitaufgenommen.

Kehren wir noch einmal zur zuletzt geschilderten Supervision in die Phase der Metakommunikation zurück: Auf die Frage nach »ungesagtem Gedachten«, meinte eine Teilnehmerin, dass sie an der Stelle, als der Falleinbringer seine Patientin charakterisierte, den Eindruck hatte, er würde sie als Frau attraktiv finden und dies nicht wahrhaben wollen. Sie habe es in dem Moment nicht sagen mögen, weil sie keinen Beleg dafür hatte und meinte, dieser Aspekt stünde nicht im Fokus des Falleinbringers. Der Falleinbringer lachte spontan und meinte: »Ich fühle mich ertappt.« Er dachte einen Moment nach und sagte, dass seine Zuneigung für die Patientin schwanke, manchmal würde er sie gern mögen, wenn sie etwas von einer kleinen Schwester hätte, und manchmal würde er sie anstrengend und unattraktiv finden. Eine andere Teilnehmerin gab zu bedenken, dass die Patientin dies vielleicht im Kontakt unterschwellig wahrnehmen würde und es wichtig sei, dass der Falleinbringer seine schwankende Zuneigung selbst gut beobachten könne. Ein Teilnehmer sagte, dass er die Selbstoffenbarung des Falleinbringers, »mir läuft es kalt den Rücken runter«, irgendwie viel zu heftig fand. Geradezu wie ein intimes Angebot, das zu weit geht. Der Falleinbringer konnte den Eindruck gut teilen. Er meinte, dass er selbst innerlich verunsichert gewesen sei, ob er überhaupt etwas zur Hautrötung sagen wollte, dann kontraphobisch nach vorn gegangen sei.

Die Teilnehmerin, die sich zuerst zu Wort gemeldet hatte, meinte, dass sie nun besser verstünde, was sie wirklich davon abgehalten habe, ihre Beobachtung beizusteuern. Es sei sicher die Angst gewesen, dem Falleinbringer zu nahe zu treten und ihn auf etwas aufmerksam zu machen, was ihm selbst in dem Moment vielleicht nicht bewusst gewesen wäre.

Der Supervisor kann in dieser Phase auch erläutern, was er über den Fall, die Patientin oder den Falleinbringer gedacht hat, als er bestimmte Fragen gestellt oder Interpretationen zur Verfügung gestellt hat. Zum Beispiel: »Als ich betont habe, wie sehr der Kollege die Patientin in der Beziehung hält und Containment leistet, war ich auch damit beschäftigt, dass der Falleinbringer selbst Unterstützung in der Supervisionsgruppe braucht, weil sie in dieser Phase eine Menge kritische Fragen an ihn stellte.«

Im weiteren Verlauf kann der Supervisor den Bezug zur Selbstreflexion der Teilnehmenden herstellen. Er kann z. B. die Frage stellen, ob jemandem noch etwas über sich und seine Weise, in Kontakt zu treten, deutlich geworden wäre. Hilfreich ist dabei auch, die Unterschiede von Gegenübertragung und Übertragung zu explizieren. Darüber hinaus ist auch die dosierte Selbstoffenbarung von Übertragungsneigungen des Supervisors günstig, weil er damit ein Modell für derartige Auseinandersetzungen gibt. »Ich kenne von mir die Neigung, schüchterne und verlegene Patienten eher zu unterstützen, weil ich es nicht so leicht habe, diese Beziehungsqualität auszuhalten und zu warten, bis es einen geeigneten Zeitpunkt zur Bearbeitung gibt.«

Schaukasten: Gedachtes Ungesagtes

- Assoziationsraum: Welche Impulse, Gefühle, Gedanken habe ich gehabt und nicht ausgesprochen?
- Widerstand: Was hat mich daran gehindert, diese Dinge zu sagen?
- Interventionsebene: Der Supervisor erläutert, was ihn beschäftigt hat, als er intervenierte (und was er ebenfalls nicht gesagt hat).
- Übertragungsebene: Teilnehmer werden dazu eingeladen, über eigene Übertragungen, die in der Supervision aktiviert wurden, zu sprechen.
- Modell-Lernebene: Der Supervisor spricht passende Übertragungsneigungen an, die er von sich kennt.

2.9 Fazit

Versteht man Supervision als eine Triangulierung, durch die dem Supervisanden die Möglichkeit zur Differenzierung seines therapeutischen Verständnisses ermöglicht wird (Herrmann 2013, S. 229), so wird mit der Fokussierung auf die Übertragung als Bestandteil der Gegenübertragung diese Differenzierung weiter gefördert, weil der Supervisand diese triangulierende Haltung seines Supervisors verinnerlichen kann.

Literatur

Balint M (1980) Der Arzt, sein Patient und die Krankheit. 5. Aufl. Stuttgart: Klett-Cotta.
Clarkin JF, Yeomans FE, Kernberg OF (2008) Psychotherapie der Borderline-Persönlichkeit. Manual zur psychodynamischen Therapie. 2. Aufl. Stuttgart, New York: Schattauer.
Giernalczyk T, Albrecht C (2012) Psychodynamisches Coaching. In: Giernalczyk T, Lohmer M (Hrsg.) Das Unbewusste im Unternehmen. Psychodynamik von Führung, Beratung und Change Management. Stuttgart: Schäffer & Poeschel. S. 77–90.
Herrmann AP (2013) Supervision zwischen Differenz und Triangulierung. Mit der Gegenübertragung arbeiten. Forum der Psychoanalyse 29: 223-234.
Malan D (1979) Individual Psychotherapy and the science of psychodynamics. London: Butterworth.

3 Der Kontext der Supervision

Mathias Lohmer und Heidi Möller

Der organisationale Kontext der Fallsupervision bildet eine Grundmatrix, auf der sich die Dynamik des supervisorischen Prozesses entfalten kann. Zu unterscheiden ist dabei die Supervision im stationären und im ambulanten Bereich.

3.1 Supervision im stationären Kontext

Die Supervision stationär-psychotherapeutisch arbeitender Teams (zumeist im Bereich von Psychiatrie und Psychosomatischer Medizin) zählt zu den wichtigsten Anwendungsfeldern der Supervision in Institutionen. Wir unterscheiden primär die Formate *Fallsupervision* und *Teamsupervision*. In der *Teamsupervision* werden diagnostische und behandlungstechnische Fragen sowie die Analyse von Übertragungs- und Gegenübertragungsphänomenen verhandelt. Der Patient steht in diesem Format im Fokus. Ziele der Fallsupervision sind u. a. die Erweiterung der Fachkompetenz, die Entwicklung der professionellen Identität, aber auch die Kontrolle der Arbeit. So lässt sich die Fallsupervision durch einen internen oder externen Supervisor auch als Delegation der Fachaufsicht durch den Chefarzt begreifen, der nicht in jedem Team dabei sein kann. Thematisch wird an der Formulierung des Therapieziels oder an Fragen der Therapiemotivation gearbeitet, aber auch Hilfe bei der Beziehungsdiagnostik bereitgestellt und Fragen der Psychohygiene der Mitarbeiter in der Beziehungsarbeit mit schwer gestörten Patienten erörtert.

In der *Teamsupervision* hingegen, an der alle an der Behandlung beteiligten Berufsgruppen (das »Team«) teilnehmen, werden Fragen der Zusammenarbeit thematisiert. Dieses kooperationsbezogene Supervisionsformat hat zum Ziel, die Effektivität in der Zusammenarbeit zu erhöhen, die Arbeitszufriedenheit zu verbessern, die Aufgaben- und Klienten-Bezogenheit zu stärken und die Identität als Team zu entwickeln. Die Teamsupervision hat die Aufgabe, die Spaltung der Berufsgruppen zu vermeiden, für gegenseitiges Verständnis zu sorgen und im Konfliktfall zu mediieren. Auch berufliche Belastungen können besprochen und ggf. entindividualisiert und entpersonifiziert werden, d. h. vor dem Hintergrund des jeweiligen Behandlungsfalls und/oder den institutionellen Bedingungen verstanden und bearbeitet werden.

Daneben gibt es noch Unterformen wie die *berufsgruppenbezogene Supervision* (z. B. Balintgruppen für Therapeuten oder spezielle Supervision nur für das Pflegeteam) oder die *Leitungs-(Team)-Supervision*. In dieser rollenbezogenen Supervisionsform geht es darum, die konkreten Arbeitsaufgaben zu klären, die Ausgestaltung der Rolle zu thematisieren und eine Balance zwischen Rolle – Person – Organisation herzustellen. Auch Fragen der Karriereplanung können Themen der rollenbezogenen Supervision sein (vgl. Rappe-Giesecke 2009).

Zum stationären Kontext zählen auch therapeutische Institutionen wie Tageskliniken (teilstationäre Einrichtungen) und therapeutische Wohngemeinschaften, aber auch Beratungsstellen. Oft wird bei Supervision vor allem an die externe Supervision gedacht – für das *Containment* im Sinne von Halt, Reflexion, Verarbeitung und Orientierung angesichts der Patientendynamik ist aber auch eine regelmäßige interne Fallsupervision von großer Bedeutung.

3.1.1 Die interne Supervision

Die interne Fallsupervision durch Leitungskräfte wie einen leitenden Psychologen, Oberarzt, Pflegedienstleiter oder Chefarzt dient der kontinuierlichen Reflexion von schwierigen Behandlungsfällen und Verwicklungen mit der Patientengemeinschaft, der Klärung der Rollen in der gemeinsamen Teamarbeit, der Weiterentwicklung der Behandlungstechnik sowie der Aus- und Weiterbildung der Mitarbeiter. In der Supervision vermittelt der Leiter bzw. erfahrene Teammitglieder neueren Teammitgliedern die spezifische Arbeitsweise der Station bzw. der Klinik. Damit werden die Qualität der Behandlung und die Verständigung über die Behandlungsphilosophie der Einrichtung unterstützt. Weiterhin unterstützen sich Teammitglieder gegenseitig im Verständnis der Patienten- und Teamdynamik und lösen Verwicklungen auf. Diese Supervisionsbeziehung ist ähnlich einer Lehrer-Schüler-Interaktion konstituiert.

Immer wieder gibt es dabei das Phänomen, dass Teammitglieder sich scheuen, vor ihrem eigenen Vorgesetzten über schwierige Situationen in der Behandlung zu sprechen. Durch ein unterstützendes, wertschätzendes Verhalten (Senken der Angstschwelle) und offenes Berichten über den eigenen Umgang mit schwierigen Behandlungssituationen (Modellwirkung) kann der Vorgesetzte dies den Mitarbeitern erleichtern. Notwendig ist dabei vor allem, dass der Vorgesetzte – auch im Ärger – nicht Erkenntnisse aus der Supervision in einem anderen Kontext als Vorwurf äußert.

Gleichzeitig muss aber klargestellt werden, dass es zur Aufgabe angehender Psychotherapeuten gehört, Psychotherapie zu lernen und interne Supervision dafür zu nutzen, schwierige Situationen besser bewältigen zu können. Offenheit und Offenlegung von psychotherapeutischen Prozessen sind daher Bestandteile des professionellen Aufgaben- und Rollenverständnisses des therapeutischen Teams. Hier hilft zuweilen ein Vergleich mit der Ausbildung in der somatischen Medizin, in der Chefarzt und erfahrene Oberärzte selbstverständlich anleiten und kontrollieren und niemand auf die Idee käme, dass es, z.B. bei einer Operation, einen speziellen Schutz der Assistenten vor dem Blick der Vorgesetzten bräuchte.

3.1.2 Die externe Supervision

Ergänzend zur regelmäßigen internen Fallsupervision sollte es eine externe Fall- und Teamsupervision geben. In der externen Fallsupervision ist es die Rolle des Supervisors, durch seinen Außenstandpunkt eine triangulierende Funktion wahrzunehmen. Er ist zwar mit dem Konzept und dem Team vertraut, steht aber gleichzeitig weit genug außerhalb, um blinde Flecken, Verwicklungen und Verstrickungen (vgl. Lohmer 2014) klarer sehen und außerhalb einer hierarchischen Linie Behandlungsempfehlungen geben zu können. Er trägt mit seinem Setting und seiner Rolle dazu bei, dass bei oft konkretistischen Debatten und Verstrickungen im Behandlersystem wieder ein Raum des Dialoges, des Perspektivwechsels und der Reflexion auf einer Metaebene eröffnet wird. Dies entspricht einem »Übergangs- oder Zwischenraum« (Winnicott 2008), der wieder ein symbolisches Denken ermöglicht, in dem unterschiedliche Wahrnehmungen nebeneinandergestellt sowie in ihrer Bedeutung bedacht und erwogen werden können.

Unseres Erachtens werden im stationären Setting sowohl Behandlungsfälle (»Fallsupervision«) als auch Themen der professionellen Kooperation in der rollenverteilten Arbeit im Team (klassisch »Teamsupervision«) besprochen. Dies ist essenziell, um die kontinuierlich von der Patientengruppe in das Team projizierten abgespaltenen Affekte, Selbst- und Objektrepräsentanzen, unaufgelösten Konflikte, Berichte über Traumatisierungen und emotional aufwühlenden Interaktionen aufnehmen, ordnen, verarbeiten und in geeigneter Form zurückgeben zu können. Es ist dies der entgiftende Umgang mit der unvermeidlichen Toxizität des Milieus einer stationären Behandlung im Sinne einer *Containment-Funktion* (vgl. Lohmer 2013 a).

Eine solche Supervision hilft dem Team, arbeitsfähig zu bleiben und einen stabilen, guten Kontakt zum eigenen psychischen Erleben, zur Wahrnehmung und Analyse der Gegenübertragung, zur umgebenden Realität, den anderen Teammitgliedern und zur Weiterentwicklung und Anpassung des Konzeptes halten zu können.

Eine generelle *Trennung* von Fall- und klassischer Teamsupervision, wie sie oft noch üblich ist, erscheint uns oft realitätsfremd, wohl aber kann sich die externe Supervision zeitweise und verabredet mehr den Team- oder den Fallproblemen widmen.

Die Problematik eines Falls stößt oft ungeklärte Fragen im Team an, z. B. Beziehungen zwischen Berufsgruppen oder Hierarchien. Die Klärung einer Teamdynamik hilft, klarer und besser mit einer Fallproblematik zurechtzukommen. Eine reine Teamsupervision ohne Fallarbeit hat den Nachteil, dass sie leicht zu einer ritualisierten, regelmäßigen »Klagerunde« bzgl. äußerer Rahmenbedingungen (z. B. Überforderung,

Personalsituation) oder der (abwesenden) Leitung werden kann. Sie bleibt damit wirkungslos, weil sie nicht das thematisiert, was ein Team selbst verändern kann. Fallsupervision hilft hier, das Team in seiner Arbeitsfähigkeit zu bestärken und ein aufbauendes Gefühl von Wirksamkeit zu etablieren.

Jedoch ist darauf zu achten, dass die Formate Fall- und Teamsupervision nicht gegeneinander ausgespielt werden. So kann das eine Format jeweils zur Abwehr des anderen missbraucht werden. Man spricht in einem Fall nur über Patienten, um sich mit einer schwierigen Dynamik im Team nicht auseinandersetzen zu müssen, oder umgekehrt erfolgt die Thematisierung der Teamdynamik überproportional häufig, um sich gegenseitig nicht in der Arbeit mit den Patienten zu zeigen (vgl. Möller 2012).

3.1.2.1 Das System Supervision als integrierter Bestandteil der stationären Behandlung

Das *System Supervision* hat, vergleichbar zum System »Therapie« oder »Leitung«, die Aufgabe, einen Container bzw. eine Containment-Funktion für die Behandler zur Verfügung zu stellen (▶ Kap. 1 »Ein Wirkmodell der Supervision«). Die Behandlungseinrichtung selbst ist entsprechend ihrer Aufgabe *Container für die Patienten* und ihre Dynamik. Damit ist gemeint, dass das übergeordnete *Containment-System* für das Aufnehmen, Verstehen, Verarbeiten und adäquate Zurückgeben der zunächst »unverdauten« Affekte, Handlungen und mentalen Zustände des jeweils nachgeordneten Systems zuständig ist (Lohmer 2013b).

Häufig ist es noch üblich, dass Supervisoren alleine vom Behandlungsteam ausgesucht werden und die Supervision, sorgsam von der Leitungsebene abgeschirmt, als ein persönlicher Schutzraum der Teammitglieder verstanden wird. Dies entspricht einem klassischen Abstinenz- und Neutralitätsverständnis, das sich ursprünglich aus der analytischen Gruppenpsychotherapie bzw. Gruppenselbsterfahrung herleitete und wenig reflektiert auf das ganz andere Setting einer Klinik als Organisation übertragen wurde. Gerade bei der Arbeit mit strukturell gestörten Patienten mit ihren allgegenwärtigen Spaltungs- und Projektionsphänomenen ist es aber essenziell, die integrativen

Kräfte gegenüber den Kräften von Fragmentierung und Polarisierung zu stärken. Ein mit dem Gesamtsystem der Organisation und der Leitung unverbundener *Schutzraum Supervision* entspricht so eher einem Gegenagieren und kollusiven Mitspielen der Fragmentierungsdynamik durch das Team als einer funktionalen Unterstützung der gemeinsamen Arbeit.

Paranoide Befürchtungen vor Beschämung und Verfolgung durch die Leitung gelten für Mitarbeiter häufig unhinterfragt und selbstverständlich als Realität und erschweren, wenn es bei der Abschottung des Supervisionsraumes bleibt, einen konstruktiven Reflexionsraum, in dem Projektionen auch aufgelöst werden können.

Gerade auf einer Spezialstation, die besonders schwierige Fälle mit einem besonderen Konzept behandelt, ist die Auswahl des Supervisors daher u. E. zunächst Leitungs- und nicht Teamentscheidung. Der Supervisor sollte das Konzept der Station kennen und unterstützen. Er sollte eine gute Kenntnis in Psychodynamik und Behandlungstechnik der behandelten Patientengruppe haben. Gibt es mehrere Personen, die eine solche Qualifikation erfüllen, kann die Leitung einer Klinik einen Pool von Supervisoren bilden, aus denen dann Teams einen Supervisor auswählen können. Notwendig aber ist, dass die Klinikleitung alle Supervisoren kennt und mit ihnen im Gespräch ist. Zwischen Klinikleitung und Supervisoren sollte es entsprechend einen regelmäßigen Austausch geben.

Das *System Supervision* sollte so ein integriertes System in der gesamten Klinikorganisation sein, in dem die Supervisoren Rückmeldung über ihre Sicht auf die Entwicklung der Klinik, der Station und auf strukturelle Probleme geben können – natürlich ohne eine Bewertung einzelner Mitarbeiter abzugeben. Auf diese Weise wird die Supervision ein wichtiger Bestandteil der Organisationsentwicklung. Der Supervisor kann der Leitung vor dem Hintergrund seiner supervisorischen Erfahrung Hinweise geben, an welchen Stellen strukturelle Veränderungen der Organisation sowohl eine bessere Gesundung der Patienten als auch die Gesunderhaltung der Mitarbeiter ermöglichen könnten (Lohmer et al. 2012). An der kombinierten Fall- und Teamsupervision sollten alle Mitglieder des therapeutischen Teams einschließlich der direkt mit der therapeutischen Arbeit betrauten Leitungsperson teilnehmen.

Dies betrifft meistens den Oberarzt oder leitenden Psychologen. Der Chefarzt selbst sollte nur teilnehmen, wenn er integraler Bestandteil des Teams ist. Er kann aber bei speziellen Fragestellungen hinzugezogen werden.

Ein besonderes Problem besteht oft bei Teilzeitkräften, bei denen ein zu hoher Anteil ihrer Zeit für Besprechungen verwendet würde, wenn sie an allen Besprechungsrunden einschließlich Supervision teilnehmen. Es muss aber die Möglichkeit geben, die Gruppe je nach Thema auch um Mitarbeiter zu erweitern, die nicht regelmäßig an der Supervision teilnehmen können, z. B. auch die Mitarbeiter des Nachtdienstes. Supervision in diesem Sinne muss als etwas für alle Teammitglieder Verpflichtendes betrachtet werden, um im Umgang mit den schwierigen Patienten arbeitsfähig zu bleiben – sie ist nicht »freiwillig« und ins Belieben der einzelnen Teammitglieder gestellt, sondern Teil der Dienstverpflichtung psychotherapeutisch Tätiger.

Im Sinne eines solchen integrierten Verständnisses ist es sinnvoll, Team- und Leitungssupervision miteinander zu verbinden. So können im Laufe eines Supervisionstages verschiedene Team- und Abteilungssupervisionen stattfinden, zum Abschluss findet dann eine Leitungsteamsupervision statt, in der alle Leiter der einzelnen Teams (z. B. die Oberärzte und leitenden Psychologen) zusammen mit dem Gesamtleiter (i. d. R. leitender Arzt bzw. Chefarzt) zusammenkommen. Hier geht es dann um Folgendes:

- sich gegenseitig über die Erfahrungen und die Erkenntnisse der Supervisionen in den einzelnen Teams zu informieren
- ein gemeinsames Verständnis der Systemdynamik der Einrichtung als Gesamtsystem zu erarbeiten und Handlungsbedarfe für das Leitungsteam zu markieren
- die Dynamik der Kooperationsbeziehungen im Leitungsteam zu supervidieren

Mit einem solchen integrierten Supervisionsverständnis wird die *Containment-Funktion der Leitung* für das Gesamtsystem entscheidend gestärkt und es kann auch auf einer *strukturellen Ebene* rasch reagiert werden. Der Supervisor in seiner Rolle gerät bei diesem Supervisionsverständnis bei Teammitgliedern allerdings immer wieder in Verdacht, dem Leitungsteam und dem »Chef« prekäre Details aus dem Innenleben der Teams zu verraten. Eine transparente Darstellung dieser Arbeitsweise und die Tatsache, dass ja auch die Teamleiter präsent sind, sowie eine Beleuchtung paranoider Befürchtungen können helfen, diese Komplikation für Supervisor und Teams handhabbar zu machen. Zu verdeutlichen ist, dass es hier ja darum geht, rasch auch strukturelle Verbesserungen für die Arbeit in den Teams und auf den Stationen zu initiieren.

Hier ist der Supervisor in seiner Haltung der *Allparteilichkeit* (Stierlin et. al 1977) gefordert: Er ist prinzipiell äquidistant zu allen Teilnehmern der Supervision, unabhängig von Rolle und Hierarchie, gleichzeitig kann er sich aber auch mit der Sichtweise jedes Teilnehmers identifizieren und so mit allen Teilnehmern der Supervision innerlich verbinden. Damit erfüllt er eine integrative Funktion.

3.1.2.2 Die Beziehung von Leiter und Supervisor in der stationären Supervision

Eine strukturell eingebaute Problematik in der Kliniksupervision ist die potenziell konkurrierende Beziehung zwischen Supervisor und Leiter des Teams. Der Supervisor nimmt temporär eine Leitungsrolle ein, im idealen Fall als Fachexperte für den Umgang mit speziellen Störungen und für ein psychodynamisch-systemisches Verständnis von Teamarbeit und Institutionen. Dabei ist es essenziell für sein Rollenverständnis, dass er die Autorität des Leiters in der Gruppe respektiert, ihn durch seine Intervention nicht in seiner Autorität beschädigt und der Verführung widersteht, in der Übertragung des Teams als der »idealere Leiter« zu erscheinen. Diese Gefahr besteht vor allen Dingen dann, wenn der reale Leiter des Teams nicht in der Supervision anwesend ist und stattdessen über ihn geklagt werden kann. Umgekehrt sollte sich der Leiter eines Teams im Rahmen der Supervision zurücknehmen können, ohne seine Rolle als Leiter aufzugeben. Er kann sich in der Erörterung der Fall- und Teamproblematik in eine mehr rezeptive Position begeben und die externe Expertenrolle des Supervisors nutzen. Ist er selbst Teil einer Verwicklung, gibt er seinen Beitrag dabei zur allgemeinen Untersuchung »frei«, achtet aber gemeinsam mit dem Supervisor darauf, dass die Erörterung eines Falls oder einer Teamproblematik nicht dazu benutzt wird, unausgesprochen seine Autorität infrage zu stellen. Sollte dies geschehen, muss der Fokus von der Fallebene auf die Teamebene wechseln, um die Probleme des Umgangs des Teams mit Leitung zu thematisieren. In diesem Verständnis sind außerhalb der eigentlichen Supervision auch kurze Rückmeldungen, »Minicoachings«, an die Führungskraft sinnvoll, um Anregungen für die Weiterentwicklung seines Führungs- und Leitungsstils zu geben.

3.1.2.3 Widerspiegelung der Patientendynamik und Fehler des Teams

Inzwischen ist es in Supervisionen und Teamgesprächen schon selbstverständlich, dass die Dynamik eines Teams als »Widerspiegelung« der Patientendynamik verstanden und genutzt werden kann. Allerdings kann diese Widerspiegelungsthese auch dazu missbraucht werden, Fehler und Versäumnisse des Teams nicht als solche zu benennen, sondern als reine Spiegelungsprozesse zu betrachten.

Nicht jeder Ärger und Konflikt im Team ist aber nur eine Widerspiegelung von Patientenprozessen – manchmal ist ein falscher Behandlungsansatz eben ein falscher Behandlungsansatz und nicht nur eine »Verwicklung und Verstrickung« mit einem Patienten.

Da es innerhalb von Teams häufig eine hohe Beschämungsangst und z. T. wenig Kritikfähigkeit gibt, ist die Versuchung groß, eigenes problematisches Verhalten auf diese Weise ausschließlich als Ausdruck einer Patientendynamik zu verstehen und sich deswegen nicht weiter mit dem eigenen Verhalten befassen zu müssen. Eine Fehlerkultur innerhalb eines Teams, in der man selbst offen und taktvoll mit Fehlern umgeht und unterschiedliche Behandlungsansätze diskutiert werden können, ist deswegen essenziell.

Gibt es einen solchen Standard, an dem man sich orientieren kann, hilft dieser zu unterscheiden, in welchem Ausmaß sich eine Behandlungsproblematik als Widerspiegelung oder aber als eigene Problematik einzelner Teammitglieder oder des gesamten Teams verstehen lässt.

Im supervisorischen Ablauf sollte deswegen in verschiedenen Phasen untersucht werden,

- ob es sich um eine Widerspiegelung der Patientendynamik handelt,
- wie die eigene Teamdynamik beschaffen ist und
- welche Fehler oder Problemstellungen Einzelner oder des Teams insgesamt anerkannt und untersucht werden müssen. Dabei sollte im Auge behalten werden, dass die Gegenübertragung immer auch eigene Übertragungsneigungen enthält!

In der Regel wirken speziell Patienten auf einem Borderline-Strukturniveau auch als »unbewusste Organisationsberater«, die ungeklärte Rollen, Fragen, Aufgabenverteilungen, nicht ausgedrückte unterschiedliche Haltungen gegenüber Konzeptfragen etc. durch ihr Verhalten an die Oberfläche bringen. Haarrisse im Team werden durch die Konfrontation mit der Patientengemeinschaft zu deutlicher wahrnehmbaren Spalten, die Anlass sein sollten, dass sich das Team kontinuierlich mit der eigenen Arbeitsfähigkeit, bezogen auf die Aufgabe, befassen kann. Hier hilft vielleicht eine Haltung von Supervisor und Team, dass kontinuierliches Lernen etwas geistig und seelisch Anregendes ist, und dass einer der speziellen Vorzüge einer Station für persönlichkeitsgestörte Patienten darin besteht, kontinuierlich über das eigene Verhalten Rückmeldungen zu erhalten, ein Konzept weiterzuentwickeln und in der Supervision offen Patienten-, Team- und eigene Dynamik zu untersuchen.

3.1.2.4 Der Ablauf einer stationären Supervisionssitzung

Die idealtypische Supervision könnte in ihrem Ablauf etwa (für einen Zeitraum von ca. zwei Stunden) folgendermaßen aussehen:

1. *Sammlung der Themen* (diese sollten möglichst schon im Vorfeld sondiert worden sein – die Supervision ist keine spontan-assoziative Gruppenselbsterfahrung, sondern eine geplante Maßnahme zur Reflexion der Team- und Fallarbeit mit Vor- und Nachbereitung).
2. *Verständigung* auf Auswahl, Reihenfolge und Zeitkontingent der Themen.

3. *Fallbearbeitung* mit klaren Schlussfolgerungen für Psychodynamik und Behandlungstechnik und mit den jeweiligen Konsequenzen für Aufgaben und Rollenverständnis der einzelnen Berufsgruppen. Dies kann z. B. nach dem Balint-Modell erfolgen, bei großen Teams auch gut mit einem Innenkreis der direkt an der Fallbearbeitung Beteiligten und einem Außenkreis der restlichen Teammitglieder. Beide Gruppen arbeiten dann im Wechsel: direkte Fallbearbeitung im Innenkreis, Reflexion und Wahrnehmen von Spiegelungsphänomenen im Außenkreis.
4. *Bearbeitung von Themen der Kooperationsbeziehungen*. Dabei ist es wichtig, scheinbar »persönliche« Konflikte immer auch daraufhin zu betrachten, ob sich in ihnen institutionelle Spannungen, z. B. zwischen Berufsgruppen, oder Polarisierungen, z. B. angesichts von strukturellen Dilemmata (zwischen therapeutischer Qualität und ökonomischer Begrenzung o. Ä.) ausdrücken. Am Ende einer solchen Bearbeitung sollten, wenn sinnvoll, Vereinbarungen über den weiteren Umgang miteinander stehen.

Wichtig ist hierbei, dass Supervision nicht als ein Auffangbecken vorher nicht thematisierter Konflikte dient, die dann zur Überraschung der Beteiligten plötzlich benannt werden. Konflikte müssen zeitnah aufgegriffen und im normalen Teamalltag bearbeitet werden! Die Supervision untersucht dann z. B. den Umgang mit solchen Konflikten bzw. dient der vertieften Klärung und der Weiterentwicklung von produktiven Umgangsformen mit Spannungen und Konflikten.

3.1.2.5 Die Rollen des Supervisors

Der Supervisor ist in diesem Verständnis in unterschiedlichen Rollen gefordert:

- als *Moderator*: Hier sorgt er für einen gut strukturierten, den zeitlichen Rahmen beachtenden Ablauf, greift ein, wenn der Fokus verloren zu gehen droht oder der Tonfall der Auseinandersetzung verletzend wird.
- als *Berater*: Hier kommentiert er die Gruppen- und Systemdynamik, klärt Verwicklungen und Verstrickungen (vgl. Lohmer 2014), ach-

tet auf den Bezug zu Aufgaben, Rollen und Strukturen im Team sowie auf die Psychodynamik von Patienten- und Behandlersystem.
- als *Fachexperte*: Hier kann er seine Fachexpertise zu Führung und Zusammenarbeit in Organisationen sowie zur Psychodynamik und Behandlungstechnik bei speziellen Störungen in dosierter Form einbringen.

3.2 Supervision im ambulanten Kontext

Im ambulanten Kontext findet Supervision im Bereich von Aus- oder Weiterbildung (vgl. Grünwald-Zemsch in diesem Band) oder als Teil einer kontinuierlichen freiwilligen Qualifizierung statt. Eine Befragung der Landespsychotherapeutenkammer Hessen aus dem Jahr 2008 (Ochs et al. 2012) ergab, dass approbierte Psychotherapeuten insgesamt in erster Linie formelle und informelle Intervision nutzen (78 % bzw. 71 %, vgl. Möller et al. in diesem Band), gefolgt von Einzelsupervision (48 %) und Fallbesprechungen (46 %). Weniger häufig folgen Gruppensupervision (37 %) und Teamsupervision (21 %). Allerdings zeigen sich bzgl. der Häufigkeit der Inanspruchnahme große interindividuelle Unterschiede zwischen den befragten Psychotherapeuten. Was die freiwillige Inanspruchnahme von professioneller Supervision betrifft, unterscheiden sich auf Gruppenebene Niedergelassene nicht von Angestellten und Verhaltenstherapeuten nicht von Tiefenpsychologen/Psychoanalytikern.

In der Regel gibt es hier das Setting der Einzel- und der Gruppensupervision. Anders als in einer Teamsupervision, die die Arbeitsfähigkeit des Teams nicht gefährden darf und deshalb die Person des Behandlers weniger tief in den Fokus der Bearbeitung stellt, kann in der ambulanten Einzel- und Gruppentherapie auch an der Person des Psychotherapeuten gearbeitet werden. Diese Formate können helfen, die eigene Berufsbiografie besser zu verstehen:

- Welche biografischen Gründe führten jemanden zum Beruf des Psychotherapeuten?
- Welche vielleicht notorischen Eigenübertragungen können mit der Geschichte des Supervisanden zusammenhängen?
- Welche persönlichen Entwicklungsschritte müssen gegangen werden, um die Qualität der psychotherapeutischen Arbeit zu verbessern?

3.2.1 Die Rollen des Supervisors

Der Supervisor ist ein professioneller Berater, der gleichzeitig zumindest drei basale Rollen innehat: Prozessberatung, Fachberatung und Behandlungstechnik, Qualitätssicherung.

3.2.1.1 Prozessberatung

Der Supervisor bietet einen sicheren Rahmen und einen geschützten Raum. Er ermöglicht damit ein »Containment« und erlaubt dem Supervisanden, sich zu öffnen und einen authentischen eigenen »Stil« zu finden. Er fördert eine fallbezogene Selbsterfahrung des Supervisanden, worauf noch das frühere Wort für Supervision »Kontrollanalyse« hinweist. Seine wichtigste Funktion im Rahmen der Prozessberatung ist die Auflösung von Verwicklungen und Verstrickungen mit dem Patientensystem.

Dieser Aspekt der Selbsterfahrung tritt in den Teamsupervisionen meistens zurück und die Dynamik eines Falls wird eher »patientenzentriert« gedeutet. Dies dient dem Schutz des Supervisanden vor zu eindringenden Kommentaren oder Deutungen des Supervisors oder der Supervisionsgruppe. Vielleicht ist aber das »Pendel« im supervisorischen Prozess inzwischen zu weit in Richtung »Schutz der Persönlichkeit des Supervisanden« geschwungen – zu Ungunsten wichtiger Rückmeldungen über Wirkungsweise, blinde Flecken und eigenes Mitagieren im Supervisanden. Die Gruppensupervision hat da andere Möglichkeiten, da die Mitglieder der Gruppensupervision nicht in der gleichen Organisation tätig sind. Wichtig jedenfalls ist es, wenn die sog. »eigenen Anteile« Thema im Supervisionsprozess sind, mit dem Supervisanden jeweils zu vereinbaren, ob eine Fokussierung auf diese gewünscht wird.

3.2.1.2 Fachberatung

Als Experte für Psychodynamik und Behandlungstechnik hat der Supervisor eine Anleitungsfunktion und unterstützt den Supervisanden beim Erlernen geeigneter Behandlungsstrategien und Interventionstechniken. Hier ist er Fachexperte für bestimmte Störungsbilder, hat i. d. R. mehr therapeutische Erfahrung als der Supervisand und vermittelt bspw., wie eine Deutung oder Intervention formuliert werden könnte. Es ist ein delikates Gleichgewicht, inwiefern sich der Supervisor als Fachexperte zur Verfügung stellt und damit auch modellhaft für den Therapeuten wirkt, und inwieweit er sich zurücknimmt, um die Herausbildung des eigenen Stils des Therapeuten zu fördern.

3.2.1.3 Qualitätssicherung

Bei institutsgebundenen Ausbildungen überwacht der Supervisor im Rahmen einer »Fachaufsicht« die Qualität der Psychotherapie, gibt Empfehlungen und im Konfliktfall Anweisungen. Im Rahmen einer Ausbildung ist der Supervisor auch Beurteiler des Therapeuten. Er muss somit die Spannung zwischen »Anleitung« als Repräsentant des Ausbildungsinstituts und kollegialem Dialog mit einem Lernenden aufrechterhalten.

3.3 Fazit

Der organisationale Kontext einer Supervision bildet Rahmen und Halt, damit ein supervisorischer Prozess wirksam werden kann. Gleichzeitig muss er immer Teil der Reflexion in der Supervision sein, damit nicht auf Dauer »blinde Flecken« entstehen. Interne und externe, stationäre und ambulante Supervision, obligatorische Supervision im Rahmen einer Ausbildung oder Supervision als Krisenintervention bei Verwicklungen und Verstrickungen haben immer je eigene Bedingungen und Wirkfaktoren. Ein offener Diskurs zwischen Supervisor und Supervisanden ist dabei ein notwendiger Bestandteil, damit Supervision authentisch sein kann und nicht zu einer »Als-ob-Veranstaltung« wird – gerade weil Elemente wie Unterstützung, Selbsterfahrung und Kontrolle so eng miteinander verwoben sind.

Literatur

Clarkin JF, Yeomans FE, Kernberg OF (2008) Psychotherapie der Borderline-Persönlichkeit – Manual zur psychodynamischen Therapie. 2. Aufl. Stuttgart: Schattauer.
Lohmer M (2013a) Borderline-Therapie. Psychodynamik, Behandlungstechnik und therapeutische Settings. 3. Aufl. Stuttgart: Schattauer.
Lohmer M (2013b) Der Umgang mit Krisen in Institutionen und Teams bei der Behandlung von Borderline-Störungen. In: Lohmer M (Hrsg.) Borderline-Therapie. Psychodynamik, Behandlungstechnik und therapeutische Settings. 3. Aufl. Stuttgart: Schattauer. S. 178–196.
Lohmer M (2014) Der Umgang mit Verwicklungen und Verstrickungen – Abstinenz, Containment und Verantwortung im Beratungsprozess. In: Lohmer M, Möller H (Hrsg) Psychoanalyse in Organisationen. Einführung in die psychodynamische Organisationsberatung. Stuttgart: Kohlhammer. S. 206–216.
Lohmer M, Möller H (2014) Psychoanalyse in Organisationen. Einführung in die psychodynamische Organisationsberatung. Stuttgart: Kohlhammer.
Lohmer M, Sprenger B, von Wahlert J (2012) Gesundes Führen. Life-Balance versus Burnout im Unternehmen. Stuttgart: Schattauer.
Möller H (2012) Was ist gute Supervision? Kassel: Kassel University Press.
Ochs M, Gaby B, Klasen J, Mößner K, Möller H, Rief W (2012) Praktiken und Erleben von Supervision/Intervision von Psychotherapeutinnen und Psychotherapeuten. Ergebnisse einer Mitgliederbefragung der Psychotherapeutenkammer. Psychotherapeutenjournal 3: 216–223.
Rappe-Giesecke K (2009) Supervision. Gruppen- und Teamsupervision in Theorie und Praxis. Berlin: Springer.
Stierlin H, Rücker-Embden I, Wetzel N, Wirsching M (1977) Das erste Familiengespräch. Stuttgart: Klett-Cotta.
Winnicott DW (2008) Von der Kinderheilkunde zur Psychoanalyse. Gießen: Psychosozial-Verlag.

4 Rechtliche Grundlagen der Supervision in der Psychotherapie

Martin Stellpflug und Jan Moeck

4.1 Supervision in der Ausbildung und Supervision für Approbierte

Die Inhalte und Ziele von Supervision im Ausbildungskontext auf der einen Seite und von Praxis- bzw. Fortbildungssupervision für approbierte Psychotherapeuten auf der anderen Seite werden unterschiedlich beschrieben (Meermann und Borgart 2001, S. 4 f.; Strauß et al. 2010, S. 453 f.) Dient die Supervision in der Ausbildung dem Erwerb therapeutischer Fähigkeiten und der Reflexion des psychotherapeutischen Handelns, so geht es bei der Supervision für Approbierte z. B. um die Konsolidierung psychotherapeutischer Erfahrungen und fachlicher Expertise sowie die Weiterentwicklung professioneller Identität (Strauß et al. 2010, S. 453*)*.

Auch in rechtlicher Hinsicht ergeben sich teils unterschiedliche Vorgaben: Die Supervision in der Ausbildung ist in den Ausbildungs- und Prüfungsverordnungen für die Psychologischen Psychotherapeuten und Kinder- und Jugendlichenpsychotherapeuten (PsychTh-APrV, KJPsych-APrV) zwingend vorgeschrieben. Nach § 4 Abs. 1, 2 PsychTh-APrV, KJPsych-APrV umfasst die praktische Ausbildung mindestens 600 Behandlungsstunden unter Supervision mit mindestens sechs Patientenbehandlungen sowie mindestens 150 Supervisionsstunden, von denen mindestens 50 Stunden als Einzelsupervision durchzuführen sind.

Die Inanspruchnahme von Supervision durch Approbierte erfolgt auf freiwilliger Basis. Es besteht allerdings die Möglichkeit, dass die Nichtinanspruchnahme von Supervision unter dem Gesichtspunkt einer fehlerhaften Therapieüberwachung als Behandlungsfehler eine Haftung gegenüber dem Patienten begründen könnte. Eine psychotherapeutische Behandlung ist nur dann lege artis, wenn der Therapeut den Therapieverlauf ständig aufmerksam überwacht. Zum Inhalt dieser Anforderung an den Therapeuten wird vertreten, dass eine mangelnde Therapieüberwachung auch dann vorliegen kann, wenn der Therapeut die Einschaltung eines Supervisors unterlässt, obwohl dies aus therapeutischer Sicht geboten war; dies könne z. B. bei nicht genügend beherrschten Übertragungs- und Gegenübertragungsphänomenen der Fall sein (Boemke 2013, S. 27).

Auch gibt es unterschiedliche Anforderungen an die Qualifikationen des Supervisors. Während es für die Supervision von Approbierten lediglich Empfehlungen für weitere Kompetenzen gibt, die Supervisoren neben den Fertigkeiten eines »guten Therapeuten« haben sollten (Meermann und Borgart 2001, S. 20), müssen Supervisoren, die die Behandlung durch Ausbildungsteilnehmer in der praktischen Ausbildung supervidieren, von der Hochschule oder anderen Einrichtungen nach § 6 Abs. 1 des Psychotherapeutengesetzes (Ausbildungsstätten) anerkannt sein, § 4 Abs. 2 S. 2 PsychTh-APrV, KJPsych-APrV. Die Voraussetzungen für eine Anerkennung sind in § 4 Abs. 3 PsychTh-APrV, KJPsych-APrV geregelt (mind. fünfjährige psychotherapeutische Tätigkeit in der Krankenbehandlung, mind. dreijährige Lehrtätigkeit in einer Ausbildungsstätte und die persönliche Eignung).

4.2 Der Supervisionsvertrag

Unabhängig davon, ob die Supervision für einen Ausbildungsteilnehmer im Rahmen der Ausbildung zum Psychotherapeuten oder für einen bereits approbierten Psychotherapeuten erfolgt, ist der dem Supervisionsverhältnis zugrundeliegende Vertrag rechtlich als Dienstvertrag im Sinne der §§ 611 f. BGB einzuordnen. Der Supervisor verpflichtet sich zur Erbringung der Dienstleistung (Supervision). Der Supervisand ist Dienstnehmer und verpflichtet sich zur Erbringung der vereinbarten oder üblichen Vergütung. In Abgrenzung zum Werkvertrag schuldet der Dienstverpflichtete eine Leistung (Bemühung), aber keinen Erfolg.

Ein Supervisionsvertrag unterliegt nicht der Schriftform. Der Abschluss einer schriftlichen Vereinbarung ist indessen aus Gründen der Rechtssicherheit und Beweisbarkeit ratsam.

Bei der Bemessung des Honorars ist der Supervisor nicht an die Vorgaben der Gebührenordnung für Psychotherapeuten (GOP) gebunden. Aufgrund der Verweisung in § 1 Abs. 1 GOP auf Leistungen nach § 1 Abs. 3 PsychThG ist die ausschließliche Geltung der GOP auf Tätigkeiten zur Feststellung, Heilung oder Linderung von Störungen mit Krankheitswert, bei denen Psychotherapie indiziert ist, also auf die Behandlung von Patienten, beschränkt.

Den Rahmen bzw. die Grenzen einer zulässigen Vergütung bilden damit die allgemeinen Vorschriften des Bürgerlichen Gesetzbuches, insbesondere die Regelungen in § 138 Abs. 1 BGB (Verstoß gegen die guten Sitten) und § 138 Abs. 2 BGB (Wucher). Die Sittenwidrigkeit einer vereinbarten Vergütung kann dann gegeben sein, wenn ein besonders grobes Missverhältnis zwischen Leistung und Gegenleistung besteht. Ein auffälliges Missverhältnis wird dann bejaht, wenn der Wert der Leistung rund doppelt so hoch ist wie der Wert der Gegenleistung (Palandt und Ellenberger 2016, § 138 Rn. 34a). Ist eine bestimmte Vergütung nicht vereinbart, so ist die übliche Vergütung als vereinbart anzusehen, § 612 Abs. 2 BGB.

Neben der Vereinbarung einer Vergütung kann zur Klarstellung auch die Regelung der Inhalte oder angestrebten Ziele der Supervision sinnvoll sein.

Häufig werden in Supervisionsverträgen auch Vertraulichkeitsvereinbarungen geschlossen. Eine solche Vereinbarung erfasst in erster Linie Informationen, die die Person des Supervisanden betreffen, z. B. die Tatsache, dass Supervision bei dem entsprechenden Supervisor in Anspruch genommen wird. Da die Frage, ob diese Tatsache und auch die Inhalte der Supervision der berufsrechtlichen Schweigepflicht unterliegen, rechtlich ungeklärt ist (siehe dazu im Einzelnen unten unter 4.4), ist eine vertragliche Vertraulichkeitsvereinbarung zu empfehlen.

Hinsichtlich von Informationen aus dem Behandlungsverhältnis Supervisand-Patient gilt: Liegt eine Schweigepflichtentbindungserklärung des Patienten gegenüber dem Supervisanden vor, berührt dies nicht mögliche Pflichten des Supervisors, da der Patient nicht ihn, sondern lediglich den Supervisanden von der Schweigepflicht entbunden hat (siehe auch dazu im Einzelnen unten unter 4.4). Liegt dem Supervisanden eine Schweigepflichtentbindung seines Patienten nicht vor, dürfen Informationen über eine Patientenbehandlung, die Gegenstand der Supervisionssitzungen sein sollen, nur in anonymisierter Form an den Supervisor weitergegeben werden (BayObLG, Beschl. v. 08.11.1994, 2 St RR 157/94).

4.3 Haftung des Supervisors

4.3.1 Haftung gegenüber dem Supervisanden

Der Supervisor haftet bei einer Vertragsverletzung, die auch in einer mangelhaften Erfüllung der Hauptpflicht, also einer Schlechtberatung des Supervisanden bestehen kann, gegenüber seinem Vertragspartner auf Schadenersatz gemäß §§ 611, 280 Abs. 1 BGB.

Ein Schaden des Supervisanden in diesem Sinne könnte auch in einer festgestellten Schadenersatzpflicht gegenüber seinem Patienten aufgrund eines Fehlers im Rahmen der Behandlung, die unter der Supervision erfolgte, bzw. der Inanspruchnahme eines Patienten aufgrund eines behaupteten Behandlungsfehlers bestehen.

Nach der Fassung des § 280 Abs. 1 BGB trägt der Gläubiger eines solchen Anspruchs, also der Supervisand, die Beweislast für die Pflichtverletzung, die Schadenentstehung und den Ursachenzusammenhang zwischen Pflichtverletzung und Schaden (Palandt und Grüneberg 2016, § 280 Rn. 34).

Der Supervisand müsste demgemäß geltend machen können, dass der Supervisor seine Hauptpflicht (Durchführung einer Supervision lege artis) verletzt und adäquat-kausal durch diese Pflichtverletzung ein Behandlungsfehler durch den Supervisanden und durch diesen wiederum adäquat-kausal ein Schaden beim Patienten eingetreten ist. Nach den Regelungen über die Berücksichtigung eines Mitverschuldens gemäß § 254 Abs. 1 BGB wäre ein Ersatzanspruch möglicherweise auf eine anteilige Inanspruchnahme (im Verhältnis zum behandelnden Supervisanden) beschränkt.

4.3.2 Haftung gegenüber dem Patienten

Eine eigene Haftung des Supervisors neben dem behandelnden Psychotherapeuten bzw. Ausbildungsteilnehmer sowie dem Behandlungsvertragspartner – im Fall der Behandlung durch Ausbildungsteilnehmer der Ausbildungsambulanz – gegenüber dem Patienten dürfte im Regelfall dagegen nicht zu begründen sein.

Da es an einem Vertragsverhältnis zwischen Supervisor und Patient fehlt, käme allenfalls eine zivilrechtliche Haftung aus einer sog. unerlaubten Handlung nach § 823 Abs. 1 BGB in Betracht. Danach ist derjenige, der vorsätzlich oder fahrlässig das Leben, den Körper, die Gesundheit, die Freiheit, das Eigentum oder ein sonstiges Recht eines anderen widerrechtlich verletzt, dem anderen zum Ersatz des daraus entstehenden Schadens verpflichtet.

Es bedarf danach einer zurechenbaren Verletzungshandlung, die Voraussetzung jeder Haftung ist. Geht es um die Frage, ob eine ärztliche oder psychotherapeutische Behandlung – oder ggf. auch unterlassene Behandlung – einen Schaden beim Patienten verursacht hat, muss es sich zwangsläufig bei der (Verletzungs-)Handlung um eine solche handeln, die unter den Begriff der Behandlung subsumiert werden kann. Daran dürfte es bei einer Beratung im Rahmen einer Supervision im Regelfall fehlen. Denn es geht bei der Supervision nicht um eine Beratung, die sich zwingend und ausschließlich – wie im Fall eines hinzugezogenen Konsiliararztes – auf die Behandlung eines konkreten Leidens des Patienten bezieht. Vielmehr stehen ganz unterschiedliche Aspekte bei der Supervision im Vordergrund.

Im ärztlichen Bereich wird teilweise eine (Mit-)Haftung des vom behandelnden Arzt hinzugezogenen Konsiliararztes unter bestimmten Voraussetzungen befürwortet, auch wenn zwischen diesem und dem Patienten kein Behandlungsvertrag zustande gekommen ist. Den entsprechenden Sachverhaltskonstellationen lagen dabei konkrete medizinische Anfragen des behandelnden Arztes um Mitbeurteilung eines pathologischen Zustands des Patienten zugrunde, den er selbst nicht beurteilen konnte, in der Regel weil die Erkrankung nicht in sein Fachgebiet fiel. So wurde beispielsweise die Haftung eines hinzugezogenen Onkologen bejaht, weil für ihn erkennbar der hinzuziehende Arzt um eine Mitbeurteilung des für ihn – wegen des Größenwachstums – »verdächtigen« Tumors gebeten hatte und mithin auch er in der Pflicht war, unter Berücksichtigung der Vorbefunde die notwendige Befunderhebung vorzunehmen bzw. zu veranlassen *(*Thüringer OLG, Urt. 15.8.2007, 4 U 437/05, Rn. 42 nach juris).

Um eine vergleichbare Situation geht es bei der Supervision in der Psychotherapie nicht. Sie hat viele Funktionen: In der klinischen Praxis dient Supervision einerseits der Konsolidierung klinischer Erfahrungen, klinischen Wissens und klinischer Expertise, also der Professionalisierung, der Rollenfindung, der Weiterentwicklung professioneller Identität, der Qualitätskontrolle und der Problemlösung bzw. -bewältigung, andererseits aber auch der Psychohygiene im Sinne einer professionellen Unterstützung und Burn-out-Prophylaxe. In der Aus- und Weiterbildung dient die Supervision dem Erwerb therapeutischer Fähigkeiten und der Reflexion des psychotherapeutischen Handelns sowie zu einem bestimmten Teil auch der »Kontrolle« der Ausbildungsteilnehmer, wobei sie Teil eines Ausbildungssystems ist, das aus mehreren Komponenten besteht (vgl. Strauß et al. 2010, S. 453).

Danach dient Supervision zwar auch der Qualitätskontrolle und Kontrolle der Behandlung durch den Ausbildungsteilnehmer. Sie ist aber nicht ausschließlich, wie im Fall des hinzugezogenen Konsiliararztes, auf die Behandlung des Patienten fokussiert. Vielmehr können unterschiedliche Tätigkeiten oder Aspekte Gegenstand der Supervision werden. Dabei lassen sich neben der sachlich-aufgabenbezogenen Ebene (z. B. Durchführung der Therapie nach den Regeln der Zunft) die persönliche Schiene (z. B. störende oder aber hilfreiche Einflüsse aus der Person des Therapeuten = Supervisanden) und die kontextsystembezogenen Aspekte (z. B. störende oder aber unterstützende Systemeinflüsse aus der jeweiligen Arbeitssituation, in Teams, Organisationen oder Institutionen) unterscheiden. Diese drei inhaltlichen

Schwerpunktbereiche können bei jeder Supervisionstätigkeit in mehr oder weniger starkem Ausmaß zum Tragen kommen (Meermann und Borgart 2003, S. 5).

Selbst im Rahmen der sachlich-aufgabenbezogenen Schiene, die der Tätigkeit eines Konsiliararztes noch am nächsten kommt, geht es in erster Linie darum, dass der Ausbildungsteilnehmer lernt, ein breites Repertoire an therapeutischen Methoden einzusetzen und die Fertigkeit entwickelt, dies an die individuellen Bedingungen des Patienten angepasst umzusetzen.

Im Ergebnis kann insbesondere bei einem Vergleich zum Inhalt und Ziel der Tätigkeit des hinzugezogenen Konsiliararztes nicht von einer Haftung des Supervisors gegenüber dem Patienten ausgegangen werden, da der Supervisor – auch im Ausbildungskontext – nicht ausschließlich die Patientenbehandlung im Blick hat, sondern die Supervision viele Funktionen erfüllt, insbesondere die Vermittlung von psychotherapeutischen Fähigkeiten des Supervisanden am konkreten Fall.

Es wird die Auffassung vertreten, dass sich aus den Formulierungen in § 117 Abs. 3 S. 1 SGB V, § 8 Abs. 1 Psychotherapie-Vereinbarung, wonach die Krankenbehandlung unter der *Verantwortung* von Personen stattfindet, die die fachliche Qualifikation für die psychotherapeutische Behandlung im Rahmen der vertragsärztlichen Versorgung erfüllen, eine zivilrechtliche Haftung des Supervisors für Behandlungsfehler des Ausbildungsteilnehmers herleiten lässt (Seiters 2009).

Dabei wird übersehen, dass diese Regelungen die Herstellung der nötigen Konkordanz zwischen hochschulrechtlichen Zielen (= Ausbildung, Forschungs- und Lehrfreiheit im Bereich der Psychotherapie) und dem *Leistungsrecht der gesetzlichen Krankenversicherung* im Blick haben und damit vor allem die Voraussetzungen der Erbringung und Abrechenbarkeit von Leistungen für Versicherte zu Lasten der gesetzlichen Krankenversicherung statuieren.

Auch wenn bei den vorgenommenen Behandlungen Ausbildungszwecke im Vordergrund stehen, vollziehen sich diese an behandlungsbedürftigen Versicherten und sonstigen Leistungsberechtigten der gesetzlichen Krankenversicherung, die nach dem SGB V gegen die Leistungsträger einen Anspruch auf qualitätsgesicherte psychotherapeutische Behandlung haben. Die Versicherten dürfen auch mit ihren Beiträgen nur zur

Finanzierung solcher Leistungen herangezogen werden und können nur solche Leistungen beanspruchen, die in Einklang mit den gesetzlichen und untergesetzlichen Vorschriften des Krankenversicherungsrechts – insbesondere den Psychotherapie-Richtlinien und Psychotherapie-Vereinbarungen – stehen. Bei der Leistungserbringung durch Ausbildungsteilnehmer (die frühestens nach Absolvierung der Hälfte der entsprechenden Ausbildung und Nachweis von ausreichenden Kenntnissen und Erfahrungen in dem betreffenden Psychotherapieverfahren möglich ist) besteht eine Abrechnungsmöglichkeit nur für Psychotherapien, die »unter Supervision dafür qualifizierter Therapeuten durchgeführt werden«, d. h. die von Personen verantwortet bzw. überwacht werden, welche die sich aus dem Leistungs- und Leistungserbringungsrecht der GKV ergebenden qualitativen Anforderungen erfüllen (BSG, Urt. v. 05.02.2003, B 6 KA 26/02 R, Rn. 32 nach juris).

4.4 Berufsrechtliche Vorgaben

Nach den Kammer- bzw. Heilberufskammergesetzen der Länder üben die Landespsychotherapeutenkammern die Berufsaufsicht aus, d. h. sie überwachen die Einhaltung der Berufspflichten durch ihre Mitglieder. Erlangt die Kammer Kenntnis von berufsrechtlichen Verstößen, ist sie gehalten, ein berufsaufsichtsrechtliches Verfahren einzuleiten. Bei schwerwiegenden Verstößen kann dies zur Einleitung eines berufsgerichtlichen Verfahrens führen.

4.4.1 Supervision als Berufsausübung

Die Regeln einer ordnungsgemäßen Berufsausübung werden im Wesentlichen durch unmittelbar rechtsverbindliche autonome Satzungen der Landespsychotherapeutenkammern bestimmt. Ermächtigt werden die Kammern formalgesetzlich durch die Kammer- bzw. Heilberufekammergesetze der Länder, die den Erlass von Satzungen über bestimmte Gegenstände im Zusammenhang mit der Berufsausübung vorsehen (z. B. Berufsordnungen, Beitragsordnungen, Fortbildungs- und Weiterbildungsordnungen). Der Deutsche Psychotherapeutentag (DPT), die Delegiertenversammlung der Bundespsychotherapeutenkammer, hat eine *Musterberufsordnung für die Psychologischen Psychotherapeuten und Kinder- und Jugendlichenpsychotherapeuten* (MBO-PP/KJP) erlassen, an der sich die Berufsordnungen der Landespsychotherapeutenkammer im Wesentlichen orientieren.

Zu der Frage, wann es sich bei einer Tätigkeit eines Psychotherapeuten um eine Berufsausübung im Sinne der Heilberufe- und Kammergesetze der Bundesländer und damit auch im Sinne der Berufsordnungen handelt, gibt es eine umfangreiche verwaltungsgerichtliche Rechtsprechung. Danach ist der *Begriff der Berufsausübung/-tätigkeit weit auszulegen* und umfasst z. b. auch die Ausübung von Tätigkeiten als Psychologe oder als Pädagoge. Der kammerrechtliche Begriff der Berufsausübung ist im Bereich des Heilberufsrechts regelmäßig weiter auszulegen, als derjenige im Sinne des Approbationsrechts (OVG Nordrhein-Westfalen, Beschl. v. 24.4.08, 5 A 4699/05) und nicht auf die Ausübung der Heilkunde beschränkt. Auch die Berufsordnungen der Landespsychotherapeutenkammern gehen von einem weiten Betätigungsfeld von Psychotherapeuten aus, vgl. § 1 Abs. 2 MBO-PP/KJP.

Eine psychotherapeutische Tätigkeit im Sinne der Heilberufs- und Kammergesetze liegt nach der Rechtsprechung bereits dann vor, wenn der betroffene Psychotherapeut eine Tätigkeit ausübt, bei der er die Kenntnisse, die Voraussetzung für seine Approbation waren, einsetzt oder mitverwendet oder auch nur einsetzen und mitverwenden kann. Eingeschlossen sind damit ausdrücklich auch Tätigkeiten wie Supervision, Aus- und Fortbildung sowie Beratung. Ausgeschlossen ist mithin lediglich eine berufsfremde Tätigkeit, die in keinem Zusammenhang mehr mit der psychotherapeutischen Ausbildung steht (Niedersächsisches OVG, Urt. v. 26.04.2007, 8 LC 13/05).

4.4.2 Berufsrechtliche Anforderungen an Ankündigung und Ausübung von Supervision

Der Begriff des »Supervisors« ist – im Gegensatz zu den Berufsbezeichnungen »Psychotherapeutin« und »Psychotherapeut« (vgl. § 1 Abs. 1 PsychThG) – nicht geschützt. D. h., es bedarf keiner besonderen formalen Voraussetzungen, um die Ausübung von Supervision anzukündigen. Zu beachten sind die allgemeinen Vorgaben der Berufsordnungen. Nach § 23 Abs. 1 S. 1 MBO-PP/KJP dürfen Psychotherapeuten auf ihre berufliche Tätigkeit hinweisen. Die Werbung muss sich in Form und Inhalt auf die sachliche Vermittlung des beruflichen Angebots beschränken. Insbesondere anpreisende, irreführende oder vergleichende Werbung ist unzulässig, § 23 Abs. 1 S. 2, 3 MBO-PP/KJP.

Für die Durchführung von Supervision durch Psychotherapeuten bedarf es dann der Erfüllung besonderer, gesetzlich geregelter Voraussetzungen, wenn die Supervision im Rahmen der Ausbildung erfolgt. Diesbezüglich stellen §§ 4 Abs. 2 S. 2, Abs. 3 PsychTh-APrV bzw. KJPsych-APrV besondere Anforderungen an die Qualifikation (s. o. unter 1.).

4.4.3 Pflicht zur gewissenhaften Berufsausübung

Da die Durchführung von Supervision eine Berufsausübung darstellt, sind dabei alle Vorgaben der Berufsordnungen zu beachten, die nicht ausschließlich für die Patientenbehandlung gelten.

Hinsichtlich der allgemeinen Berufspflichten sind zunächst die Regelungen in § 3 zu nennen. Nach § 3 Abs. 1 MBO-PP/KJP sind Psychotherapeuten verpflichtet, ihren *Beruf gewissenhaft auszuüben* und dem ihnen entgegengebrachten Vertrauen zu entsprechen.

Die in der Pflicht zur gewissenhaften Berufsausübung enthaltene Unbestimmtheit wurde vom Bundesverfassungsgericht im sog. »Facharztbeschluss« nicht beanstandet. Vielmehr werden den Berufskammern und Berufsgerichten die Konkretisierung dieser allgemeinen Berufspflicht auferlegt *(BVerfG, Beschluss v. 09.05.1972, 1 BvR 518/62)*. Danach sind Verstöße gegen die Pflicht zur gewissenhaften Berufsausübung im Rahmen der Patientenbehandlung z. B. gegeben, wenn Berichte zur Klärung der Kostenübernahme einer privaten Krankenversicherung nicht zeitnah erstellt werden *(VG Gießen, Urt. v. 03.02.2016, 21 K 3825/14.GI.B)*, der Psychotherapeut eigene religiöse Weltanschauungen an den Patienten vermittelt, der Psychotherapeut während einer psychotherapeutischen Sitzung kurz einnickt oder ein Ausfallhonorar beansprucht wird, ohne dieses mit dem Patienten vorher vereinbart zu haben (Berufsgericht für Heilberufe Schleswig-Holstein, Urt. v. 6.12.2010, 30 A 5/10 BG).

Ähnliche Verstöße gegen die Pflicht zur gewissenhaften Berufsausübung sind auch im Rahmen einer Supervision seitens des Supervisors vorstellbar.

4.4.4 Schweigepflicht

Nach § 8 Abs. 1 MBO-PP/KJP sind Psychotherapeuten zur Verschwiegenheit über Behandlungsverhältnisse verpflichtet und über das, was ihnen im Zusammenhang mit ihrer beruflichen Tätigkeit durch und über Patienten oder Dritte anvertraut und bekannt geworden ist.

Zunächst ist zu beachten, dass der Supervisand im Rahmen der Supervision seine Schweigepflicht gegenüber dem von ihm behandelten Patienten zu beachten hat. Dies ergibt sich ausdrücklich aus § 8 Abs. 6 S. 1 MBO-PP/KJP, wonach im Rahmen kollegialer Beratung, Intervision und Supervision oder zum Zwecke der wissenschaftlichen Forschung und Lehre Informationen über Patienten nur in anonymisierter Form im Sinne des Bundesdatenschutzgesetzes verwendet werden dürfen. Die Anonymisierung muss sicherstellen, dass keinerlei Rückschlüsse auf die Person des Patienten oder auf die Person Dritter erfolgen dürfen, § 8 Abs. 6 S. 2 MBO-PP/KJP.

Eine Verletzung der Schweigepflicht durch Psychotherapeuten ist auch strafrechtlich relevant, vgl. § 203 Abs. 1 StGB. Auch diesbezüglich gilt, dass die Offenbarung eines Geheimnisses gegenüber einem selbst Schweigepflichtigen den Tatbestand des § 203 Abs. 1 StGB erfüllt (Stellpflug und Berns, 2014 § 8 Abs. 6, Rdnr. 333).

Zwar unterfallen Ausbildungsteilnehmer, soweit sie nicht (freiwillige) Mitglieder der Kammer sind, nicht den Vorgaben der Berufsordnung. Sie dürften aber vom Anwendungsbereich des § 203 StGB umfasst sein. Gemäß § 203 Abs. 3 S. 2 StGB stehen den in Abs. 1 Genannten (u. a. Psychotherapeuten) ihre berufsmäßig tätigen Gehilfen und die Personen gleich, die bei ihnen zur Vorbereitung auf den Beruf tätig sind. Eine Schweigepflichtverletzung kann darüber hinaus eine Verletzung des Ausbildungsvertrags darstellen, die ggf. zur Kündigung des Ausbildungsvertrags durch die Ausbildungsstätte oder zur Schadenersatzpflicht dieser gegenüber führen kann.

Hinsichtlich einer möglichen Schweigepflicht des Supervisors muss wohl zwischen der Weitergabe von Informationen aus dem der Supervision zugrundeliegenden Behandlungsverhältnis und darüberhinausgehende sonstige Informationen aus dem Supervisionsverhältnis unterschieden werden.

Nicht anonymisierte Inhalte aus dem der Supervision zugrundeliegenden Behandlungsverhältnis dürften vom Supervisor bereits nach § 8 Abs. 1 MBO-PP/KJP nicht weitergegeben werden. Nach dieser Vorschrift sind Psychotherapeuten zur Verschwiegenheit »über Behandlungsverhältnisse verpflichtet und über das, was ihnen im Zusammenhang mit ihrer beruflichen Tätigkeit durch und über Patientinnen oder Patienten anvertraut und bekannt geworden ist«. Damit sind alle Informationen aus dem Behandlungsverhältnis, die der Schweigepflicht des Therapeuten unterliegen, ebenfalls mit Bezug auf den Supervisor geschützt.

Ob der Supervisor hinsichtlich der Inhalte der Supervision (Supervisionsverhältnis) bzw. ggf. bereits hinsichtlich der Tatsache der Inanspruchnahme von Supervision schweigepflichtig ist, lässt sich dem Wortlaut des § 8 Abs. 1 MBO-PP/KJP nicht zweifelsfrei entnehmen und ist auch rechtlich nicht geklärt. Nach der Vorschrift sind Psychotherapeuten auch über das schweigepflichtig, was ihnen im Zusammenhang mit ihrer beruflichen Tätigkeit durch und über Dritte bekannt geworden ist. Unzweifelhaft stellt die Durchführung einer Supervision eine berufliche Tätigkeit dar. Allerdings ist fraglich, ob sämtliche Informationen, die den Psychotherapeuten im Rahmen der vielfältigen Möglichkeiten der Berufsausübung erreichen, tatsächlich der Schweigepflicht nach § 8 Abs. 1 MBO-PP/KJP unterliegen. Aufgrund des weiten Verständnisses des Begriffs der Berufsausübung im berufsrechtlichen Sinne (s. o. unter 1.), die u. a. auch Tätigkeiten im

Bereich der Fort- und Weiterbildung umfassen, wären auch Umstände, die einem Psychotherapeuten z. B. im Rahmen einer Hochschullehrertätigkeit bekannt werden, von der berufsrechtlichen Schweigepflicht umfasst. Die Annahme eines Verstoßes gegen die berufsrechtliche Schweigepflicht im Rahmen dieser Tätigkeit erscheint aber nicht stimmig.

Um zu einem anderen Ergebnis zu gelangen, könnte bei der Auslegung des § 8 Abs. 1 MBO-PP/KJP auf die Verschwiegenheit im Hinblick auf das *Behandlungs*verhältnis und den Schutz von Patientengeheimnissen – ggf. noch von Geheimnissen von Bezugspersonen des Patienten – abgestellt werden. Auch eine solche Einschränkung hilft indes nicht weiter, da sich ohne weiteres erschließt, dass z. B. ein Psychotherapeut, der in einem familiengerichtlichen Verfahren ein Sachverständigengutachten zu der Erziehungsfähigkeit von Elternteilen erstellt, der berufsrechtlichen Schweigepflicht unterliegen muss, auch wenn es nicht um Patientengeheimnisse geht.

Im Fall der Supervision stellt sich zudem die Frage, ob der Supervisand Dritter im Sinne des § 8 Abs. 1 MBP-PP/KJP ist. Als Dritter wird im rechtlichen Sinne eine Person verstanden, die außerhalb eines Vertragsverhältnisses steht. Der Supervisand ist aber Partei des Supervisionsvertrags.

Im Ergebnis kann nicht eindeutig bestimmt werden, ob die Weitergabe von Inhalten der Supervision gegen die Schweigepflicht nach § 8 MBO-PP/KJP verstoßen würde.

Auch im Rahmen der strafrechtlichen Bewertung ist die Abgrenzung im Einzelnen schwierig. Das Geheimnis muss dem Geheimnisträger »*als Angehörigem*« einer der in § 203 Abs. 1 Nr. 1 StGB genannten Berufsgruppen, d. h. in dieser Eigenschaft und Funktion zur Kenntnis gelangt sein. Soweit es sich bei der Tätigkeit nicht um die Ausübung der Heilkunde handelt, ist auf das Berufsbild in seiner konkreten Form und auf den Tätigkeitsbereich im Einzelnen abzustellen (Fischer 2016, § 203 Rn. 7). Auch insofern kann das Ergebnis nicht eindeutig bestimmt werden. Da eine Beschränkung auf Geheimnisse von Patienten und Dritten in § 203 StGB nicht vorgenommen wird, dürfte eine Strafbarkeit des Supervisors, der Inhalte aus der Supervision preisgibt, durchaus in Betracht kommen.

Davon abgesehen liegen *Verstöße gegen allgemeine Berufspflichten* nahe. So dürfte die Weitergabe von Inhalten aus der Supervision durch den Supervisor an Dritte ohne Zustimmung des Supervisanden nicht einer gewissenhaften Berufsausübung gemäß § 3 Abs. 1 MBO-PP/KJP entsprechen.

Wie oben dargestellt würde der Supervisor im Falle des Bestehens einer Verschwiegenheitsvereinbarung darüber hinaus gegen vertragliche Pflichten verstoßen.

4.4.5 Dokumentationspflicht

Psychotherapeuten sind nach § 9 Abs. 1 S. 1 MBO-PP/KJP verpflichtet, zum Zweck der Dokumentation in unmittelbarem Zusammenhang mit der Behandlung und Beratung eine *Patientenakte* in Papierform oder elektronisch zu führen. Der Umfang der Dokumentationspflicht wird in § 9 Abs. 2 MBO-PP/KJP näher konkretisiert. Danach sind in der Patientenakte sämtliche aus fachlicher Sicht für die derzeitige und künftige Behandlung wesentlichen Maßnahmen und deren Ergebnisse aufzuzeichnen, insbesondere die Anamnese, Diagnosen, Untersuchungen, Untersuchungsergebnisse, Befunde, Therapien und ihre Wirkungen, Eingriffe und ihre Wirkungen, Einwilligungen und Aufklärungen.

Im Hinblick auf eine Dokumentationspflicht des Supervisors gelten zunächst die Überlegungen zur Schweigepflicht (s. o. unter 4.4). Auch § 9 MBO-PP/KJP stellt erkennbar auf die Patientenbehandlung ab, wenn Psychotherapeuten nach § 9 Abs. 1 S. 1 MBO-PP/KJP verpflichtet sind, eine Patientenakte zu führen sowie nach § 9 Abs. 2 S. 1 MBO-PP/KJP Diagnosen, Untersuchungen, Untersuchungsergebnisse, Befunde, Therapien und ihre Wirkungen, Eingriffe und ihre Wirkungen aufzuzeichnen.

Allerdings kommen auch diesbezüglich Verstöße gegen die allgemeinen Berufspflichten in Betracht. Insbesondere wenn es sich um eine Supervision über einen längeren Zeitraum handelt, dürfte die Fertigung von Aufzeichnungen über den Inhalt der Supervisionssitzungen einer gewissenhaften Berufsausübung im Sinne § 3 Abs. 1 MBO-PP/KJP entsprechen. Darüber hinaus ist zu beachten, dass sich eine ausdrückliche Pflicht zur Dokumentation direkt aus den Kammer- und Heilberufekammergesetzen der Länder ergeben kann. So haben beispielsweise die Angehörigen der Psychotherapeutenkammer NRW nach § 30 Nr. 3 des Heilberufsgesetzes NRW (HeilBerG NRW) über in Ausübung ihres Berufs gemachte Feststellungen und getroffene Maßnahmen Aufzeichnungen zu fertigen. Unter Berücksichtigung des weiten Begriffs der »Berufsausübung« (s. o. unter 4.1) dürfte sich eine Dokumentationspflicht für den Supervisor im Anwendungsbereich des Heilberufsgesetzes NRW direkt aus § 30 Nr. 3 HeilBerG NRW herleiten lassen.

Betreffend die Durchführung einer Supervision anlässlich einer konkreten Patientenbehandlung stellt sich die Frage, ob der Supervisand nach § 9 Abs. 1, 2 MBO-PP/KJP verpflichtet ist, die Durchführung und ggf. Inhalte und Ergebnisse der Supervision in der Patientenakte zu dokumentieren.

Zur Bestimmung der Reichweite der Dokumentationspflicht und gleichermaßen zur Auslegung der Formulierung in § 9 Abs. 2 S. 1 MBO-PP/KJP (»... *sämtliche aus fachlicher Sicht für die derzeitige und künftige Behandlung wesentlichen Maßnahmen und deren Ergebnisse* ...«) ist regelmäßig der Zweck der Dokumentationspflicht, nämlich die Therapiesicherung, die Rechenschaftslegung und die Beweissicherung (Laufs und Kern, 2010 § 59 Rn. 5), heranzuziehen. Nach der Rechtsprechung dient die Dokumentationspflicht dazu, den Therapeuten anzuhalten, seine Behandlung sachgemäß zu strukturieren und ihn in die Lage zu versetzen, selbst anhand seiner Aufzeichnungen den Verlauf der Therapie stets kontrollieren und ggf. Änderungen vornehmen zu können, um einen möglichst erfolgreichen Verlauf der Therapie gewährleisten zu können (VG Münster, Urt. v. 11.9.2013, 17 K 2564/11.T.). Sie ist von Bedeutung, um nach einem etwaigen Wechsel des Therapeuten oder in einer Krisensituation eine sachgemäße Weiterbehandlung durch den neuen Therapeuten oder in einer Klinik sicherstellen zu können. Schließlich hat sie den Zweck, dass Dritte – wie etwa die Psychotherapeutenkammer im Rahmen ihrer Prüfungs- und Überwachungsfunktion oder ein Gericht im Rahmen einer erforderlich werdenden Sachaufklärung – den Ablauf der Behandlung nachvollziehen können.

Im Zusammenhang mit der *Therapiesicherung* ist maßgeblich, dass der Psychotherapeut, nachdem er sich mit seinen persönlichen Wahrnehmungen und emotionalen Reaktionen dem Patienten zu dessen Besten zur Verfügung gestellt hat, mit sich selbst in fachlichen Diskurs treten muss, um unbewusst abgelaufenes Beziehungsgeschehen zu entschlüsseln und zu einem bewussten Verständnis zu bringen. Dies ist ein professioneller, dennoch hochgradig subjektiver Vorgang, der durch Nachdenken, supervisorische Gespräche oder auch durch Verschriftlichung geschehen kann. Für den nächsten Behandlungsschritt (= Maßnahme) wesentlich ist das Ergebnis, das Verstandene bzw. die Verständnishypothese, die die Grundlage für die folgenden, konkreten psychotherapeutischen Interventionen darstellt. Beides, Verständnishypothese und konkrete Interventionen, sind unzweifelhaft wesentliche Behandlungselemente inhaltlicher Art und damit dokumentationspflichtig (Stellpflug und Berns 2015, § 9 Rn. 390). Ob der fachliche Diskurs – und damit ggf. auch die Durchführung, der Inhalt und das Ergebnis einer Supervision – eine Maßnahme im o. g. Sinne und damit zwingend in der Patientenakte zu dokumentieren ist, hängt davon ab, ob er dem Zweck nach, wie oben aufgeführt, zur Therapiesicherung, zur Rechenschaftslegung und vielleicht zur Beweissicherung erforderlich ist.

Unabhängig von einer bestehenden Pflicht zur Dokumentation in der Patientenakte ist insbesondere im Zusammenhang mit der Rechenschaftslegung zu berücksichtigen, dass der Psychotherapeut gerade mit der Inanspruchnahme von Supervision zeigt, wie sorgsam er die Behandlung des Patienten durchgeführt hat.

Zu beachten ist, dass der Patient Einsicht in die vollständige Patientenakte beanspruchen kann, § 11 Abs. 1 S. 1 MBO-PP/KJP. Auch persönliche Eindrücke und subjektive Wahrnehmungen des Psychotherapeuten, die gemäß § 9 in der Patientenakte dokumentiert sind, unterliegen grundsätzlich dem Einsichtsrecht des Patienten, § 11 Abs. 1 S. 2 MBO-PP/KJP und können nur unter den Voraussetzungen des § 11 Abs. 2 S. 2 MBO-PP/KJP (Überwiegen des Schutzes des Persönlichkeitsrechts des Therapeuten gegenüber dem Interesse des Patienten an Einsichtnahme) ausgenommen werden.

4.4.6 Abstinenzgebot

Für die Tätigkeiten von Psychotherapeuten im Rahmen der Ausbildung (Psychotherapeuten als Lehrende, Ausbilder, Lehrtherapeuten sowie als Supervisoren) sind spezifische Regelungen in § 26 MBO-PP/KJP vorgesehen.

Nach § 26 Abs. 1 S. 1 MBO-PP/KJP dürfen in der Ausbildung tätige Psychotherapeuten Abhängigkeiten nicht zur Befriedigung eigener Bedürfnisse und Interessen ausnutzen oder Vorteile daraus ziehen. Die Regelungen zur Abstinenz (§ 6) gelten gemäß § 26 Abs. 1 S. 2 MBO-PP/KJP.

Entsprechend § 6 Abs. 1 MBO-PP/KJP haben Supervisoren damit die Pflicht, ihre Beziehungen zu Supervisanden und deren Bezugspersonen professionell zu gestalten und dabei jederzeit die besondere Verantwortung gegenüber ihren Supervisanden zu berücksichtigen. In der Profession ist seit langem anerkannt, dass das Abstinenzgebot in der Patientenbehandlung deutlich über die Verpflichtung zur sexuellen Abstinenz – nach § 6 Abs. 4 MBO-PP/KJP ist jeglicher sexuelle Kontakt zu Patienten unzulässig – hinausgeht.

Dass dies von der Rechtsprechung entsprechend bewertet wird, lässt sich einigen neueren Entscheidungen der Berufsgerichte entnehmen (OVG NRW, Beschl. v. 10.2.2014, 13 E 494/12.T; VG Gießen, Urt. v. 03.02.2016 – 21 K 3825/14.GI.B). Die Berufsgerichte stellen dabei wesentlich auf die zentrale Bedeutung der systematischen Berücksichtigung und kontinuierlichen Gestaltung der Therapeut-Patienten-Beziehung ab und darauf, dass eine tragende therapeutische Beziehung Voraussetzung für den Therapieerfolg und der wichtigste Wirkfaktor ist (OVG NRW, Beschl. v. 10.2.2014, 13 E 494/12.T in MedR 2015, 281 [285]). Die Wichtigkeit einer unbeeinträchtigten therapeutischen Beziehung gibt vor, außertherapeutische Kontakte auf das Notwendige zu begrenzen. Diese Überlegungen lassen sich nur in gewissem Umfang entsprechend auf das Verhältnis zwischen Supervisor und Supervisand übertragen. Es ist indes zu beachten, dass gemäß § 6 Abs. 7 S. 2 MBO-PP/KJP für ein berufsethisch einwandfreies Vorgehen allein der behandelnde Psychotherapeut (also in der Entsprechung: der Supervisor) die Verantwortung trägt.

4.4.7 Zusammenfassung

Die Supervision in der Psychotherapie unterliegt unterschiedlichen rechtlichen Implikationen. Während die Supervision in der Ausbildung nach den Ausbildungs- und Prüfungsverordnungen zwingend vorgeschrieben ist, und in diesem Bereich tätige Supervisoren gesetzlich festgelegte Qualifikationsvoraussetzungen erfüllen müssen, erfolgt die Inanspruchnahme von Supervision durch Approbierte auf freiwilliger Basis. Hier gibt es lediglich Empfehlungen für spezifische Kompetenzen, die Supervisoren neben den Fertigkeiten eines »guten Therapeuten« haben sollten.

Für das zivilrechtliche Verhältnis zwischen Supervisor und Supervisand ist der dem Supervisionsverhältnis zugrundeliegende Vertrag maßgeblich, der rechtlich als Dienstvertrag im Sinne der §§ 611 f. BGB einzuordnen ist. Der Supervisor verpflichtet sich zur Erbringung der Dienstleistung (Supervision). In Abgrenzung zum Werkvertrag schuldet der Dienstverpflichtete eine Leistung (Bemühung), aber keinen Erfolg. Der Supervisand ist Dienstnehmer und verpflichtet sich zur Gewährung der vereinbarten oder üblichen Vergütung, wobei für diese keine Bindung an die Vorgaben der Gebührenordnung für Psychotherapeuten (GOP) besteht.

Im Fall einer mangelhaften Leistung, also einer Schlechtberatung, kommt eine Haftung des Supervisors gegenüber dem Supervisanden auf Schadenersatz gemäß §§ 611, 280 Abs. 1 BGB in Betracht. Ein Schaden des Supervisanden in diesem Sinne könnte z. B. in einer festgestellten Schadenersatzpflicht gegenüber seinem Patienten aufgrund eines Fehlers im Rahmen der Behandlung, die unter der Supervision erfolgte, bestehen.

Ein (direkter) Schadenersatzanspruch des Patienten einer unter Supervision erfolgten Behandlung gegen den Supervisor dürfte dagegen nicht in Betracht kommen, zumal keine vertragliche Beziehung zwischen Patient und Supervisor besteht. Die in § 117 Abs. 3 S. 1 SGB V, § 8 Abs. 1 Psychotherapie-Vereinbarung genannte »Verantwortung des Supervisors« ist (lediglich) im Kontext der Erbringung und Abrechenbarkeit von Leistungen für Versicherte zu Lasten der gesetzlichen Krankenversicherung zu sehen.

Da Supervision Berufsausübung im Sinne der Heilberufs- und Kammergesetze der Bundesländer sowie der Berufsordnungen der Landespsychotherapeutenkammern ist, sind die berufsrechtlichen Vorgaben zu beachten, soweit diese nicht ausschließlich für die Patientenbehandlung gelten. Die Schweigepflicht gilt unzweifelhaft für nicht anonymisierte Informationen aus dem Behandlungsverhältnis, die der Supervisand dem Supervisor mitgeteilt hat. Ob im Übrigen hinsichtlich des Supervisionsverhältnisses, also soweit die Person des Supervisanden betroffen ist, die berufsrechtliche Schweigepflicht gilt, kann nicht ohne weiteres bejaht werden, da die Schweigepflicht originär auf Patientengeheimnisse abstellt. Allerdings läge bei einer Offenbarung schutzwürdiger Geheimnisse aus dem Supervisionsverhältnis jedenfalls ein Verstoß gegen die Pflicht zur gewissenhaften Berufsausübung nahe. Entsprechendes gilt im Hinblick auf die Regelungen der Dokumentationspflicht in den Berufsordnungen, da dort die Pflicht zur Führung einer Patientenakte geregelt ist. Daneben sind jedoch teilweise weitreichendere Dokumentationspflichten in den Heilberufs- und Kammergesetzen normiert. So sieht z. B. § 30 Abs. 1 Nr. 3 des HeilBerG NRW vor, dass Aufzeichnungen über »in Ausübung des Berufs« gemachte Feststellungen und getroffene Maßnahmen zu fertigen sind. Diese Vorgabe schließt die Dokumentationspflicht für Supervision ein.

Der Supervisand muss beachten, dass die den Patienten schützende Schweigepflicht auch gegenüber dem Supervisor gilt. Soweit nicht eine Schweigepflichtentbindung des Patienten vorliegt, darf Supervision nur auf Grundlage einer anonymisierten Behandlungsfallbeschreibung erfolgen.

Literatur

Boemke B (2013) Haftung des Psychotherapeuten. In: Behnsen E, Bell K, Best D, Gerlach H, Schirmer H-D, Schmid R (Hrsg.) Managementhandbuch für die psychotherapeutische Praxis. Heidelberg: Medhochzwei.
Fischer F (2016), Kommentar zum Strafgesetzbuch. München: C.H. Beck.
Laufs A, Kern B-R (Hrsg.) (2010) Handbuch des Arztrechts. München: C.H. Beck.
Meermann R, Borgart E-J (2003) Supervision in der Verhaltenstherapie. In: Behnsen E, Bell K, Best D, Gerlach H, Schirmer H-D, Schmid R (Hrsg.) Ma-

nagementhandbuch für die psychotherapeutische Praxis. Heidelberg: Medhochzwei.

Palandt O (2016) Kommentar zum Bürgerlichen Gesetzbuch. München: C.H. Beck.

Seiters M (2009) Noch einmal: Ausbildungssupervision aus (haftungs-)rechtlicher Sicht. PDP 8: 78–86.

Stellpflug M, Berns I (2014) Kommentierung zur Musterberufsordnung für die Psychologischen Psychotherapeuten und Kinder- und Jugendlichenpsychotherapeuten. Heidelberg: Medhochzwei.

Strauß B, Freyberger HJ (2010) Supervision als zentraler Bestandteil professioneller Psychotherapie. Psychotherapeut 6: 453–494.

B Empirische Zugänge in der Supervision

5 Zum Stand der Forschung in der Klinischen Supervision

Heidi Möller, Isabell Diermann und Silja Kotte

Dieses Kapitel fokussiert die Supervision von Psychotherapeuten. Bevor ein Einblick in die aktuelle Forschungslandschaft zu Inanspruchnahme, Wirksamkeit und Einflussfaktoren auf die Wirksamkeit psychotherapeutischer Supervision gegeben wird, werden Charakteristika der allgemeinen Supervisionsforschung kurz dargestellt.

5.1 Die Forschungslandschaft zur Supervision

In der Supervisionsforschung allgemein überwiegen Selbstauskünfte von Supervisanden und Supervisoren, sei es durch Fragebogenuntersuchungen oder Interviews – und zwar sowohl im Hinblick auf Prozessverläufe als auch Erfolgsmaße von Supervision. Insgesamt finden sich in der Supervisions- und Coachingforschung sehr hohe Zufriedenheitswerte. Allerdings legen Befunde aus der Weiterbildungsforschung nahe, dass das Kriterium *Zufriedenheit* nur sehr schwach mit »eigentlichen«, für die Berufspraxis relevanten Erfolgsmaßen wie verbesserter *Selbstwirksamkeit,* erhöhter *Reflexivität* oder *Verhaltensänderungen* zusammenhängt und daher nur mit Vorsicht zu genießen ist. Neben Selbstauskünften sind qualitative Fallanalysen unterschiedlicher methodischer Ausrichtung (z. B. Inhaltsanalyse, Tiefenhermeneutik), teilweise auf der Grundlage von Supervisionstranskripten, ein weiterer Forschungszugang. Sehr selten sind Studien, in denen die tatsächliche Interaktion – mittels teilnehmender Beobachtung oder Audio- und Videoaufzeichnungen – untersucht wird oder solche, die mittels Längsschnittdesigns oder randomisierten Kontrollgruppendesigns an großen Stichproben tatsächlich kausale Rückschlüsse auf die Effekte von Supervision zulassen. Ohnehin ist der Feldzugang eine zentrale Herausforderung und limitierender Faktor der Supervisionsforschung in unterschiedlichen Feldern. Supervision ist – ähnlich wie Psychotherapie – ein intimer Raum. Schon mittels Fragebogen ist es schwierig, Zugang zu Supervisionsprozessen zu erhalten und längsschnittliche Prozessforschung statt bloß retrospektive Befragungen durchzuführen. Dabei geht es nicht nur um den Schutz der Anonymität von Supervisanden, sondern auch um Befürchtungen der Supervisoren, die »Blackbox« der Supervision zu öffnen und das eigene supervisorische Handeln zu exponieren.

5.2 Einblicke in den Forschungsstand zur psychotherapeutischen Supervision

Der Stand der Forschung speziell zur psychotherapeutischen Supervision wurde seit Mitte der 1990er Jahre im Rahmen mehrerer Überblicksarbeiten (u. a. Auckenthaler 1999; Strauß et al. 2010; Wheeler und Richards 2007) zusammengefasst. Die eben beschriebenen methodischen Mängel der Supervisionsforschung im Allgemeinen gelten, zu diesem Schluss kommen die Überblicksarbeiten einhellig, auch für die psychotherapeutische Supervisionsforschung. Die hohe Bedeutung, die der Supervision von Seiten praktizierender Psychotherapeuten, Supervisoren und Therapieausbildungsinstituten zugeschrieben wird (u. a. Nodop et al. 2010; Ochs et al. 2012), steht daher im starken Kontrast zu der sehr schwachen, oft widersprüchlichen empirischen Befundlage bezüglich der tatsächlichen Wirkung von Supervision.

Den Wandel der psychotherapeutischen Supervision während der vergangenen zehn Jahre erläutert Watkins Jr (2012). Er folgert, eine kompetenzbasierte Kultur habe sich etabliert und die evidenzbasierte

Praxis, d.h. die Integration von empirisch belegten Forschungsergebnissen in die praktische Arbeitsweise von Supervisoren, sei auf dem Vormarsch. Auch Milne und Reiser (2012) plädieren für eine evidenzbasierte supervisorische Praxis. Sie wägen Pro- und Kontra-Argumente gegeneinander ab und kommen zu dem Schluss, dass die getrennte Betrachtung von Forschung und Praxis deutliche Qualitätseinbußen zur Folge haben kann. Eine große Bedeutung komme zudem der Verringerung der Kluft zwischen Forschung und Praxis zu, die sich noch immer darin zeige, dass die empirische Forschung der zunehmenden praktischen Bedeutsamkeit nicht nachkomme.

Die konkreten Supervisionssettings – Einzel-, Gruppen- und Teamsupervision sowie kollegiale Intervision – werden in den Untersuchungen oft nicht eindeutig beschrieben. Dennoch entsteht der Eindruck, dass zur Supervision insgesamt mehr Untersuchungen vorliegen als zur Intervision. Insbesondere im amerikanischen Raum überwiegen Studien mit Selbstauskünften von Ausbildungskandidaten, welche in ihren Antworttendenzen vermutlich sozialer Erwünschtheit unterliegen. Diese Studien sind auch nur eingeschränkt auf die Supervision von Psychotherapeuten nach der Approbation zu übertragen. Der Einsatz unterschiedlichster Erhebungsmethoden und -instrumente erschwert die Vergleichbarkeit der vorhandenen Untersuchungen zusätzlich.

Bevor auf empirische Befunde zur Wirksamkeit von psychotherapeutischer Supervision und ihre Einflussfaktoren eingegangen wird, wird zunächst ein kurzer Überblick über Studien zur tatsächlichen Inanspruchnahme von Supervision und Intervision gegeben (Nodop et al. 2010; Ochs et al. 2012).

5.2.1 Tatsächliche Inanspruchnahme von Supervision und Intervision durch Psychotherapeuten

Zur Qualitätssicherung ihrer Arbeit entscheiden sich approbierte Psychotherapeuten mehrheitlich für formelle (78 %) und informelle (71 %) Intervision. Dies gibt die Landestherapeutenkammer Hessen im Jahr 2008 nach der Auswertung von Befragungsergebnissen bekannt. Demnach nutzt knapp die Hälfte der Psychotherapeuten Einzelsupervision

(48 %) und Fallbesprechungen (46 %). Supervision in Gruppen oder Teams wird hingegen seltener angewendet (37 % bzw. 21 %). Die Häufigkeit der Inanspruchnahme von Supervision und Intervision variiert zwischen den befragten Therapeuten beträchtlich. Zwischen Niedergelassenen und Angestellten sowie zwischen Verhaltenstherapeuten und Tiefenpsychologen/Psychoanalytikern zeigen sich keine Unterschiede, was die Inanspruchnahme von professioneller Supervision anbelangt.

Bei den inhaltlichen Schwerpunkten, die Gegenstand der Supervision/ Intervision sind, überwiegen insgesamt Aspekte, die unter dem Themenbereich »therapeutische Fragen« zusammengefasst werden können, gefolgt von »diagnostischen Fragen« und »persönlichen Anteilen«. Beim Vergleich von approbierten Psychotherapeuten vs. Ausbildungsteilnehmern wird deutlich, dass letztere seltener persönliche Anteile besprechen. Hier zeigt sich also auch empirisch das immer wieder kritisch diskutierte Thema, dass speziell im Ausbildungskontext vermutlich nicht alles berichtet und insbesondere eigene Unsicherheiten oder vermeintliche Fehler aus Angst vor negativer Bewertung verschwiegen werden.

5.2.2 Befunde zur Wirksamkeit von psychotherapeutischer Supervision

Die Evaluation der Effekte von Supervision kann auf zwei Ebenen erfolgen: auf der Ebene der Supervisanden, das heißt der Psychotherapeuten, und auf der Ebene der Patienten und deren Therapie-Outcome. Supervision kann als wirksam benannt werden, wenn sie auf der Ebene der Psychotherapeuten z. B. zu verbesserter Selbstwirksamkeit, Emotionsregulation und Problembewältigung und auf der Ebene der Patienten z. B. zu einer Verringerung der Symptomatik oder Veränderung des Funktionsniveaus führt.

In der Supervisionsliteratur wird dabei ein indirekter Einfluss auf den Therapie-Outcome angenommen, der durch das direkte Wirken der Supervision auf die supervidierten Psychotherapeuten und auf die therapeutische Beziehung vermittelt wird. Sowohl Selbstberichte von Psychotherapeuten als auch vermutete Konstrukte von hohem Erklärungswert, wie etwa Parallelprozesse zwischen Therapie- und Supervisionsgeschehen, lassen auf vermittelnde Mechanismen schließen, aufgrund derer ein Einfluss der Supervision auf den Therapie-Outcome angenommen werden kann. Reiser und Milne (2014) betrachten den Therapie-Outcome als eine von mehreren wichtigen Ergebnisvariablen. Sie weisen auf das Risiko der Überbewertung dieses Kriteriums hin, durch die bedeutende Veränderungsmechanismen übersehen und der Supervisionsprozess nicht ganzheitlich betrachtet werden könnte. Ihrer Analyse folgend fokussieren Forschungsstudien den Supervisionsprozess bislang nur selten in ganzer Breite und sukzessive bis hin zum Therapie-Outcome.

5.2.2.1 Wirksamkeit von psychotherapeutischer Supervision auf der Ebene der supervidierten Psychotherapeuten

Die Meinungen darüber, inwiefern überhaupt schon gesicherte Befunde zur Supervision vorliegen, sind unter Experten geteilt. Strauß und Freyberger (2010) kommen zu dem eher optimistischen Schluss, dass es inzwischen zumindest klarere Hinweise dafür gebe, dass Supervision wirksam sei. Zur Messung der Auswirkungen von Supervision auf Supervisanden und deren Klienten entwickelten Tsong und Goodyear (2014) den »Supervision Outcome Scale«. Dieses psychometrisch validierte Instrument misst aus der Perspektive der Supervisanden die Verbesserung ihrer klinischen sowie multikulturellen Kompetenz und steht im Zusammenhang mit der supervisorischen Arbeitsbeziehung (supervisory working alliance). Multikulturelle Kompetenz ist gemäß den Autoren für jede Supervision relevant, da sie sich sowohl auf Ethnie als auch auf Geschlecht, Religion u. a. bezieht. Die klinische Kompetenz des Supervisanden betrifft dessen Fertigkeiten, die Symptome des Klienten und die Beziehung zwischen Supervisand und Klient. Die Entwicklung solcher, auf Supervision zugeschnittener Messinstrumente ist ein wichtiger Schritt hin zu einer soliden empirischen Befundlage.

Insgesamt zeigen sich in Studien zur Supervision (und Intervision) bei Psychotherapeuten in Ausbildung wie bei Approbierten gleichermaßen hohe Zufriedenheit, hohe wahrgenommene Nützlichkeit und Bedeutsamkeit. Die Zufriedenheit scheint – zumindest im Ausbildungskontext – bei Einzelsupervision noch höher als bei Gruppensupervision und bei psychodynamischer Ausrichtung höher als bei verhaltenstherapeutischer Ausrichtung zu sein (u. a. Nodop et al. 2010; Ochs et al. 2012). Gleichzeitig verdeutlichen qualitative Befunde (Ochs et al. 2012), dass bei Approbierten gerade der kollegiale Austausch und Kontakt, der im Rahmen von Gruppen-/Teamsupervision und Intervision möglich ist, dazu beiträgt, die empfundene Isolation der therapeutischen Tätigkeit in der Einzelpraxis abzufedern.

Geht man über die Befunde zur Zufriedenheit und wahrgenommenen Nützlichkeit von Supervision hinaus, werden die Befunde deutlich inkonsistenter. Supervision soll zur Verbesserung der therapeutischen Kompetenz, Stärkung und Entlastung der Psychotherapeuten führen. Daher haben mehrere Studien konkrete Psychotherapeuten-Variablen wie Selbstreflexion und Selbstkenntnis, Selbstwirksamkeit, Ängstlichkeit, Berufsmotivation, Entwicklung spezifischer Fertigkeiten und Transfer des Verständnisses aus der Supervision in die Therapie untersucht (Strauß et al. 2010; Wheeler und Richards 2007).

Im Hinblick auf *Selbstreflexion und Selbsterkenntnis,* z. B. die Differenzierung von Selbst- und Fremdwahrnehmung, ergeben sich Hinweise auf eine positive Wirkung von Supervision. Allerdings ist die Qualität der Studien hier nicht ausreichend, um die Veränderungen tatsächlich auf die Supervision zurückzuführen. Das gleiche Fazit gilt für die Entwicklung spezifischer Fertigkeiten. Hier kommt erschwerend noch die mangelnde Vergleichbarkeit der Studien aufgrund der unterschiedlichen untersuchten Fertigkeiten hinzu.

Einige Autoren benennen insbesondere eine Steigerung der *Selbstwirksamkeit* (self-efficacy) von Psychotherapeuten durch Supervision, die im Sinne Banduras als Entwicklung von Fähigkeiten durch Lernen und Üben und in dessen Folge als die Stärkung des Vertrauens in das eigene therapeutische Handeln verstanden werden kann. Auch bestätigen Befunde, dass Supervision zu der *Bewältigung von Ängsten im therapeutischen Handeln* sowie erhöhtem Selbstvertrauen beiträgt. Andere Autoren betonen hingegen die geringe Evidenz für eine selbstwirksamkeitssteigernde Wirkung der Supervision (u. a. Strauß et al. 2010) oder beschreiben sogar eine *selbstwertschwächende Wirkung.* Supervisanden können die Supervision insbesondere dann als hinderlich für den weiteren Kontakt zu ihren Patienten erleben, wenn sich ihre Supervisoren ablehnend über ihre psychotherapeutische Herangehensweise an ihre Patienten äußern. Damit einhergehen können *Stress, Selbstzweifel und Gefühle von Machtlosigkeit*. Zur Klärung sind hier insbesondere Längsschnittstudien erforderlich.

Darüber hinaus wurden Verbesserungen unter anderem in folgenden Therapeuten-Variablen berichtet: Steigerungen im *Autonomieerleben* und in der *Berufsmotivation*. Letzteres könnte konzeptuell verstanden werden als eine Unterstützung durch die Supervision bei einer Veränderung von einem »stressful involvement« bezogen auf die psychotherapeutische Tätigkeit hin in Richtung »healing involvement« bzw. zum Wiedererlangen eines »healing involvement« (Orlinsky und Ronnestad 2005).

Angesichts der inkonsistenten Befunde auf der Ebene der Therapeuten ist ein Fokus neuerer Untersuchungen auf die Frage nach möglichen *negativen Effekten* von Supervision (Strauß et al. 2010), insbesondere im Rahmen von Ausbildungssupervision und den damit verbundenen Abhängigkeitsverhältnissen, wichtig. Mehrfach wurde darauf hingewiesen, dass Supervisoren sich des Potenzials für Verletzungen und negative Effekte bewusst sein sollten (Strauß et al. 2010) und es eine offenere Beschäftigung damit braucht. Ellis et al. (2015) untersuchen Praktiken Klinischer Supervision in Irland und in den USA und kommen zu dem Ergebnis, dass 79,2 % (Irland) bzw. 69,5 % (USA) der Supervisanden aktuell inadäquate Supervision erhalten, 40,3 % (Irland) bzw. 25,2 % (USA) erhalten sogar schädliche Supervision. 92,4 % (Irland) bzw. 86,4 % (USA) der Supervisanden haben schon einmal inadäquate Supervision und 51,7 % (Irland) bzw. 39,7 % (USA) schädliche Supervision erhalten. Diese Ergebnisse verdeutlichen einmal mehr – zumindest für die untersuchten Kulturräume –, dass auch negative Effekte von Supervision durchaus Realität sein können.

5.2.2.2 Wirksamkeit von psychotherapeutischer Supervision auf der Ebene des Therapie-Outcomes bzw. der Patienten

Ergebnisse über den Zusammenhang von Supervision und Therapie-Outcome zeigen ebenfalls häufig sich widersprechende Ergebnisse oder beziehen sich auf spezifische Störungsgruppen (Strauß et al. 2010;

Wheeler und Richards 2007). Je nachdem, welche Charakteristika von Supervision erhoben wurden (z. B. Dauer und Frequenz der Sitzung versus theoretische Passung von Supervisor und Psychotherapeut) fallen die Befunde zum Zusammenhang mit dem Therapie-Outcome unterschiedlich aus.

In einer der wenigen überhaupt existierenden, randomisierten, kontrollierten Studien (RCT), konstatieren Bambling et al. (2006) bei depressiven Patienten einen positiven Einfluss von Supervision auf die therapeutische Arbeitsbeziehung, die Behandlungszufriedenheit der Patienten und die Reduktion ihrer Symptomatik. Supervisionen, die auf die therapeutische Beziehung fokussierten, zeigten die positivsten Effekte. Allerdings gibt es bisher keine empirischen Studien, die Aussagen über die Wirksamkeit von Supervision auf den Therapie-Outcome bei einem breiteren Störungsspektrum machen können.

5.2.3 Einflussfaktoren auf die Wirksamkeit psychotherapeutischer Supervision

Der *Beziehungsgestaltung zwischen Supervisor und Supervisand* kommt in diesem höchst sensiblen und komplexen Feld eine Schlüsselrolle zu. Im Sinne der konstruktiven Verarbeitung potenziell schmerzvoller Einsichten des Supervisanden bzgl. der eigenen therapeutischen Wirksamkeit wird »die supervisorische Beziehung, ihre emotionale Qualität und ihre Haltbarkeit« als zentraler Aspekt einer gelungenen Supervision benannt (Kahl-Popp 2010). Die Beziehungsqualität und -dynamik ist dabei ein, wenn nicht der entscheidende Einflussfaktor für das Erleben von Zufriedenheit bzw. Unzufriedenheit der Psychotherapeuten mit der Supervisionssitzung und somit für die anzunehmende Wirksamkeit der Supervision. Im Kontext der supervisorischen Arbeitsbeziehung steht die »Collaborative Clinical Supervision« (CS) Dimension (Rousmaniere und Ellis 2013, S. 300). Diese bezeichnet das Ausmaß, in dem Supervisor und Supervisand übereinstimmen und im Prozess der Klinischen Supervision zusammenarbeiten. Die Wissenschaftler operationalisierten das Konstrukt anhand des »Collaborative Supervision Behaviors Scale« (ebd., S. 302) und untersuchten es in einer Online-Studie aus der Perspektive von 252 Supervisanden (Doktoranden)

5 Zum Stand der Forschung in der Klinischen Supervision

in den USA. Die Ergebnisse zeigen, dass sich CS als Kontinuum von expliziter CS über implizite CS bis hin zu nicht-kollaborativer Supervision erstreckt. CS und die supervisorische Arbeitsbeziehung stehen den Ergebnissen zufolge in Verbindung zueinander. Sie erweisen sich nicht als identisch, sondern als voneinander unterschiedene Konstrukte. Es wird angenommen, dass die verschiedenen Ausprägungen von CS die Beziehungsqualität und auch Ergebnisse der Supervision beeinflussen. Diese Zusammenhänge bleiben jedoch bislang unerforscht.

Welche Aspekte in besonderem Maße zu einer guten Supervisionsbeziehung führen, muss noch genauer untersucht werden. Allerdings gibt es hier erste Hinweise: Im Rahmen von Mitgliederbefragungen der Landespsychotherapeutenkammer Hessen wurden insbesondere ein »nicht-wertender«, »respektvoller Umgang«, sowie die »Schaffung einer vertrauensvollen, geschützten Atmosphäre« als positiv für die Beziehungsgestaltung benannt. Andere Studien fanden, dass auf Seiten des Supervisors Offenheit, Verständnis für die Affektlage und die Förderung der Autonomie des Psychotherapeuten eine Rolle spielen. In einem Review plädiert der klinische Psychologe und Psychoanalytiker Sarnat (2012) für ein beziehungsorientiertes Modell der Supervision, welches eine partizipativere, persönlichere Beziehung zwischen Supervisor und Supervisand impliziert. Die supervisorische Arbeitsbeziehung sieht er als Instrument zur Entwicklung emotionaler und beziehungsorientierter Fähigkeiten des Supervisanden und zur Erleichterung des Lernens durch eigene Erfahrungen. Die Bedeutung einer guten Supervisionsbeziehung als Wirkfaktor kann mit einer Längsschnittstudie an zehn Supervisoren und 42 Supervisanden im Bereich der Rehabilitation von Alkohol- und Drogensuchtpatienten in Australien belegt werden (Livni et al. 2012). Gemäß der Studie steht die Bewertung der Supervisionsbeziehung aus Supervisanden-Sicht in signifikantem Zusammenhang mit der wahrgenommenen Wirksamkeit von Supervision, sowohl im Einzel- als auch im Gruppensetting. In der Einzelsupervision steht die Wahrnehmung der Supervisionsbeziehung außerdem in Verbindung mit weniger Burn-Out sowie mehr Wohlbefinden und Arbeitszufriedenheit. Je mehr Zeit die Supervisanden in der Supervision verbrachten, umso positiver bewerteten sie die Supervisionsbeziehung und ihr Supervisionserlebnis.

Die zentrale Bedeutung der Beziehung zwischen Supervisor und Supervisand zeigt sich darüber hinaus in den Ergebnissen neuerer Forschungsarbeiten, die sich auf kontraproduktive Ereignisse in der Supervision beziehen, also auf Erfahrungen, die für die eigene Entwicklung als Therapeut eher hinderlich erlebt wurden. Darunter fielen Verhaltensweisen des Supervisors (mangelnde Empathie, unangemessene Selbstöffnung), fehlende Passung zwischen Supervisor und Supervisand oder Konflikte in der Supervision; also Aspekte, die sich negativ auf die Supervisor-Supervisanden-Beziehung auswirkten (Strauß et al. 2010).

Mehrere Arbeiten postulieren, dass über die Beziehungsgestaltung hinaus in zukünftigen Studien *weitere Einfluss- bzw. Wirkfaktoren von Supervision* näher untersucht werden sollten (u. a. Ochs et al. 2012). In der Tat ist die Forschungslage über die Beziehungsgestaltung hinaus bisher sehr dünn und die Befunde sind uneinheitlich. Eine Ziel- und Lösungsorientierung in der Supervision sowie die theoretisch-konzeptionelle Passung zwischen Supervisor und Supervisand scheinen hilfreich zu sein. Widersprüchliche Befunde gibt es zum Beispiel bezüglich des Zusammenhangs zwischen Sitzungsdauer und -frequenz mit der Zufriedenheit, dem eingeschätzten Lernerfolg und der Veränderung von Patienten etwa in der Global Assessment Scale.

Olds und Hawkins (2014) analysieren den bisherigen Forschungsstand thematisch im Hinblick auf die Operationalisierung von *Supervisorenkompetenzen* und identifizieren folgende neun Kompetenzen: Ethische und professionelle Kompetenz, Wissen über die Profession, Diversität, reflexive Arbeitspraxis, supervisorische Arbeitsbeziehung, Strukturieren der Supervision, Wissen um Supervisionsforschung und -theorie, Lernen erleichtern und Evaluation der Kompetenzen von Supervisanden. Die Analyse bezieht Kompetenz-Rahmenkonzepte der internationalen psychologischen Forschung zu Klinischer Supervision mit ein. Ähnliche Kompetenzen, größtenteils bezogen auf eine sichere Lehr-Lern-Beziehung, die Person des Supervisors und sein reflektiertes, individuell angepasstes und ganzheitliches Handeln, identifiziert auch Watkins Jr (2013) als Wegweiser für eine wirksame Supervision. Ergänzend zu Supervisorenkompetenzen und basierend auf Evidenzen der aktuellen Forschung entwickelt Borders (2014) in einer Arbeitsgruppe der »Association for Counselor Education and Supervision« (ACES) *Best*

Practices für Supervisoren. Während Kompetenzen sich auf deklaratives Wissen beziehen, zeigen Best Practices prozedurales Wissen auf. Die Arbeitsgruppe entwickelt Best Practices im Hinblick auf Supervisionsbeginn, Zielsetzung, Feedback geben, Supervisionsdurchführung, Supervisionsbeziehung, Überlegungen zu Diversität und Fürsprache, Ethik, Dokumentation, Evaluation, die Person sowie die Vorbereitung des Supervisors. Die Frage, was genau »*Supervisorenkompetenz*« ausmacht, lässt sich vor dem Hintergrund theoretischer Analyse, jedoch dünner empirischer Befundlage, bisher nur eingeschränkt beantworten. Dass diese wichtig ist, wird aber sehr deutlich und steht im Widerspruch zu der kaum verbindlichen Regelung von Qualifikationsanforderungen im Bereich psychotherapeutischer Supervision.

Ein weiterer potenzieller Einflussfaktor für die Wirksamkeit von Supervision betrifft die Ängstlichkeit des Supervisanden, da ein großes Ausmaß an Ängstlichkeit den Lernprozess behindern kann. Eine Möglichkeit zur Reduktion von Ängstlichkeit in sozialen Interaktionen ist die Rollenindukion, welche der Klärung von Verantwortlichkeiten und Rollenerwartungen an die beteiligten Akteure, hier Supervisor und Supervisand, dient und Transparenz der Interaktion schaffen soll. Ellis et al. (2015) untersuchten mit einem Experiment die Wirksamkeit von theoriebasierter Rolleninduktions-Intervention auf die Reduktion der Ängstlichkeit von Supervisanden. Den Ergebnissen folgend reduziert Supervision mit Rolleninduktion die Ängstlichkeit von Supervisanden auf Anfänger-Niveau tendenziell eher als normale Supervision, wobei das Ausbildungslevel der Supervisanden den Effekt von Rolleninduktion auf die Reduktion der Ängstlichkeit moderiert.

Rieck et al. (2015) beleuchten Persönlichkeitsfaktoren von Supervisoren und Supervisanden und ihre Bedeutung für die supervisorische Beziehung sowie für den Therapie-Outcome. Basierend auf einer Studie mit 13 Supervisoren, 32 Supervisanden und 256 Patienten in den USA kommen sie zu dem Schluss, dass die Supervisionsbeziehung und das Konzept Leader-Member-Exchange (LMX) miteinander zusammenhängen, so dass auch die Betrachtung von LMX für die Klinische Supervision interessant scheint. Das Konzept stammt aus der Führungsforschung und misst die dyadische Beziehung zwischen Führungsperson und Geführtem, es bezieht gegenseitiges Vertrauen, Respekt und interpersonelle Verpflichtungen mit ein und wird hier als zusätzliches Beziehungsmaß eingesetzt. Sowohl LMX als auch die Supervisionsbeziehung werden durch Supervisanden umso positiver bewertet, je eher diese extrovertiert und offen für neue Erfahrungen sind. Folglich scheint es möglich, dass ein gewisses Maß an Offenheit und Extraversion des Supervisanden seinen Entwicklungsprozess fördert. Darüber hinaus beeinflusst ein hohes Maß an Verträglichkeit der Supervisoren den Therapie-Outcome negativ. Verträglichkeit als Persönlichkeitsfaktor bezeichnet die Tendenz zu Aufrichtigkeit, Altruismus, Nachgiebigkeit und Bescheidenheit. Die Wissenschaftler vermuten, dass Supervisoren, bei denen Verträglichkeit hoch ausgeprägt ist, weniger analytisch denken und Supervisanden vor weniger Herausforderungen stellen. Gute Supervision sei gekennzeichnet durch eine Balance von Unterstützung und Herausforderung. Supervisoren mit geringerer Verträglichkeit seien möglicherweise eher fähig, Supervisanden das nötige konstruktive Feedback zu geben.

5.3 Implikationen für Forschung und Praxis

Es gibt noch viel zu tun für die psychotherapeutische Supervisionsforschung, wenngleich sich zumindest die Tendenz abzeichnet, dass Supervision wirksam ist. Forschungsfragen, die sich aus dem aktuellen Stand ergeben, beziehen sich also nach wie vor auf die Wirksamkeit von Supervision – mit besseren methodischen Designs als bisher, das heißt längsschnittlichen Untersuchungen, Kontrollgruppen und vereinheitlichten Erhebungsinstrumenten –, aber auch auf Einfluss- und Prozessfaktoren, u. a. zur Supervisorenkompetenz oder zum speziellen Beitrag von Supervision im Rahmen der Psychotherapieausbildung (vgl. Ochs et al. 2012).

In praktischer Hinsicht wird deutlich, wie relevant die Supervisionsbeziehung für das Gelingen oder Scheitern von Supervisionsprozessen ist. Allerdings sind hier noch viele Fragen offen. Verbindliche Richtlinien, gerade zur Kompetenz und Weiterqualifizierung von Supervisoren, existieren noch nicht. Hier könnte eine Orientierung an den Qualifizierungsstandards der Deutschen Gesellschaft für Supervision, wie sie sich für die supervisorische Kompetenz in anderen Feldern als der psychotherapeutischen Supervision etabliert hat, nützlich sein – zumal auch Supervisoren selbst fachliche Weiterqualifizierung und kollegialen Austausch im Hinblick auf ihre supervisorische Tätigkeit wünschen (Nodop et al. 2010).

Literatur

Auckenthaler A (1999) Supervision psychotherapeutischer Praxis. Stuttgart: Kolhammer.

Bambling M, King R, Raue P, Schweitzer R, Lambert W (2006) Clinical supervision: Its influence on client-rated working alliance and client symptom reduction in the brief treatment of major depression. Psychotherapy Research 16 (3): 317–331.

Belardi N (1994) Supervision. Von der Praxisberatung zur Organisationsentwicklung. Paderborn: Junfermann.

Borders LD (2014) Best Practices in Clinical Supervision: Another Step in Delineating Effective Supervision Practice. American Journal of Psychotherapy 68 (2): 151–162.

DGSv (Hrsg.) (2012) Supervision. Ein Beitrag zur Qualifizierung beruflicher Arbeit. Köln: Selbstverlag.

Ellis MV, Creaner M, Hutman H, Timulak L (2015) A Comparative Study of Clinical Supervision in the Republic of Ireland and the United States. Journal of Counseling Psychology 62 (4): 621–631.

Ellis MV, Hutman H, Chapin J (2015) Reducing Supervisee Anxiety: Effects of a Role Induction Intervention for Clinical Supervision. Journal of Counselling Psychology 62 (4): 608–620.

Kahl-Popp J (2010) Kontextanalytische Supervision in der psychoanalytischen Ausbildung. Psychotherapeut 55 (6): 471–476.

Kühl S (2008) Coaching und Supervision. Zur personenorientierten Beratung in Organisationen. Wiesbaden: VS Verlag für Sozialwissenschaften.

Livni D, Crowe TP, Gonsalvez CJ (2012) Effects of Supervision Modality and Intensity on Alliance and Outcomes for the Supervisee. Rehabilitation Psychology 57 (2): 178–186.

Milne DL, Reiser RP (2012) A Rationale for Evidence-Based Clinical Supervision. Journal of Contemporary Psychotherapy 42 (3): 139–149.

Möller H, Hausinger B (Hrsg.) (2009) Quo vadis Beratungswissenschaft? Wiesbaden: VS Verlag für Sozialwissenschaften.

Möller H (2010) Beratung in der ratlosen Arbeitswelt. Göttingen: Vandenhoeck & Ruprecht.
Möller H (2012) Was ist gute Supervision? Kassel: Kassel University Press.
Nodop S, Thiel K, Strauß B (2010) Supervision in der psychotherapeutischen Ausbildung in Deutschland. Quantitative und qualitative Ergebnisse des Forschungsgutachtens. Psychotherapeut 55: 485–495.
Ochs M, Gaby B, Klasen J, Mößner K, Möller H, Rief W (2012) Praktiken und Erleben von Supervision/Intervision von Psychotherapeutinnen und Psychotherapeuten. Ergebnisse einer Mitgliederbefragung der Psychotherapeutenkammer. Psychotherapeutenjournal 3: 216–223.
Olds K, Hawkins R (2014) Precursors to Measuring Outcomes in Clinical Supervision: A Thematic Analysis. Training and Education in Professional Psychology 8(3): 153–164.
Orlinsky DE, Ronnestad M (2005) How psychotherapists develop. A Study of therapeutic work and professional growth. Washington DC: American Psychological Association Press.
Petzold H, Rodriguez-Petzold F, Sieper J (1997) Supervisorische Kultur und Transversalität. Grundkonzepte Integrativer Supervision Teil II. Integrative Therapie, 23 (4): 472–511.
Pühl H (Hrsg.) (2009) Handbuch Supervision und Organisationsentwicklung. Wiesbaden: VS Verlag für Sozialwissenschaften.
Rappe-Giesecke K (2003) Supervision. Gruppen- und Teamsupervision in Theorie und Praxis. Berlin: Springer.
Reiser RP, Milne DL (2014) A Systematic Review and Reformulation of Outcome Evaluation in Clinical Supervision: Applying the Fidelity Framework. Training and Education in Professional Psychology 8 (3): 149–157.
Rieck T, Callahan JL, Watkins Jr CE (2015) Clinical Supervision: An Exploration of Possible Mechanisms of Action. Training and Education in Professional Psychology 9 (2): 187–194.
Rousmaniere TG, Ellis MV (2013) Developing the Construct and Measure of Collaborative Clinical Supervision: The Supervisee's Perspective. Training and Education in Professional Psychology 7 (4): 300–308.
Sarnat JE (2012) Supervising Psychoanalytic Psychotherapy: Present Knowledge, Pressing Needs, Future Possibilities. Journal of Contemporary Psychotherapy 42: 151–160.
Strauß B, Freyberger HJ (2010) Supervision als zentraler Bestandteil professioneller Psychotherapie. Psychotherapeut 5: 453–454.
Strauß B, Wheeler S, Nodop S (2010) Klinische Supervision. Überblick über den Stand der Forschung. Psychotherapeut 55: 455–464.
Tsong Y, Goodyear RK (2014) Assessing Supervision's Clinical and Multicultural Impacts: The Supervision Outcome Scale's Psychometric Properties. Training and Education in Professional Psychology 8 (3): 189–195.

Watkins Jr CE (2012) Psychotherapy Supervision in the New Millennium: Competency-Based, Evidence-Based, Particularized and Energized. Journal of Contemporary Psychotherapy 42 (3): 193–203.
Watkins Jr CE (2013) The Contemporary Practice of Effective Psychoanalytic Supervision. Psychoanalytic Psychology 30 (2): 300–328.
Wheeler S, Richards K (2007) The impact of clinical supervision on counsellors and therapists, their practice and their clients: a systematic review of the literature. Lutterworth: British Association for Counselling and Psychotherapy.

6 Intervision als Qualitätssicherungsinstrument in der Psychotherapie Eine explorative Studie bei niedergelassenen Psychotherapeuten in Deutschland

Heidi Möller und Sylvia Wagenaar

6.1 Einführung

Intervision – oder auch kollegiale Beratung genannt – ist das am meisten verbreitete Format, mit dem niedergelassene Psychotherapeuten die Qualität ihrer verantwortungsvollen Arbeit sichern (vgl. Bleichardt und Rief 2010). Bleichardt und Rief verschickten an alle Mitglieder der hessischen Psychotherapeutenkammer Fragebögen zum Selbstbericht über ihre Supervisions- und Intervisionspraktiken. Auf der Grundlage von 843 zurückgesandten Fragebögen konnten sie zeigen: Approbierte nutzen gemäß ihren eigenen Angaben folgende Supervisions-/Intervisionsformen: Intervision: 78 %, informelle Intervision: 71 %, Einzelsupervision: 48 %, Fallbesprechungen: 46 %, Gruppensupervision: 37 %, Teamsupervision: 21 % (zu den qualitativen Auswertungen vgl. Ochs et al. 2012).

In der deutschsprachigen Literatur finden sich zu dem meistgenutzten Format Intervision überwiegend Veröffentlichungen, die sich an pädagogische Berufsgruppen wie Lehrer wenden (z. B. Hendriksen 2011). Tietze (2010) untersuchte die Bedeutung von kollegialer Beratung im Wirtschaftskontext. Das Format erfreut sich großer Beliebtheit, so dass zahlreiche Einführungs- und Methodenwerke erschienen (u. a. Brinkmann 2002; Lippmann 2013; Schmid 2013; Tietze 2003). Die Intervision stellt ein leicht erlernbares Beratungsformat dar. Empirische Studien, die die Wirkung des Formats wissenschaftlich belegen oder als Grundlage für eine fundierte Theoriebildung dienen können, fehlen jedoch weitgehend. So machte es Sinn, zunächst einmal Einblicke in die Praxis von Intervisionsgruppen niedergelassener Psychotherapeuten zu bekommen. Unsere Studie liefert grundlegendes Datenmaterial zur Häufigkeit, zur Struktur und zum Inhalt dieser Gruppen und legt damit eine Grundlage für weitere Forschungsvorhaben.

6.2 Methode und Stichprobe

Um grundlegende Daten zur Praxis des Formats Intervision bei niedergelassenen Psychotherapeuten zu generieren, waren folgende vier Fragestellungen von grundlegender Bedeutung:

1. Wie häufig wird das Format Intervision im Vergleich zum Format Supervision von niedergelassenen Psychotherapeuten angewendet?
2. Wie sehen die Rahmenbedingungen bzw. die strukturellen Merkmale von Intervisionsgruppen niedergelassener Psychotherapeuten aus?
3. Wie erlebt diese Zielgruppe die inhaltliche Arbeit mit diesem Beratungsformat?
4. Wie wird Intervision in Abgrenzung zu dem Format Supervision erlebt?

Für die Datenerhebung wurde eine Telefonbefragung mit quantitativen und qualitativen Anteilen unter Verwendung eines halbstandardisierten Leitfadens durchgeführt. Dabei spielten folgende Kernmerkmale kollegialer Beratung eine zentrale Rolle: Häufigkeit der Inanspruchnahme, Rahmenbedingungen der Intervision, Inhalte der Sitzungen, Ablaufsystematik, Rollenstruktur in der Gruppe, Abgrenzung der beiden Formate Intervision und Supervision, Zufriedenheit mit der Arbeit und die Bedingungen gelungener Intervision.

35 weibliche und 17 männliche niedergelassene Psychotherapeuten in Deutschland konnten für ein im Durchschnitt 25- bis 30-minütiges telefonisches Interview gewonnen werden. Die Befragten waren im Mittelwert M = 19,8 Jahre seit Abschluss ihrer Ausbildung psychotherapeutisch tätig.

Die Antworten auf die offenen, qualitativen Fragen wurden mit Hilfe einer Inhaltsanalyse nach Mayring (Mayring 2008) nach der Methode der induktiven Kategorienbildung ausgewertet. Die Kategorien wurden also direkt aus dem Datenmaterial und nicht aus theoriegestützten Vorüberlegungen abgeleitet.

6.3 Ergebnisse

6.3.1 Inanspruchnahme von Intervision und Supervision

Die Mehrheit der Befragten, die Mitglieder einer Intervisionsgruppe sind, nimmt keine zusätzliche Supervision in Anspruch. Die meisten Intervisionsgruppen treffen sich 11–15 mal im Jahr, also in einem Rhythmus von drei bis fünf Wochen. 13 der Befragten gaben an, dass sie sogar Mitglieder von mehreren, in der Regel von zwei, Intervisionsgruppen sind.

Tab. 1: In Anspruch genommene SV-Varianten und Anzahl der in Anspruch genommenen Formate im vergangenen Jahr; Mitglieder und Nicht-Mitglieder von IV-Gruppen im Vergleich.

Teilnahme Einzel-/Gruppensupervision und Anzahl der besuchten Formate				
Supervisions-Format	Aktuelles Mitglied einer IV-Gruppe N = 42		Kein aktuelles Mitglied einer IV-Gruppe N = 10	
Teilnehmeranzahl N/in %	N	%	N	%
Einzel-SV	17	40,48	7	70
Gruppen-SV	10	23,81	4	40
Ein Format	17	40,48	5	50
Beide Formate	5	11,90	3	30
Kein Format	20	47,62	3	30

6.3.2 Gestaltung der Rahmenbedingungen von Intervisionsgruppen

6.3.2.1 Zusammensetzung der Gruppen

Die Mehrzahl der Intervisionsgruppen besteht aus drei bis sechs Mitgliedern und setzt sich homogen aus Mitgliedern der gleichen Therapieschule zusammen. Bei den heterogen zusammengesetzten Gruppen überwiegen solche, in denen sich Tiefenpsychologen und Verhaltenstherapeuten zusammengetan haben. Die Mehrheit der Gruppen trifft sich eineinhalb bis zwei Stunden lang und bearbeitet in der Zeit ein bis drei Fälle. Die Befragten gaben an, im vergangenen Jahr mehrheitlich zwischen zwei und sechs Fälle selbst in ihre Gruppe eingebracht zu haben.

6.3.2.2 Ablauf der Intervisionssitzungen

Die Ablaufsystematik stellt ein Kernmerkmal der Arbeit von Intervisionsgruppen dar (vgl. Tietze 2010). In dem Interviewleitfaden wurden deshalb der Ablauf der Intervisionstreffen und das Vorgehen bei der Falldarstellung und der Fallbearbeitung erfragt. Zu der Frage »Wie sieht der Ablauf aus?« wurden sechs Hauptantwortkategorien ermittelt (▶ Tab. 2).

Die Auswertung zeigt, dass ein Großteil der Gruppen sich zu *Beginn der Intervisionssitzung* über *Berufspolitisches/Organisatorisches/Themen aus dem Praxisalltag/Weiterbildungen und Privates* austauscht. Dieser Punkt bildet aufgrund der Vielzahl der getroffenen Aussagen die erste Hauptkategorie und unterstreicht damit die Wichtigkeit dieses Aspektes von Intervision. Anschließend werden *Themen gesammelt* und dann eine *Reihenfolge festgelegt bzw. besprochen*. Je nach Gruppe werden Fälle dabei *nach Dringlichkeit* oder *der Reihe nach abgearbeitet*. In vielen Gruppen handelt es sich nach Aussage der Befragten dabei um *keine offiziell festgelegte* bzw. um eine *informelle, lose Struktur*. Auch die Tatsache, dass die Treffen entweder *reihum zu Hause oder in den Praxen* der Mitglieder stattfinden und einige Gruppen *erst essen und dann arbeiten*, spielt eine Rolle.

Tab. 2: Ablauf der Intervisionssitzungen

Hauptkategorie + Nennungen	Operationalisierung	Codes (mind. 2 mit den meisten Nennungen)
Einstieg/ Beginn (76)	Alle Codes, die sich darauf beziehen, was in den Gruppen zu Beginn bzw. als Einstieg geschieht	• Berufspolitisches (10) • Organisatorisches (6) • Privates Gespräch/persönliche Neuigkeiten/Privates (4)
Übergang zur Fallarbeit (47)	Alle Codes, die sich darauf beziehen, wie der Übergang zwischen dem Ankommen und der konkreten Fallarbeit gestaltet wird	• Nach Dringlichkeit abarbeiten/ gewichten/vorstellen (4) • Nacheinander/der Reihe nach abarbeiten (2) • Kompromiss finden, dass jeder drankommt
Rahmen/ Struktur (34)	Alle Codes, die sich darauf beziehen, wie der Rahmen und die Struktur der Treffen gestaltet werden	• Informeller Ablauf/Struktur (4) • Keine/keine festgelegte/keine offiziell festgelegte Struktur (3) • Bei jemandem/bei den Teilnehmern abwechselnd zu Hause (2)
Fallarbeit (15)	Alle Codes, die etwas über die Fallarbeit aussagen	• Dann Fallarbeit/danach Fälle besprechen (5) • Dann abarbeiten/einsteigen/ loslegen (4)
Rest (7)	Alle Codes, die nicht direkt auf die Frage antworten oder sich keiner Kategorie zuordnen ließen	• Kennen uns teilweise auch privat • Darauf drängen, Fälle zu besprechen
Nach der Fallarbeit (3)		• Letzter Punkt: Austausch über neuere Entwicklungen/ Fortbildungen • Hinterher noch geplaudert, privater Teil

20 Interviewpartner (45,45 %) beschreiben, dass die Falldarstellung durchschnittlich 10–20 Minuten dauert, gefolgt von zehn Befragten (22,73 %), die die Zeit auf 0–10 Minuten schätzen. Für die Mehrzahl der befragten Psychotherapeuten steht die Länge der Falldarstellung in *Abhängigkeit* zum eingebrachten *Fall/Patienten und zur dahinterstehenden Problematik* und zum *Falleinbringer*. Viele Therapeuten erle-

ben in ihren Gruppen *keine klare Trennung zwischen Darstellung und Bearbeitung*. Nur eine Minderheit der Intervisionsgruppen wendet Methoden wie *Rollenspiele* an oder arbeitet mit *Unterlagen/Protokollen und Testergebnissen*, mit *Bildern* oder *Genogrammen*. Die Mehrheit der Gruppen verwendet für die Fallbearbeitung mehr als 40–60 Minuten. Insgesamt nehmen sich 60,97 % der Gruppen hierfür mehr als 30 Minuten Zeit.

Die Ergebnisse der Inhaltsanalyse der Frage »Wie gehen Sie bei der Fallbearbeitung vor?« zeichnen einen recht klaren möglichen Ablauf einer Fallbearbeitung nach: Das *Darstellen/Vorstellen/Beschreiben des Falls* schließt in etlichen Gruppen mit einer *konkreten Fragestellung* und geht in die Phase der *Nachfragen* über. Dies wird in der zweiten Hauptkategorie *Art der Falldarstellung* zusammengefasst. Vielen Psychotherapeuten ist vor allem *die Art der Fallbearbeitung* wichtig. Hierbei stellt *das Assoziieren/Einfälle/Eindrücke/Ideen Sammeln und Zusammentragen* einen wichtigen Aspekt dar, ebenso wie das *Benennen von Wahrnehmungen/Wirkung/Übertragung und Gegenübertragung* und das *Einbeziehen verschiedener Arbeitsweisen*, wie z. B. Rollenspiele. Aus den gesammelten Eindrücken und Ideen ent*wickelt sich ein Gespräch/entsteht eine Diskussion*, aus der heraus wiederum *Vorschläge und nächste Schritte* erarbeitet werden. Interessant ist, dass viele der Befragten trotz dieses sich herauskristallisierenden Ablaufs sagen, dass ihre Gruppe keiner *festen Struktur/keinem festen Schema* folgt. 20 der Befragten geben an, spezifische Methoden für die Fallbearbeitung zu verwenden. Die Mehrheit macht davon aber eher selten Gebrauch.

6.3.3 Prinzip der Leiterlosigkeit

Zu der Frage »Wird das Prinzip der Leiterlosigkeit, also der rotierenden Rollen, in ihrer Gruppe umgesetzt?« entsteht ein heterogenes Bild. Viele Gruppen halten *einen Moderator nicht für notwendig*, weil es *sich um kleine, funktionierende Gruppen handelt*, z. B. weil es *in der 3er-Konstellation informell klappt*. Voraussetzungen hierfür sind die in den Gruppen herrschende *achtsame Beziehungsgestaltung/Gruppendynamik* und der Verlauf der Fallarbeit nach einer gewissen *Struktur*. Es gibt aber durchaus auch Gruppen, in denen die Übernahme gewisser *Funktionen/Aufgaben* eine Rolle spielt. Im Laufe der Jahre haben sich in manchen der Gruppen Funktionen und Aufgaben herauskristallisiert, ohne dass diese Prozesse in den Gruppen bewusst kommuniziert und/oder festgelegt worden ist. Eine besondere Rolle nimmt die *Funktion Moderator/Ansprechpartner für die kassenärztliche Vereinigung* ein. Die Ergebnisse zeigen, dass es auch Gruppen *mit kontinuierlichen/feststehenden Moderations-/Koordinationsfunktionen gibt*, die aufgrund dessen nicht als leiterlos bezeichnet werden können. Darüber hinaus existieren Intervisionsgruppen, in denen hingegen nur *informelle Funktionen/Rollen* vorhanden sind.

6.3.4 Die inhaltliche Arbeit von Intervisionsgruppen – Themen und Inhalte der Treffen

Ausnahmslos alle Gruppen beschäftigen sich inhaltlich vordringlich mit schwierigen Therapeut-Klient-Beziehungen, dicht gefolgt von Interventions- und Prozessfragen. 43 von 47 Befragten bestätigen, dass auch diagnostische Fragen in den Fallbesprechungen eine Rolle spielen. Auf die Frage, inwieweit persönliche eigene Anteile in der Intervision thematisiert werden, lautet eine exemplarische Antwort »Ich würde jetzt jein antworten, ich denke, eigene Anteile sehr vorsichtig.« Die Interviews zeigen, dass hier Vertrauen und Offenheit in der Gruppe eine Grundvoraussetzung sind. Auch Themengebiete, die nicht der Fallarbeit zugeordnet werden können, wie Berufspolitik, Organisatorisches/Praxisalltag und Fort-/Weiterbildungen haben ihren speziellen Platz in der Intervision.

6.3.5 Abgrenzung zum Format Supervision

Die Frage »Gibt es Fälle, die sie ausschließlich in einer Supervision und niemals in einer Intervisionssitzung einbringen würden? Wenn ja, welche?« beantwortet etwas mehr als der Hälfte der Befragten mit »nein«. Die andere Hälfte gibt an, dass vor allem *persönliche Gründe*, wie *persönliche Themen/eigene Beteiligung* und *Unsicherheit/Scham* oder den *Schutz des Patienten* betreffende Gründe, wie *Datenschutz/*

Bekanntheit des Patienten, Anlass dafür sind, Fälle lieber in Supervisions- als in Intervisionssitzungen einzubringen.

Der überwiegende Teil der Psychotherapeuten erlebt einen geringen Unterschied in der Zufriedenheit mit den beiden Formaten. 46,67 % der Psychotherapeuten sind mit den Arbeitsergebnissen von Intervision, 33,33 % mit denen von Supervision zufriedener und 20 % erleben keinen Unterschied in der Zufriedenheit. Die größere Zufriedenheit mit dem Format Intervision wird vor allem mit der positiven *Beziehungsdynamik* zwischen den Mitgliedern der Intervisionsgruppe bzw. einer möglichen negativen Dynamik zwischen dem Supervisor und den Supervisanden in Verbindung gebracht. Hierbei spielen *Offenheit/Vertrauen/Angst/Scham* und *Hierarchie und Konkurrenz* eine besondere Rolle. Der *Qualität und Effektivität* wird bei der Zufriedenheit mit den Arbeitsergebnissen eine weit höhere Bedeutung beigemessen als beispielsweise der *Struktur* oder der *Erfahrenheit und Professionalität* des Supervisors bzw. der Intervisionsmitglieder. Als Grund für eine höhere Zufriedenheit mit dem Format Supervision spielt der *Supervisor als Experte für besondere Therapieverfahren* oder *Supervision zum besseren Erwerb neuer Fähigkeiten* eine Rolle.

6.3.6 Merkmale guter und schlechter Intervisionssitzungen

Eine *positive Beziehungsgestaltung* der Mitglieder untereinander, gekennzeichnet durch *Offenheit und Vertrauen*, und ein *lockeres Klima mit Humor* und *Wohlfühl-Atmosphäre* werden von den Befragten als die wichtigsten Voraussetzungen einer guten Intervisionssitzung genannt. Aber auch das *Resultat/Ergebnis und die Wirkung* einer Sitzung stellen einen wichtigen Aspekt dar und werden von den Befragten als *Stärkung der beruflichen Handlungskompetenz* und als *Burn-Out-Prophylaxe* wahrgenommen. Als hilfreich werden die *Gleichberechtigung der Gruppenteilnehmer* und die *Regelmäßigkeit/Zuverlässigkeit der Treffen* beschrieben, ebenso wie deren *klare Struktur*. Es wird viel Wert auf *soziale Vernetzung* und den *kollegialen Austausch* gelegt. Die *Charakteristik* der Gruppe sollte von *Interesse/Disziplin* und *Ernsthaftigkeit* gekennzeichnet sein; diese Merkmale werden noch vor die

Merkmale *Erfahrung/Kompetenz*, *Engagement* und *Motivation* gereiht. Eine gute *Passung* der Mitglieder, die sich unter anderem in *Sympathie* zueinander ausdrückt, scheint ebenfalls eine Rolle zu spielen.

Zusammenfassend lässt sich festhalten, dass vor allem *Konkurrenz, Macht und Profilierung* sowie *Spannungen, Missgunst und persönliche Aversionen* innerhalb der *Beziehungs- und Gruppendynamik* einer Intervisionsgruppe für viele Psychotherapeuten eine schlechte Sitzung kennzeichnen. Aber auch *Entwertung/Bewertung und Abwertung* halten viele für schwierig, ebenso wie eine *Betriebsblindheit aufgrund langer Zusammengehörigkeit*. Die Befragten halten es für schwierig, wenn *nicht an Fällen gearbeitet* wird und *keine oder zu wenig Struktur* vorhanden ist. Wenn das *Resultat/Ergebnis* einer Fallbearbeitung als *nicht zielführend/befriedigend und hilfreich* erlebt und *Widersprüche/Verhakungen nicht aufgelöst* werden, sind dies Kennzeichen einer schlechten Intervision. Auch eine *unmotivierte, desinteressierte* und durch *Eindimensionalität* gekennzeichnete Gruppe stellt aus Sicht der Interviewten ein Problem dar.

6.3.7 Funktion und Wirkung von Intervision

Durch die qualitative Analyse der offenen Fragen wurden einige interessante kategorienübergreifende Gemeinsamkeiten zur Funktion und Wirkung von Intervision sichtbar:

Tab. 3: Inhaltliche Schwerpunkte und die dazugehörigen Kategoriensysteme

Einflussfaktoren für gute/zufriedenstellende Intervisionssitzungen	Funktion und Wirkung von Intervision
Beziehungs-/Gruppendynamik/Klima (228)	Profit für die eigene Arbeit (39)
Charakteristik der Gruppe (86)	Stärkung der beruflichen Handlungskompetenz (32)
Struktur/Inhalt (44)	Burn-Out-Prophylaxe (13)
Arbeitsweise (32)	Soziale Vernetzung/kollegialer Austausch (13)
Passung (20)	

Die erste Hauptkategorie mit 39 Aussagen lässt erkennen, dass die wichtigste Funktion von Intervision der *Profit für die eigene Arbeit* ist. Eine Intervisionssitzung sollte *zielführend/hilfreich/inhaltlich profitierend (34)* sein. Als negativ erleben die Befragten *bestehenbleibende Widersprüche/Schwierigkeiten und Unterschiede (5)*. Eine weitere Funktion stellt die *Stärkung der beruflichen Handlungskompetenz (32)* dar. Hier kommt vor allem dem *Erweitern der Perspektive (14)* eine hohe Bedeutung zu. Der dritten Hauptkategorie *Burn-Out-Prophylaxe (13)*, in der *Unterstützung (8)* und *Reduktion beruflicher Belastung (5)* als wichtige Funktionen benannt werden, wird der gleiche Wert zugesprochen wie der vierten Hauptkategorie *soziale Vernetzung/kollegialer Austausch (13)*. Beide Aspekte liegen aber weit hinter der Stärkung der beruflichen Handlungskompetenz.

6.4 Diskussion

6.4.1 Kernmerkmal ›Berufsbezogene Fälle‹

Die Ergebnisse zeigen, dass für viele der befragten Psychotherapeuten über die Fallarbeit hinaus ein Austausch über Berufspolitisches, über Organisatorisches rund um den Praxisalltag und über Fortbildungen eine große Rolle spielt. Und auch private, außerberufliche Themen haben ihren Platz in den Treffen. Dennoch scheinen diese Themen in der Mehrzahl der Intervisionsgruppen bewusst am Anfang bzw. am Ende der Treffen besprochen zu werden. Die verschiedenen Kategoriensysteme zeigen, dass das Arbeiten an Fällen einen hohen Stellenwert einnimmt und dass das Besprechen von »nur« berufspolitischen bzw. privaten Themen als unbefriedigend erlebt wird. Die Ergebnisse aus dem Kategoriensystem »Fallbearbeitung« verdeutlichen, dass die Themen in der Regel mit einer konkreten Frage aus der Praxis verbunden sind.

6.4.2 Kernmerkmal ›Gruppenmodus‹

Die Anzahl der Mitglieder der einzelnen Gruppen entspricht mit mehrheitlich drei bis sechs Mitgliedern der in der Literatur erwähnten und empfohlenen Größe. Der Gruppenmodus sorgt dafür, dass sich vielfältige Perspektiven entwickeln und mehrere Ideen hervorgebracht werden können. Die Antworten zu der Frage »Unterschied in der Zufriedenheit« und »Kennzeichen guter Intervision« zeigen auf, dass die Vielfalt bereitgestellter Perspektiven für die Befragten eine wichtige Rolle spielt. Diese ist nach Tietze (2010) dann gewährleistet, wenn die Anzahl an Kollegen über das Mindestmaß von drei Personen hinausgeht. Das übergreifende Kategoriensystem zu den Einflussfaktoren guter Intervision verdeutlicht, dass eine *gleichberechtigte Möglichkeit der Falleinbringung* für viele einen wichtigen Aspekt darstellt. Wenn man die Anzahl der Gruppenmitglieder der Anzahl der bearbeiteten Fälle gegenüberstellt, bestätigt sich, dass mit zunehmender Zahl an Mitgliedern weniger Fälle bearbeitet werden. Die Chance einer gleichberechtigten Falleinbringung sinkt.

Die Ergebnisse zeigen weiterhin, dass es keinen großen Unterschied in der Anzahl homogen versus heterogen zusammengesetzter Intervisionsgruppen zu geben scheint. Nach Tietze (2010) stellen die Arbeitsfähigkeit und die Attraktivität der Peergruppe die beiden relevanten Dimensionen für die Zusammensetzung von Gruppen dar. Beide Aspekte treten in den Antworten der Therapeuten zu den unterschiedlichsten Fragen des Leitfadens immer wieder auf und verdeutlichen, dass Heterogenität einen wesentlichen Faktor für die Arbeitsfähigkeit der Gruppen darstellt. Die *gemischten/verschiedenen Sichtweisen*, der entstehende *Profit durch die Mischung der Fachrichtungen* wird z. B. als Grund für die höhere Zufriedenheit mit dem Format Intervision angegeben. Der Wirkfaktor *Zusammensetzung der Gruppen* ist für die Befragten eine wichtige Fragestellung, der durch Intervisionsforschung nachgegangen werden sollte. Vor allem die Frage, ob eine *schulenübergreifende Zusammensetzung sinnvoll/bereichernder/gewinnbringender und effizienter ist,* interessiert viele Therapeuten.

Mit Blick auf die Attraktivität der Gruppe erleben die Einen gerade die Vielfalt durch Teilnehmer unterschiedlicher Therapieschulen als enorme Bereicherung, während für die Anderen *eine ganz andere Orientierung der Kollegen* bzw. *unterschiedliche Therapieausrichtungen* in einer Gruppe als hinderlich empfunden wird und psychoanalytisch orientierten Therapeuten z. B. der Bereich des »Verstehens« in gemischten Gruppen zu kurz kommt. Dementsprechend zeigt das Kategoriensystem »Wie gehen Sie bei der Fallarbeit vor?« auf, dass es für einige der Befragten von Bedeutung ist, dass das *Vorgehen* in der Intervision *der Methode der angewandten Therapie entspricht.* Dies scheint eher auf psychoanalytische und tiefenpsychologisch fundierte Therapeuten zuzutreffen.

6.4.3 Kernmerkmal ›Ablaufsystematik und Rollenstruktur‹

Das dritte Merkmal des Formates Intervision, die Orientierung an einer festen Ablaufstruktur mit verteilten Rollen, wird von mehreren Gruppen nicht umgesetzt. Die Systematik soll eine ergebnisorientierte Reflexion ermöglichen und das Format auch für Berufsgruppen ohne Beratungskompetenz anwendbar machen. Die Aussage eines Befragten »Wir sind alle so gut in unseren Rollen definiert, dass wir hauptsächlich versuchen wollen, Fälle zu besprechen« verdeutlicht, dass viele der Therapeuten als beratungs- und reflexionserfahrene Praktiker ihrer Gruppe eine ergebnisorientierte Reflexion auch ohne explizit festgelegten Ablauf zutrauen und die Notwendigkeit einer Ablaufstruktur für ihre Gruppe nicht sehen. Dies geht z. B. aus den 22 Nennungen zu der Aussage *keine feste Struktur/Schema/Ablauf* im Kategoriensystem »Fallbearbeitung« hervor. Obwohl viele der Interviewpartner auf die Frage nach einem festen Ablauf mit »nein«, »jein« oder »informell vielleicht« antworten, zeigt das Kategoriensystem »Fallbearbeitung«, dass sich hier durchaus eine Struktur abzeichnet.

In der Literatur zur kollegialen Beratung werden Qualifizierungen zum Umgang mit dem Format, Kombinationen aus Supervision und Intervision oder ein langsamer Übergang von Supervision zur Intervision empfohlen. An einigen wenigen Stellen lassen sich in den geführten Interviews ähnliche Aussagen finden. Eine befragte Person erläutert, dass die Intervision so abläuft, wie man es in der Supervision gelernt hat. Eine andere beschreibt, dass ihr Team alle 14 Tage Supervision und Intervision im Wechsel hat. Die Empfehlung von Tietze (2010), ein bis zweimal im Jahr einen externen Berater einzuladen, wird von fast keiner der Gruppe umgesetzt.

In den Intervisionsgruppen spielen die für das Format der kollegialen Beratung ansonsten typischen Rollenverteilungen eine sehr geringe Rolle. Die meisten Aussagen zum Kategoriensystem »Prinzip Leiterlosigkeit« verdeutlichen, dass viele Gruppen sogar ohne die Funktion der Leitung oder Moderation auskommen. Während in manchen Gruppen nicht einmal die in der Literatur als unabdingbares Minimum angesehenen Rollen des Falleinbringers, Beraters und Moderators vollständig besetzt werden, haben andere Gruppen durchaus eine rotierende Gesprächsführung. Weitere in manchen Modellen kollegialer Beratung vorgesehene Rollen, wie die eines Zeitwächters, eines Protokollanten oder Prozessbeobachters, haben in den wenigsten der hier befragten Intervisionsgruppen ihren Platz: »Freistil« statt Struktur scheint beliebt zu sein.

6.4.4 Kernmerkmal ›Wechselseitigkeit‹

Das vierte von *Tietze* als definitorisch bezeichnete Merkmal der Reversibilität der Rollen, also der Tatsache, dass jedes Mitglied sowohl die Rolle des Beraters als auch die Rolle des Falleinbringers einnehmen kann, wird von allen Gruppen umgesetzt. In der Tatsache, dass die durch den Rollenwechsel entstehende Asymmetrie zwischen beratenen und beratenden Gruppenmitgliedern fluktuiert, sehen über 58 % der Befragten einen Vorteil dieses Formates gegenüber dem Format Supervision.

In drei Gruppen existiert eine feste Moderations- bzw. Leitungsrolle, so dass hier das Prinzip der Leiterlosigkeit nicht gegeben ist. Alle anderen Gruppen erleben sich als leiterlos. Eine besondere, dem Prinzip der rotierenden Rollen eher entgegenwirkende Funktion stellt die des Moderators/Ansprechpartners gegenüber der kassenärztlichen Vereinigung oder der Psychotherapeutenkammer dar. Viele Interviewten betonen, dass es sich hierbei nur um eine formale Funktion handelt bzw. dass diese Aufgabe ohne leitende Funktion gesehen wird.

6.4.5 Das Ergebnis in Bezug auf die Wirkung von Intervision

Die Ergebnisse der empirischen Untersuchung zur Wirkung von Intervision (Tietze 2010) zeigen, dass Intervision zur Reduktion beruflicher Belastung beiträgt. Für den Bereich der Stärkung der beruflichen Handlungskompetenz kann allerdings nur eine partielle Bestätigung nachgewiesen werden. In unserer Befragung werden die Teilnehmenden gebeten, 100 Punkte auf vier vorgegebene Wirkungsbereiche zu vergeben.

> Stellen Sie sich vor, Sie haben insgesamt 100 Punkte zu verteilen. Damit sollen Sie die Wirkung von Intervision einschätzen. Wie würden Sie die 100 Punkte auf die folgenden vier Bereiche verteilen?

a. Stärkung der beruflichen Handlungskompetenz _____
b. Persönliche Entwicklung _____
c. Reduktion beruflicher Belastung _____
d. Soziale Vernetzung/kollegialer Austausch _____

Sowohl die Auswertung der Punktevergabe als auch die Auswertung des übergreifenden Kategoriensystems zeigen, dass die befragten Psychotherapeuten der Stärkung der beruflichen Handlungskompetenz am meisten Bedeutung beimessen bzw. hier die größte Wirkung erleben. Aber auch die beiden Bereiche Burn-Out-Prophylaxe und Soziale Vernetzung/kollegialer Austausch werden bei der Punktevergabe stark berücksichtigt und bilden mit jeweils 13 Nennungen zwei eigene Hauptkategorien im übergreifenden Kategoriensystem. Die in der Literatur diskutierten Wirkungen scheinen sich mit den Erfahrungen der Menschen, die das Format in der Praxis anwenden, zu decken. Lediglich der Bereich der persönlichen Entwicklung wird in seiner Wirkung eher gering eingeschätzt.

Tab. 4: Wirkung von Intervision

Wirkung von Intervision			
	Gesamtpunktzahl	Mittelwert	Spannbreite
Stärkung beruflicher Handlungskompetenz	1408,30	29,96	5–80
Persönliche Entwicklung	814	17,32	2–50
Reduktion beruflicher Belastung	1162,80	24,74	5–50
Soziale Vernetzung/ kollegialer Austausch	1314,80	27,97	10–60

6.5 Ausblick

Die Ergebnisse bieten einen tieferen Einblick in die Arbeit von rund 50 Intervisionsgruppen niedergelassener Psychotherapeuten in Deutschland. Damit entwickelt sich die ›Blackbox‹ Intervision einen ersten Schritt in Richtung eines empirisch überprüften, mit Theorie untermauerten, wissenschaftlich fundierten Beratungsformates. Die Ergebnisse zeigen, dass das Format der Intervision und die Arbeit in den Gruppen für viele der Befragten eine Bereicherung und Unterstützung für die eigene Arbeit darstellt und dabei einen hohen Stellenwert genießt. Aufgrund der Bereitschaft, sich auf 37 Fragen einzulassen, sich die Zeit zu nehmen, in Ruhe über die Fragen nachzudenken und offen und ehrlich zu antworten, ist eine Fülle an wertvollem Datenmaterial entstanden. Der hohe Stellenwert, welcher der Beziehungsdynamik innerhalb der Intervisionsgruppen zugesprochen wird, ist besonders hervorzuheben und sollte bei weiteren Forschungsvorhaben berücksichtigt werden. Aus Sicht der Beteiligten selbst sind vor allem Forschungsfragen rund um die Zusammensetzung und die Dynamik der Intervisionsgruppen von Interesse. Die Ergebnisse zur Einschätzung der Praktiker nach der Wirkung von Intervision und die Ergebnisse des übergreifenden Kategoriensystems ›Funktion von Intervision‹ unterstützen die bisherigen empirischen Untersuchungsergebnisse und die bisherigen theoretischen Annahmen. Sie machen Mut, die bisherigen Wirkungsannahmen als Grundlage für weitere Forschungsprojekte zu Grunde zu legen. Die hohe Zufriedenheit der Interviewpartner mit dem Beratungsformat und das große Interesse an den Ergebnissen dieser Arbeit zeigen, dass es sich lohnt, hier weiter zu forschen und damit dem Format den Stellenwert zuzusprechen, den es verdient.

Literatur

Bleichhardt G, Rief W (2010) Mitgliederbefragung Supervision/Intervision. Abschlussbericht. Marburg: Unveröffentlicher Bericht der Arbeitsgruppe Klinische Psychologie und Psychotherapie der Philipps-Universität Marburg (AG KliPs). (http://www.ptk-hessen.de/neptun/neptun.php/oktopus/download/643), Zugriff am 15.09.2016.

Brinkmann R (2002) Intervision: Ein Trainings- und Methodenbuch für die kollegiale Beratung. Mannheim: Sauer.

Hendriksen J (2011) Intervision: Kollegiale Beratung in Sozialer Arbeit und Schule. Weinheim: Beltz Juventa.

Lippmann ED (2013) Intervision: Kollegiales Coaching professionell gestalten. Heidelberg: Springer.

Mayring P (2008) Qualitative Inhaltsanalyse. Grundlagen und Techniken. Weinheim: Beltz.

Ochs M, Bleichhardt G, Klasen J, Mößner K, Möller H, Rief W (2012) Praktiken und Erleben von Supervision/Intervision seitens PsychotherapeutInnen – Ergebnisse einer Mitgliederbefragung der Psychotherapeutenkammer Hessen. Psychotherapeutenjournal 11 (3): 216–223.

Schmid B, Veith T, Weidner I (2013) Einführung in die kollegiale Beratung. Heidelberg: Carl Auer.

Tietze K-O (2010) Wirkprozesse und personenbezogene Wirkungen von kollegialer Beratung. Wiesbaden: VS Verlag für Sozialwissenschaften.

Tietze K-O (2003) Kollegiale Beratung: Problemlösungen gemeinsam entwickeln. Reinbek: Rowohlt.

7 Supervision in der psychoanalytischen Ausbildung Notwendigkeiten – Facetten – Stolpersteine

Gisela Grünewald-Zemsch

Sachs (zit. in Szecsödy 1994) bemerkt zu Beginn seines Einführungsvortrags für die 6. IPV-Konferenz zur Ausbildungsanalyse, dass die psychoanalytische Ausbildung auf einem dreibeinigen Lehr-Lern-Konstrukt beruhe, dem Tri-Partite-Modell der IPV: der Lehranalyse, den Theorieseminaren und der Supervision. In diesem Ausbildungsmodell findet die Lehranalyse des Kandidaten *während* der Ausbildung statt, gleichzeitig mit den Ausbildungssupervisionen. Aber: Auf einem Dreibein zu stehen ist schwierig. Das Tri-Partite-Modell führt nach aller Erfahrung schnell dazu, dass ein Ungleichgewicht zwischen den drei Säulen entsteht, insbesondere, wenn die Supervisionsaufgabe in ihrer Schwierigkeit unterschätzt wird. So gibt es – seit es die institutionalisierte psychoanalytische Ausbildung gibt (seit 1924) – aussagekräftige Kritik an diesem Ausbildungssystem. In den letzten drei Jahrzehnten verdichten sich die Hinweise, dass nicht nur die Lehranalyse, sondern auch die Supervision der Ausbildungsbehandlungen komplexe emotionale, institutionelle und fachliche Probleme aufwirft (vgl. hierzu u. a. Auchincloss und Michels 2003; Cabaniss et al. 2001; Berman 2004).

Die Komplexität der supervisorischen Aufgabe in der psychoanalytischen Ausbildung wurde lange unterschätzt; man sah v. a. die Lehranalyse, die möglichst die gesamte Ausbildung hindurch begleiten soll, als das wesentliche schwierige Moment an. Erst lange nach dem 2. Weltkrieg entwickelte sich die Auseinandersetzung über die Macht-Ohnmachtsverhältnisse in der Lehranalyse. In den letzten 20 Jahren wurde fast überall das »non-reporting-System« eingeführt, nachdem der Lehranalytiker aus allen ausbildungsrelevanten Diskussionen über seinen Lehranalysanden ausgeschlossen bleibt, umgekehrt der Lehranalysand die Sicherheit einer Beziehung mit seinem Analytiker genießt, aus der nichts nach außen dringen darf.

In den letzten Jahren hat sich der Fokus der Fachdiskussionen in den Ausbildungsgremien erweitert: Es erschienen eine Fülle von Artikeln und Büchern, die sich mit den komplexen Beziehungsaspekten der Supervision(-sbeziehung) in der psychoanalytischen Ausbildung befassen.

7.1 Rahmenbedingungen der Supervision während der Ausbildung

Legt man den typischen Ablauf der psychoanalytischen Ausbildung an einem DPG-, DPV- oder DGPT-Institut in Deutschland zugrunde, tritt die Supervision ins Zentrum der Aufmerksamkeit, wenn der Kandidat den ersten Ausbildungsabschnitt erfolgreich bestanden hat.

7.1.1 Passung zwischen Supervisand und Supervisor – die erste gemeinsame Sicht auf den Patienten

Der neue Patient des Ausbildungskandidaten wird meist über die Institutsambulanz vermittelt; manchmal sieht der ausgewählte Supervisor den Patienten zum Gespräch, um sich ein Bild zu machen, ob dieser Patient zum jeweiligen Ausbildungskandidaten »passt«. *Passung* bedeutet hier, dass der Supervisor eine Einschätzung trifft, ob beim Ausbildungskandidaten vorstellbar ist, dass dieser die Behandlung mit diesem Patienten unter Ausbildungsbedingungen wird durchführen können.

Die Ausbildungsbedingungen haben dabei ihre Eigendynamik. Zum Beispiel werden heute fast alle Ausbildungskandidaten mit der Ausbildung an ihrem psychoanalytischen Institut auch ihre Ausbildung zur Approbation als Psychologischer Psychotherapeut verbinden. Die Anzahl der Ärzte in den Ausbildungen nimmt immer weiter ab, weil sich für sie die Bedingungen inzwischen so verschärft haben und schwer erfüllbar sind, dass es nur noch wenige Mediziner in die Vollausbildung zieht.

Wenn Psychologen die psychoanalytische Ausbildung auch dafür brauchen, um die Vorbedingungen für die Berufsausübung als Psychotherapeuten (Approbation) und eventuell noch für die Aufnahme in die DGPT, die DPG, DPV oder IPV zu erlangen, *müssen* sie die Behandlungen für eine bestimmte Zeit unter Supervision durchführen. Mindestens eine Behandlung findet dann über zumindest 250 Stunden bei einer Frequenz von drei bis vier Stunden/Woche statt. Supervision sollte durchschnittlich zu jeder vierten Behandlungsstunde stattfinden.

Die Aufgabe des vom Supervisanden gewählten Supervisors lautet als erstes, dass er erkennen soll, ob der Patient hinsichtlich biografischer, sozioökonomischer, v. a. aber psychodynamischer Aspekte in der Lage sein wird, die vom Kandidaten angebotene Behandlung durchzustehen anstatt wegen mangelnder psychotherapeutischer Kompetenz, Wohnortwechsel, veränderter Arbeitssituation oder psychischer Probleme etc. die Behandlung zu früh zu verlassen. Auch die sozialen, ökonomischen und emotionalen Belange des Ausbildungskandidaten spielen bei der Passung und der Entscheidung eine Rolle, ob gerade *diese* Behandlung für *diesen* Patienten bei *diesem* Ausbildungskandidaten gelingt. Der Supervisor muss einschätzen und entscheiden, inwieweit der Supervisand in der Lage ist, den Patienten zu behandeln und Situationen zu meistern, die der Kandidat selbst nicht zuvor ahnen kann.

7.1.2 Die Unterschrift – Ausgangspunkt einer ersten institutionellen Verwicklung

Nachdem Supervisor und Supervisand erste Überlegungen über die Psychodynamik des Patienten, über Indikation und Grenzen der Behandlung und deren Rahmenbedingungen erarbeitet haben, schreibt der Supervisand üblicherweise den Bericht an den Gutachter zur Leistungsbewilligung durch die Krankenkassen. Der Bericht muss immer auch mit dem Supervisor abgesprochen sein, denn der Supervisor wird den Bericht an den Gutachter – neben dem Ausbildungskandidaten –

unterschreiben. Der Supervisor ist gegenüber der Krankenkasse, dem Patienten und dem Institut dazu verpflichtet, die Behandlung rechtmäßig »zu beaufsichtigen« (vgl. Rautschka-Rücker 2015).

Für die Bundesrepublik ist dieses Vorgehen obligatorisch, weil wir hier die komfortable Möglichkeit haben, psychoanalytische Behandlungen durch Krankenkassen finanzieren zu lassen, diese Behandlungen gleichzeitig aber auch Basis für die Approbation und Erlangung der Fachkunde sind. Weil es diese Finanzierung (höchstens bis zu 300 Stunden) durch die Gesundheitssysteme gibt und weil fast allen psychoanalytischen Instituten eine Ambulanz angeschlossen ist, haben wir in der Bundesrepublik eine vergleichsweise hohe Nachfrage für psychoanalytische Behandlungen. Die jungen Kolleginnen und Kollegen sind also auf diesen Zugang zum entsprechenden Klientel, d. h. auf die Arbeit der Institute angewiesen. Das alleine kann schon eine erste institutionelle Abhängigkeit und Verwicklung darstellen, auf deren Konsequenzen ich später noch eingehen werde.

7.2 Supervision während der Ausbildung – was geschieht da?

Nun beginnt der Ausbildungskandidat mit der Behandlung – auch wenn es nicht die allererste ist und wenn er vielleicht schon früher als Psychotherapeut gearbeitet hat, ist dies ein Abenteuer!

Der Kandidat muss sich nun nicht nur mit dem neuen, gewöhnungsbedürftigen Setting anfreunden. Üblicherweise findet die Behandlung im Liegen statt, dieses Setting kennt der Kandidat bislang nur aus seiner Selbsterfahrung und der Lehranalyse; nun sitzt *er* hinter der Couch. Er wird zudem jede Woche dem Supervisor in der Supervision berichten, was in den Sitzungen mit dem Patienten stattfand, was ihn bewegte, vielleicht ängstigte, auch in der Zeit nach der Sitzung und in Hinblick auf die nächste Supervisionssitzung.

7.2.1 Das supervisorische Setting

Der Kandidat bringt »Material« aus den vergangenen Behandlungsstunden zum Supervisionstermin mit. Hier beginnt eine schwierige Debatte: Sollen die Kandidaten ein sog. Stundenprotokoll anfertigen? Mit dem Ausdruck »Stundenmitschrift« oder »-protokoll« wird meist bezeichnet, dass Analytiker den Dialog zwischen sich und ihrem Patienten in Auszügen und in direkter Rede niederschreiben und dies als Basis für gemeinsames Nachdenken zwischen Supervisor und Supervisand dient. Viele Kandidaten greifen darauf zurück, während der Stunde mit ihren Patienten direkt mitzuschreiben, obwohl viele Supervisoren davon abraten: Man kann sich dann kaum mehr auf den emotionalen und unbewussten Fluss der Stunde einlassen. Man kann auch die durchgeführten Stunden im Nachhinein – als eigene Konstruktion und Erinnerungsleistung – in Form eines Dialogs niederschreiben, auch wenn man dabei vielleicht nur an manchen Punkten den Wortlaut des Patienten und von sich selbst trifft, dafür aber die »Dramaturgie« der Stunden in etwa ausdrückt. Innerhalb der DPG gibt es Strömungen, die es für durchaus vertretbar halten, dass eine Behandlungsstunde per Audio-Datei aufgenommen wird und damit dann eine vollständige Behandlungsstunde vorliegt (Buchholz 2013; Körner 2015).

Das Material wird der Supervisand – verschriftlicht oder nicht – dem Supervisor vortragen. Dabei geschieht nach meiner Erfahrung immer wieder Folgendes: Der Kandidat setzt an, etwas (Bewusstes) zu beschreiben. Und wenn die Beziehung zum Supervisor es erlaubt, wird ihm vielleicht noch diese oder jene »Vor-Geschichte« einfallen: »Bevor ich zum Protokoll komme, da war noch…«. Diese Art der Erzählung des Supervisanden, die narrative Struktur des Berichts, die Narration des Patienten ergeben eine unbewusste Erzählstruktur, die nun auch in der Supervision »ankommt« und ihre Wirkung zeigt. Ebenso wie die Wortwahl des Supervisanden und wie seine emotionale und kommunikative Haltung zum Supervisor gibt sie einen ersten Aufschluss über das, was sich *im* Kandidaten ereignet, wenn er vom Patienten berichtet.

Der Supervisor wird darauf ebenso unmittelbar und unbewusst antworten, die Stimmung, eine Verwicklung, eine gelingende Situation oder eine Gefahr etc. einschätzen, sich entspannt eingestimmt auf den

Bericht über interessante Stunden fühlen, welcher ihm jetzt gleich vorgestellt werden wird, oder in einen inneren besorgten Zustand kommen. Er kann sich neugierig fühlen, interessiert an einer intimen Behandlungssituation, an der er als Dritter teilhaben kann *und* gleichzeitig ausgeschlossen ist. Es kann auch sein, dass für ihn die Beziehung zum Supervisanden in den Vordergrund gerät, so dass er weniger den Patienten und seine Not hört, dafür mehr mit der inneren Welt des Supervisanden beschäftigt ist.

7.3 Konzepte des Verstehens in der Supervision

7.3.1 Die triadische intersubjektive Matrix

Brown und Miller haben in ihrem Artikel über die »triadische intersubjektive Matrix« (2000) versucht, vor dem Hintergrund der intersubjektiven Theorie diese Situation zu fassen. Sie beschreiben, wie sehr die Supervisionssitzung alle drei Beteiligten zusammenbringt:

- den Patienten, der eine Beziehung zu seinem Behandler hat, aber ebenso eine fantasierte zum Supervisor,
- den Supervisor, der eine Beziehung zu seinem Supervisanden hat, aber ebenso – fantasiert oder nach einem einzelnen »Sicht«- und Gesprächskontakt – zum Patienten und
- den Behandler, der es noch einmal schwerer hat, weil er zwei real existierende Beziehungen zu seinem Patienten und dem Supervisor hat, dabei aber vielleicht am ehesten vergisst, dass dennoch beide Beziehungen einen phantasmatischen und unbewussten Kern enthalten.

7.3.2 Der Parallelprozess

Sachs und Shapiro (1976), Stimmel (1995) sowie Gedimen und Wolkenfeld (1980) haben auf jenen Prozess in der Supervision verwiesen, der heute selbstverständlich als *Parallelprozess* benannt wird: Das, was in der Behandlung zwischen Patient und Behandler/Supervisand geschieht, ereignet sich häufig auch in der Beziehung zwischen Supervisand und Supervisor, wie Spaltungen, Idealisierungen, ödipale Verwicklungen etc. Heute wird diese Konzeption als hauptsächliche Erklärung zum Verständnis der Dynamik der Therapiesitzung in der Supervision genutzt.

7.3.3 Projektive Identifizierung

Aber es bleibt die Frage, wie *genau* diese Prozesse und Mechanismen wirksam werden. Das Konzept von Bion (1959; auch bei Hinshelwood 2004, Spillius und O'Shaugnessy 2012) über die projektive Identifizierung als kommunikative Form ist hilfreich dafür, die einzelnen Phasen des Parallelprozesses nachzuvollziehen und systematisch zu analysieren. Andernfalls kann es leicht geschehen, dass das Konzept des Parallelprozesses zwar – wie ein guter alter Bekannter – mit in der Supervision »sitzt«, gleichzeitig sich der Kandidat aber weiterhin hilflos und defensiv in der Behandlung mit dem Patienten fühlt, indem er zwar ein theoretisches Konzept kennt, dies aber nicht auf die konkrete erlebte Übertragungs-/Gegenübertragungssituation anwenden kann.

7.3.4 Beratung

Der Supervisand hat dabei – neben dem Verstehen des unbewussten Behandlungsgeschehens – außerdem das Bedürfnis, vom erfahrenen Lehrer (Supervisor) auch Hinweise zu erhalten, wie er mit schwierigen Behandlungssituationen umgehen könnte, welche Deutungslinie er verfolgen soll, inwieweit er auf konkrete Fragen des Patienten antworten soll, wie er eine psychoanalytische Behandlungstechnik, die zu ihm passt, entwickeln, installieren und elaborieren kann. Dazu benötigt er den Supervisor auch als einen fachlich kompetenten, »krisenfesten«

Berater und Unterstützer, der ihm theoretische Hinweise und Literatur an die Hand gibt und der ihm hilft, seine eigene psychoanalytische Identität und Kompetenz auszubilden und weiterzuentwickeln.

7.3.5 »Verstehen« des Behandlungsgeschehens: eine unmögliche Aufgabe?

Bereits diese Aufzählung der Konzepte, die in der Supervision genutzt werden, zeigt, wie komplex die Supervisionssituation für beide Beteiligten ist. Beide haben eine mehr oder weniger unmögliche Aufgabe. Einerseits eine Beratung durchzuführen, in der die technischen Aspekte einer Krankenbehandlung zwischen einem erfahrenen Lehrer und einem, der lernen möchte, besprochen werden: Wie kann ich intervenieren? Wann ist eine Deutung möglich? Wie gehe ich mit der Abwehr an dieser und jener Stelle um?

Andererseits wird die Behandlung kaum gelingen, wenn nicht der Behandler/Supervisand sich auch als Person hineinbegibt, sich mit seiner Emotionalität und eigenen psychischen Erkenntnis über sich und über sich in Beziehung zu anderen zur Verfügung stellt – und dies wird in der Supervision erkennbar. Wiederum kann der Supervisor den Supervisanden kaum verstehen oder emotional erreichen, wenn nicht auch *er* seine emotionale Erfahrung mit dem Behandler *und* dem Patienten mitbedenkt.

Der Supervisor muss also aus den Mitteilungen des Supervisanden nicht nur einen Eindruck bekommen über das, was der Kandidat und Therapeut mit seinem Patienten erlebt, er soll außerdem das Unbewusste des Materials, die emotionale kommunikative Bewegung zwischen Behandler und Patient erahnen und fassbar machen können. Wenn die Aufgabe der psychoanalytischen Behandlung darin besteht, dass sich das Unbewusste des Patienten im Kontakt mit dem Bewussten *und* dem Unbewussten des Behandlers ausdrückt, wird der Behandler dem Supervisor manchmal *nicht* erzählen *können*, welche Muster sich gezeigt haben, sondern es allenfalls in der Supervision zur *Darstellung* bringen.

Der Supervisor wird zwischen den Zeilen lesen und hören *können und müssen*, übrigens unabhängig davon, ob der Supervisand ein Stundenprotokoll mitbringt oder frei berichtet. Dazu wird der Supervisor seine (Selbst-)Erfahrung aus eigenen Behandlungen brauchen *und* seine Einschätzung über den Kandidaten. Und er kann nicht umhin zu bemerken, dass er selbst auch in der Beziehung zum Kandidaten und zum Patienten steht, für welchen er Garant sein soll, dass die Behandlung sich gut entwickelt. Denn die meisten Patienten wissen, dass ihr Behandler ein Lernender ist und sich selbst für die Behandlung Unterstützung und Beratung holt.

Die Beziehung zum Supervisor entwickelt sich zu einer wesentlichen Beziehungserfahrung während der Ausbildung. Sie wird über lange Zeit gepflegt, dauert jahrelang und ist intensiv. Und auch während der Behandlungssitzungen ist die Beziehung mit dem Supervisor sozusagen *mit im Behandlungszimmer.*

Die Beziehung des Supervisionspaares beinhaltet nicht nur den professionellen Austausch und Behandlungsberatung im eindimensionalen Sinn, sondern auch »schwierige« Gefühle, die sowohl etwas mit der Behandlung zu tun haben können als auch solche, die v. a. mit dem Supervisanden *oder/und* dem Supervisor zu tun haben: Ängste, Scham, Unfähigkeitsbefürchtungen, sexuelle Fantasien, Hass und Gekränktheit – auf beiden Seiten!

7.3.6 Die Supervisionsbeziehung als Beziehung mit erheblichem institutionellen Wirkungsgrad

Supervisionsbeziehungen sind also nur teilweise Beziehungen, in denen offen verhandelt werden kann. Der weitaus größere Anteil befindet sich im Bereich der persönlichen Beziehung, die gleichzeitig eine institutionalisierte und damit auch eine Machtbeziehung darstellt (Binder-Klinsing 2009).

7.3.6.1 Rückmeldungen

Im Laufe der Ausbildung gibt der Supervisor immer wieder eine Einschätzung über den Kandidaten hinsichtlich dessen psychoanalytischer Kompetenz an den Ausbildungsausschuss. Die Bewertungsnotwendigkeit ergibt sich erstens aus der Psychotherapie-Vereinbarung, in der die psychoanalytischen Institute für die Ausbildung ermächtigt werden. Inhaltlich viel bedeutsamer erscheint aber, dass die Ausbilder/ Lehrenden eines Instituts mit einer hochkomplexen Situation zu tun haben: Einerseits soll sich der Kandidat getreu dem non-reporting-System in einer relativen persönlichen Freiheit und repressionsarmen Umgebung entwickeln können. Andererseits muss auch aus Gründen des Patientenschutzes gewährleistet werden, dass der Kandidat eine fachlich profunde und persönliche Weiterentwicklung erfährt, die ihm ermöglicht, mit dem hochsensiblen und im Vertrauen auf die Professionalität des Kandidaten/Therapeuten mitgeteilten Material des Patienten fachlich kompetent und »heilend«/bessernd umzugehen. In den meisten Instituten finden ein- bis zweimal jährlich Besprechungen der Supervisoren statt, in denen Fortschritte, Entwicklungshemmungen und Schwierigkeiten der Kandidaten besprochen werden – unter Ausschluss des jeweiligen Lehranalytikers. Meist werden die Ergebnisse dieser Besprechung dann verschriftlicht, so dass die Rückmeldung mit dem Kandidaten gemeinsam besprochen werden kann.

Schließlich kommt es am Ende der Ausbildung zu einer Zusammenkunft der Supervisoren, in der entschieden wird, ob ein Kandidat zur Abschlussprüfung zugelassen wird. Die Frage, welche Faktoren in der konkreten Beurteilung von Kandidaten eine Rolle spielen, wie diese Beurteilung zustande kommt und wie sie Einfluss auf die Supervisionen ausübt, wird eher wenig diskutiert (vgl. Frijling-Schreuder et al. 1981). Die Beurteilung des Supervisanden während und v. a. am Ende der Ausbildung übernimmt immer das Supervisions*paar* in seiner *gemeinsamen* Arbeit. Dabei spielen nicht nur die fachlichen Diskussionen, sondern auch die Passung und die mehr oder weniger großen Freiräume des entwickelten Kommunikationsstils zwischen Supervisor und Supervisand eine Rolle, unter dem gleichzeitigen Druck der institutionellen Ausbildungsverhältnisse.

7.3.6.2 Supervision als »Nachdenken unter Feuer«

Ausbildungssupervision geschieht also immer auch im Rahmen eines Instituts, das eigene ungeschriebene, teilweise unbewusste, gruppendynamische »Regeln« hat. Es finden sich persönliche *und* gruppenspezifische Übertragungs- und Gegenübertragungsphänomene zwischen beiden Beteiligten, sodass bei der Zusammenkunft des Ausbildungsteilnehmers mit seinem Supervisor nicht nur viele »Personen« (analytisch könnte man formulieren: Objektrepräsentanzen) »mitmischen«, sondern zudem auch professionelle und Kompetenzfragen zwischen Supervisor und Supervisand und Institut miteinander (teilweise wortlos) verhandelt werden.

Es geht nicht *nur* um die Weitergabe von Wissen oder Denkbarem, sondern vielmehr um die Herstellung eines Zustandes, mithilfe dessen der Lernende (der Supervisand) vom Lehrenden (dem Supervisor) ein Containment angeboten bekommt. Dieses hilft ihm, sich Wissen und vor allem die emotionale Erfahrung der speziellen psychoanalytischen Behandlung anzueignen. Dabei aber sind beide, Supervisor und Supervisand, in eigenen Prozessen verhaftet und eingebunden, die mit ihren Erfahrungen verknüpft sind und gleichzeitig mit der aktuellen institutionellen Ausgestaltung der psychoanalytischen Ausbildung.

Das Verhältnis zwischen Supervisor und psychoanalytischem Ausbildungskandidat lädt dazu ein, ein Lehrer-Schüler-Verhältnis zu etablieren: asymmetrisch, von emotionalen Erfahrungen aus Schul- und anderen Lernzeiten durchzogen und mit unbewusstem Material auf beiden Seiten aufgeladen. Bei genauerer Untersuchung erkennt man: Es handelt sich im psychoanalytischen Ausbildungskontext immer um eine *emotionale* Situation, in der Projektionen und eigenes unbewusstes Material aufseiten des Lehrers und Supervisors *und* aufseiten des Supervisanden das angestrebte Containment und die Wissensweitergabe durchdringen.

Die Beziehung zwischen Supervisand und Supervisor in der Ausbildungssituation ist damit ein Verhältnis, in dem fachliche, eigene, auch unbewusste, emotionale und Gruppenerfahrungen einwirken, die von beiden in *jeder* Supervision *reguliert* werden (müssen). Und so erleben sich sowohl Supervisor als auch Supervisand »unter Feuer«, in einer unbequemen Situation, weil all jene emotionalen und unbewussten kommunikativen Teilerfahrungen ständig bewältigt werden müssen.

7.4 Die Supervision im Kontext der institutionellen Bedingungen

7.4.1 Ausbildung als primäre Aufgabe der psychoanalytischen Ausbildungsinstitute

Mit der Ausbildungsverpflichtung gegenüber den Kandidaten haben die Ausbilder eine *primäre Aufgabe* (vgl. Grüneisen 2011), sodass Kandidaten zu Recht von uns erwarten, dass wir ihnen helfen, *genügend oder ausreichend gute* Analytiker zu werden. Gleichzeitig mit dem Wunsch nach Generativität bekommen Lehrverantwortliche der Ausbildungsinstitute aber auch die gesamte, unübersichtliche ödipale Problematik in der Ausbildung dieser meist hochqualifizierten, jungen, auch rivalisierenden Kolleginnen und Kollegen zu spüren – ganz zu schweigen von den eigenen ödipalen Verwicklungen, die wir erst bemerken, wenn jemand unsere Position im Institut streitig macht!

Hinzu kommt noch die Einbindung in den institutionellen Kontext. Die Verwicklung beginnt bei der Frage der Aufnahme in die Ausbildung, setzt sich fort mit der Erteilung der Behandlungserlaubnis, den (halb-)jährlichen Rückmeldungen und den Evaluierungen der Supervisoren und Dozenten, bis hin zu den hochkomplexen und emotional undurchsichtigen Traditionen des jeweiligen Instituts mit schmerzhaften, kränkenden Lagerbildungen, schweren Konflikten zwischen den Lehranalytikern oder/und den Institutsvorständen etc.

Die Supervisionen und damit das Supervisionspaar werden im Laufe der Behandlungen in Krisen kommen. Diese können sich an der Behandlung und den dazu gehörenden technischen Fragen orientieren, aber auch daran, dass es im Institut für den Kandidaten beispielsweise schwierig wird, wenn er negative Rückmeldungen bekommt. Manchmal bindet dies Supervisor und Supervisand zusammen, führt zu einer Art gemeinsamer »Behandlungs- oder Theoriefestung«, insbesondere, wenn der Supervisand die gleichen oder ähnlichen behandlungstechnischen und theoretischen Positionen vertritt wie der Supervisor oder sich aus Gründen der Anpassung den Sichtweisen des Supervisors anschließt.

Da die Kandidaten mehrere Behandlungen auch von mehreren unterschiedlichen Supervisoren supervidiert bekommen, erleben sie sich meist in einem Spannungsfeld: Das, was der eine Supervisor gutheißt, findet der andere Supervisor (offen oder nur angedeutet) nicht günstig. Das führt beim Supervisanden zu Irritationen, Enttäuschungen und Ärger sowie zum Eindruck, dass Anpassung an den jeweiligen Supervisor nicht hilft, um »gut« durch die Ausbildung zu kommen und der eigenen psychoanalytischen Identitätsentwicklung zu entsprechen. Auch der Supervisor wird sich vermutlich unsicher, vielleicht auch missverstanden, in jedem Falle auch immer wieder hilflos und enttäuscht fühlen. Die Rivalität zwischen den verschiedenen Supervisoren ist zwar meist unausgesprochen, aber dennoch ein wichtiger Aspekt der grundlegend ödipalen Situation in einem Ausbildungsinstitut.

Spätestens dann wird der institutionelle Rahmen der psychoanalytischen Ausbildung virulent und kompliziert – er ragt *immer* in die Supervision hinein: Sei es, indem die Rückmeldung des Supervisors den Supervisanden ängstigt oder unter Druck setzt, sei es, dass sich der Supervisand unverstanden oder »im Regen stehen gelassen« fühlt, sei es, dass der Supervisor im Dickicht der konkurrierenden und unübersichtlichen Situation im eigenen Institut in eine zentrale oder in eine marginale Position kommt (oder schon ist) und dies – ob er will oder nicht – Auswirkungen auch auf seine Lehranalysanden und v. a. seine Supervisanden hat.

7.4.2 Supervision in der psychoanalytischen Ausbildung als »institutionelle« Kränkung

Neben dem mit hohem Spannungs- und Kränkungspotential behafteten Problem der Rückmeldungen während der Ausbildungsbehandlungen ist vor allem der allgemeine institutionelle Kontext der psychoanalytischen Ausbildung zu nennen, der die Supervisionsbeziehung bis zum Ende der Ausbildung durchzieht. Die Beziehung des Supervisionspaares ist nicht aus freien Erwägungen heraus entstanden, sondern weil der Kandidat eine Ausbildung zum Psychoanalytiker macht und dafür *auf das Institut und seine Angebote angewiesen* ist. Das klingt wie eine Banalität, ist es aber nicht. Durchaus kommt es vor, dass *der*

Supervisand es im Kern als eine persönliche Kränkung erlebt, wenn er unter der »Kontrolle« seines Supervisors die Behandlung durchführen soll.

Die institutionelle Kränkung beginnt bereits damit, dass Kandidaten nur dann ihre Behandlungen durchführen können (und von der KV bezahlt bekommen) »wenn ich mir vom Supervisor sagen lassen muss, wie ich es richtig mache.« Umgekehrt liegt auch in der notwendigen Rückbindung des Supervisors an das Institut und an die Regeln, durch die er an das Institut gebunden ist, eine manchmal schwer erträgliche Einschränkung *für den Supervisor*. Man kann nicht alles so machen, wie man es vielleicht – für sich allein und autonom – in den Behandlungen gestaltet; man muss sich auch an eine »Institutsräson« halten, ob es einem leichtfällt oder nicht.

Die Erkenntnis des institutionellen Kontextes für die Supervision stößt unmittelbar an die *Erkenntnis der gegenseitigen Abhängigkeit*: Nicht nur ist der Supervisand und Ausbildungskandidat von den Bedingungen und der Verfügbarkeit guter Ausbildung an seinem Institut abhängig. Der Supervisor ist ebenfalls angewiesen auf die Zusammenarbeit und Verbindung mit dem Institut als Organisator dessen, was die psychoanalytische Ausbildung bieten möchte und kann.

7.4.3 Supervision als ein Geschehen, an dem viele institutionelle Aspekte beteiligt sind

Damit rückt aber auch jene Dimension der Arbeit des Supervisionspaares in den Vordergrund, die besonders schwer zu greifen ist, weil daran nicht nur viele Personen beteiligt sind (neben Supervisor und Supervisand auch in innerer Repräsentanz die Lehranalytiker des Supervisanden, seine Kollegen in der Ausbildung, die Dozenten des Instituts etc.), sondern auch die eigene Ausbildungsgeschichte des Supervisors und alte, abgewehrte oder schwelende Konflikte im Institut.

Auch verschiedene gruppendynamische, organisationsdynamische, persönliche und kontextuelle Bewegungen zwischen Supervisoren, Lehranalytikern, Mitgliedern des Ausbildungsausschusses etc. fließen – ohne benannt zu werden – in die Supervisionsbeziehung und deren Bewertung ein.

Psychoanalytische Ausbildung ist eine institutionalisierte und damit *auch* organisierte, formalisierte »Unternehmung«. Man kann sie genau wegen dieses institutionellen Kontexts nicht mit dem uns bekannten Familien-Modell (Ausbilder sind die Eltern, Kandidaten sind infantilisierte »Kinder«) betrachten. Vielmehr handelt es sich um hochkomplexe Interaktionen in einer komplizierten Gruppe *mit empfindlicher Identitätsstruktur*; um eine Organisation, die dabei Gruppennormen, Fantasien, Machtgefügen und anderen Gruppenprozessen unterliegt.

Und: Es ist ein Kontext der *Erwachsenenbildung*, in dem Personen mit speziellen Anliegen aufeinandertreffen; diese Anliegen speisen sich aus komplexen eigenen und sozialen Motiven. *Niemand, der an der Ausbildung beteiligt ist, steht selbst außerhalb dieses Kontextes, sondern ist immer Teil der Situation.*

Ich postuliere, dass die gemeinsame Arbeit des Supervisionspaares zwar vordergründig mit der emotionalen Welt des Supervisanden *und* seiner fachlichen Kompetenzentwicklung verbunden ist, eigentlich aber *vor allem* mit der im Unbewussten stattfindenden Beziehung zum Supervisor *und* gleichzeitig mit der institutionellen Welt der Ausbildung und der Institute. Es handelt sich um eine Erwachsenenbildungs-Situation, um Organisationsgeschehen, um Gruppenphänomene, die komplex verstanden werden müssen.

Die »Wucht« der ödipalen Konflikte, die sich in der triangulären Struktur der psychoanalytischen Ausbildung darstellt, müssen also Ausbilder und Kandidaten ertragen, auffangen, bewältigen und – verstehen. Das fällt den Supervisoren nicht leicht, weil sie nicht von außen schauen, sondern Teil und Agenten dieser psychischen Situation sind.

7.4.4 »Thinking under fire« – ein Forschungsprojekt zur Erforschung der emotionalen und institutionellen Aspekte der Supervisionsbeziehung

Vor dem Hintergrund dieser Überlegungen und meiner eigenen Erfahrungen als Supervisandin und Supervisorin habe ich im Rahmen eines von der DPG geförderten Forschungsprojekts die Beziehung des Supervisionspaares v. a. mithilfe von semistrukturierten Interviews untersucht. Im Mittelpunkt steht die Frage, wie sich Supervisor und Supervisand im Rahmen ihrer Beziehung unter Ausbildungsgesichtspunkten mit der Erkenntnis auseinandersetzen (können), dass sie in ihrer gemeinsamen Arbeit nicht nur mit der ausführlichen Diskussion des Stundenmaterials der Behandlung beschäftigt sind (obwohl es erst einmal so aussieht), sondern gleichzeitig immer auch die institutionelle Gebundenheit und Verwicklung eine Rolle spielt.

Es wurden fünf Supervisionspaare gefunden, die sich bereit erklärten, an der Studie mitzuwirken. In allen 10 bis 20 Supervisionssitzungen wurden jeweils der Supervisor und der Supervisand per Telefoninterview befragt. Die Interviews wurden aufgenommen, transkribiert und werden derzeit sowohl inhaltsanalytisch als auch tiefenhermeneutisch ausgewertet.

Die vorläufigen Ergebnisse zeigen, dass die Telefoninterview-Partner den Aspekt des institutionellen Faktors in den Interviews von sich aus kaum erwähnen und auch die wiederkehrende Frage nach der emotionalen Beziehung mit dem Supervisionspartner immer wieder als überraschend erleben: »Welche Emotionen in der Supervision? Ach, da muss ich erst mal nachdenken!« Meist ergibt sich dann im Interview ein Moment, der direkt zur institutionellen Komponente führt: Sei es, dass die Behandlung des Kandidaten vom Gutachter abgelehnt wurde und sich dadurch das Ausbildungsvorhaben des Kandidaten verzögert. Sei es, dass sich die Situation des Supervisors an seinem Heimatinstitut im Laufe der Zeit verändert (er z. B. Leitungsfunktionen übernimmt) und dies Auswirkungen auf die Supervision hat. Sei es auch, dass die Situation des Supervisanden auf dem Weg zur Abschlussprüfung durch die Supervision schwieriger wird.

Es scheint so – und das passt zur beeindruckenden Erfahrung des »Unter-Feuer-stehens« –, dass das von den Interviewpartnern erlebte Eindringen des Institutionellen und Unbewussten in die Supervisionsbeziehung immer wieder erkannt, also dazugewonnen, *und dann wieder verloren* werden muss. Dieser Prozess scheint mir ein direkter Verweis darauf, dass die Beziehung zwischen Supervisand und Supervisor in der psychoanalytischen Ausbildungssituation starken unbewussten Mechanismen ausgesetzt ist.

7.4.5 Ein gutes Ende?

Meist sind die Erfahrungen in den Supervisionssitzungen *gut genug*, dass sie dem Kandidaten helfen, sein psychoanalytisches Handwerk zu erlernen und gleichzeitig eine psychoanalytische Haltung zu entwickeln, die nicht aufgesetzt wirkt, sondern sich an seiner Identität, seiner Selbstreflexion und seiner Erfahrung und Entwicklung als Analytiker bemisst. Dazu liefert die Supervisionsbeziehung einen wesentlichen Beitrag.

Es geschieht häufig, dass die in der Supervision gemachten Erfahrungen den Kandidaten auch über die Ausbildung hinaus in den ersten Arbeitsjahren prägen. Doch es ist notwendig, dass Kandidaten mit dem Ausbildungsende auch die Supervisoren »verlassen« und sich weitere professionelle Unterstützung in Intervisionsgruppen oder bei Supervisoren suchen, die nicht im eigenen Institut als Kollegen getroffen werden. Das scheint mir ein wichtiger Schritt zu sein, um die Ausbildung und die dort entwickelten Kompetenzen und Kenntnisse schließlich auf ein breiteres Fundament zu stellen.

Literatur

Auchincloss EL, Michels R (2003) The reassessment of Psychoanalytical Education: Controversies and changes. International Journal of Psychoanalysis 84: 387–403.

Berman E (2004) Impossible Training. A Relational View of psychoanalytic Education. Hillsdale, NJ: The Analytic Press.

Binder-Klinsing G (2009) (Ohn)Macht, (Un-)Lust und das Dritte. Über Macht und Machtphantasien in der Ausbildungssupervision. In: Wahl P, Sasse H, Lehmkuhl U. (Hrsg) Macht – Lust. Beiträge zur Individualpsychologie, Band 35. Göttingen: Vandenhoek & Ruprecht. S. 286–305.

Bion WR (1959) Attacks on linking. International Journal of Psychoanalysis 40: 308–315.

Buchholz MB (2013) Die Herausbildung psychotherapeutischer Kompetenz in der Supervision – unterwegs zur Analyse supervisorischer Konversation. In: Busse S, Hausinger B (Hrsg) Supervisions- und Coachingprozesse erforschen. Theoretische und methodische Zugänge. Göttingen: Vandenhoek & Ruprecht. S. 77–108.

Brown L, Miller M (2002) The Triadic Intersubjective Matrix: The Use of Disclosure to Work Through Painfull Affects. International Journal of Psychoanalysis 83: 811–823.

Cabaniss DL, Glick RA, Roose SP (2001) The Columbia Supervision Project: Data from the Dyad. Journal of the American Psychoanalytic Association 49: 235–267.

Frijling-Schreuder ECM, Isaak-Edersheim E, Van Der Leeuw PJ (1981) The Supervisor's Evaluation of the Candidate International Review of Psycho-Analysis 8: 393–400.

Gedimen HK, Wolkenfeld F (1980) The Parallelism Phenomenon in Psychoanalysis and Supervision: Its Reconsideration as a Triadic System. Psychoanalytic Quarterly 49: 234–255.

Grüneisen V (2011) Institutionelle Aspekte der Supervision. Unveröffentl. Manuskript des Vortrags bei der jährl. Tagung der Lehranalytiker der DPG 2011.

Hinshelwood RD (1993) Wörterbuch der kleinianischen Psychoanalyse. Stuttgart: Klett-Cotta.

Körner J (2015) Psychotherapeutische Kompetenzen. Essentials. Wiesbaden: Springer.

Quinodoz J-M (2006) Thinking under fire. International Journal of Psychoanalysis 87: 1–10.

Rautschka-Rücker J (2015) Recht aktuell. Rechtliches zur Organisation der praktischen Ausbildung. Psychotherapeutenjournal PTJ 2: 152–154.

Sachs DM, Shapiro SH (1976) On parallel processes in therapy and teaching. Psychoanalytic Quarterly 45: 394–414.

Szecsödy I (1994) Supervision – a complex tool for psychoanalytic learning. Scandinavian Psychoanalytic Review 17: 119–129.

C Methodische Zugänge in der Supervision

8 OPD-gestützte Fallsupervision in einem interdisziplinären Team

Michael Stasch

8.1 Einleitung

Die stationäre Psychotherapie hat im internationalen Vergleich in der Bundesrepublik Deutschland einen ungewöhnlich hohen Stellenwert. Die Entdeckung der speziellen therapeutischen Möglichkeiten im stationären Setting führte zu verschiedenen Organisations- und Behandlungsformen, die feste Bestandteile unseres psychotherapeutischen Versorgungssystems wurden.

Die Erfahrungen des Patienten während der Therapie eröffnen die Möglichkeit zu neuem Beziehungsverhalten. Mit Hilfe der therapeutischen Interventionen kann dem Patienten sein dysfunktionales Beziehungsverhalten bewusster werden, so dass er im günstigen Fall abgewehrte Anteile an der Beziehungsgestaltung erleben und erkennen kann. In einem weiteren Behandlungsschritt kann es dann möglicherweise darum gehen, sich neue Beziehungsmodalitäten zu erarbeiten.

Nach Körner und Rosin (1985) können durch die Vermeidung von Reneurotisierungen in der Therapeut-Patient-Beziehung bereits Übertragungserwartungen des Patienten widerlegt und so ein neuer Erfahrungsraum eröffnet werden. Balint (1970) spricht in diesem Zusammenhang vom »Neubeginn« in einer günstigen Objektbeziehung. Die Übertragung wird hier nicht im engeren Sinne als Wiederholung verstanden, sondern im Gegenteil als umfassende Beziehungsform mit wesentlichen *neuen* Elementen (Thomä und Kächele 1989). Diese Sichtweise betont sowohl den interaktionellen Aspekt der Übertragung als auch die aktive, gestaltende Behandlungstechnik des Therapeuten.

8.2 Herausforderungen an die stationäre Psychotherapie

Im sog. »integrativen Behandlungskonzept« (Janssen 1987) wird das Beziehungsfeld und die Beziehungsaufnahme des Patienten vom Team ständig reflektiert und ihm therapeutisch zugänglich gemacht. Dieser letzte Wirkfaktor wird von allen psychodynamisch orientierten Fachvertretern als wichtigste Grundlage stationärer psychodynamischer Therapie angesehen. Der stationäre Raum lässt sowohl das Übertragungsangebot als auch die gewachsenen psychosozialen Verhaltensweisen und die Beziehungen des Patienten ins Blickfeld treten (Reich und Rüger 1994). Das Verhalten des Patienten im Kontext der Psychotherapiestation, seine Beziehungsangebote gegenüber den Mitpatienten, gegenüber dem Pflegepersonal, gegenüber dem Team von Therapeuten und gegenüber seinem Bezugstherapeuten erlaubt Rückschlüsse auf gegenwärtige und vergangene Konflikte des Patienten im Kontakt mit seinen wichtigen Sozialpartnern (Enke 1988; Stasch et al. 2002).

Die verschiedenen Gruppen im stationären Geschehen repräsentieren jeweils Objekte für unterschiedliche Arten von Beziehungsgestaltungen, wie sie auch im Alltag von den Patienten gelebt werden. Das Erkennen und Erleben eigener *dysfunktionaler* Beziehungsgestaltungen kann eine reflexive Selbstzuwendung anstoßen, mit deren Hilfe innere wie äußere Ereignisse psychisch repräsentiert, mit Bedeutung versehen, dem Bewusstsein zugänglich und in lebenspraktischer Hinsicht verfügbar werden (Schneider 1995). Gerade im geschützten Milieu wird das Erproben von neuen Beziehungsmöglichkeiten angeregt.

Das Erreichen eines solchen Therapiezieles erfordert von den Mitarbeitern ein hohes Maß an Flexibilität der Beziehungsangebote und die Integration änderungsrelevanter Informationen und Interventionen über alle Mitglieder des therapeutischen Teams hinweg und bedeutet eine entsprechende Herausforderung für die Team-Supervision. Wie Fürstenau (2001) kritisiert, fehlt v. a. in den psychoanalytisch begründeten Behandlungsansätzen oftmals das dazu notwendige Instrumentarium.

Erschwerend kommt hinzu, dass die einzelnen, an den stationären Behandlungen beteiligten Berufsgruppen oft nicht die »gleiche Sprache« bezüglich des Verständnisses, der aufrechthaltenden Bedingungen und der Veränderungsmöglichkeiten der individuellen Problematik des Patienten »sprechen«. Unterschiedliche Behandlungsschwerpunkte werden i. d. R. unabhängig voneinander formuliert. Das Pflegeteam formuliert einen Pflegefokus, die Psychotherapeuten einigen sich auf einen entsprechend psychotherapeutischen Behandlungsfokus usw. Im ungünstigsten Fall werden Fokusse formuliert, die sich inhaltlich widersprechen bzw. die konflikt- oder strukturbedingt eingeschränkten Möglichkeiten des Patienten ungenügend berücksichtigen.

Auch die Berufserfahrungen und die theoretischen und persönlichen Hintergründe der einzelnen Teamkollegen unterscheiden sich oft signifikant. Für die Fallsupervision im Team stellt sich dann die Frage, wie bspw. die Pflegehelferin konstruktiv eingebunden werden kann oder wie die Vokabularien verschiedener Therapieschulen »übersetzt« werden können. Es bietet sich also an, in der Supervision auf das konkrete Erleben des Teams als Reaktion auf die Beziehungsangebote des Patienten zu fokussieren, und verwirrende oder möglicherweise auch kränkende Ausführungen aus der reichhaltigen psychoanalytischen Theorienwelt zu vermeiden.

Im subjektiven Erleben im Kontakt mit dem Patienten ist jedes einzelne Teammitglied »Experte« und kann sehr hilfreiche konkrete Erfahrungen in den Supervisionsprozess einbringen, welche die Diagnostik von Übertragungsbereitschaften und Gegenübertragungsimpulsen lebendig im Hier und Jetzt ermöglichen. Die OPD-Beziehungsdiagnostik bietet hierfür eine langjährig erprobte Strukturierungshilfe an. Auf der Basis des unmittelbaren Erlebens und Verhaltens in der Interaktion mit dem Patienten lassen sich wenige, aber therapeutisch entscheidende Funktionsmodi unterscheiden, deren Diagnostik einen zentralen Anteil an der OPD-gestützten Fallsupervision ausmacht.

C Methodische Zugänge in der Supervision

8.3 Die Achse »Beziehung« der OPD – ein kurzer Exkurs

Abbildung 5 stellt das Schema für die Analyse repetitiver Beziehungsmuster nach OPD-2 dar. Es beschreibt, wie der Patient in Beziehungen genau jene Reaktionen provoziert, die er eigentlich befürchtet und vermeiden möchte. Die obere Hälfte bildet die *Erlebensperspektive des Patienten* ab. Dem rechten Feld werden dabei jene Beziehungsaspekte zugeordnet, die der Patient von Seiten der *anderen* erlebt; das linke enthält Reaktionen und Verhaltensweisen, die der Patient bei sich *selbst* erlebt. Im unteren Teil des Schemas werden jene Aspekte des Beziehungsgeschehens abgebildet, die *andere* (in diesem Fall die Teammitglieder) immer wieder in der Begegnung mit dem Patienten erleben (*Erlebensperspektive der anderen*). Die Pfeile bezeichnen wichtige Zusammenhänge innerhalb des Schemas: In der Erlebensperspektive der Patienten verläuft die Abfolge der Ereignisse typischerweise von rechts nach links (I. Zusammenhang): Patienten schildern wiederkehrende Beziehungsakte anderer, die sie als enttäuschend oder feindselig erleben und auf die sie *reagieren*. Aus der Perspektive des Teams verhalten sich die Dinge in der Regel gerade umgekehrt: Was der Patient als seine

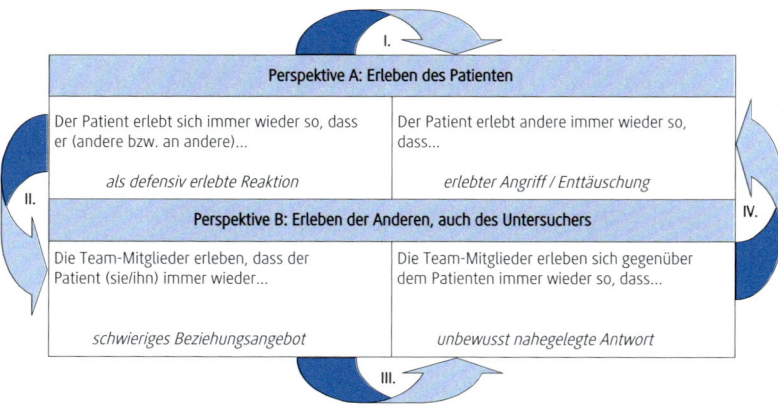

Abb. 5: Achse II »Beziehung«: Der beziehungsdynamische Zirkel (Stasch et al. 2016, S. 20)

Reaktion auf das Objekt schildert, erscheint hier als problematisches Beziehungs*angebot*, welches das Gegenüber herausfordert und verwickelt (II.). Der Patient legt mit seinem Beziehungsangebot bestimmte Reaktionen nahe, die in der Gegenübertragung als Gefühle, Fantasien und Handlungsimpulse erfahrbar werden (III.). Meistens sind es solche eher aktiven und problematischen Verhaltensaspekte, die im Selbsterleben des Patienten ausgespart sind und eine charakteristische Differenz zwischen Selbst- und Fremdwahrnehmung zur Folge haben (Stasch et al. 2000). Der Patient legt bestimmte Reaktionen nahe, die in der Untersuchungssituation als Gegenübertragung erfahrbar werden. Der Untersucher kann das vom Patienten angebotene Beziehungsmuster verstehen, indem er seine gefühlshaften Reaktionen überprüft. In alltäglichen Beziehungen besteht jedoch ein hohes Risiko, dass Interaktionspartner in Übereinstimmung mit den ihnen nahegelegten Rollen reagieren und dadurch ein maladaptiver Zirkel in Gang gesetzt wird. Man kann sich also fragen: Wie würde es der Patient erleben, wenn ich jenen Impulsen nachgeben würde, die er mir durch sein Beziehungsangebot nahelegt? Würde er mein Verhalten dann genau so wahrnehmen, wie er das Verhalten anderer auch sonst immer wieder erlebt? Diese Fragen betreffen den IV. Zusammenhang zwischen den Feldern rechts unten und rechts oben. Wenn diese Verbindung stimmig hergestellt werden kann, ist die Rekonstruktion des beziehungsdynamischen Geschehens abgeschlossen.

8.4 Beziehungsmuster als Bewältigung von Konflikt und Struktur

Repetitive dysfunktionale Beziehungsfiguren sind ein wesentlicher Aspekt psychischer Störungen und stehen nicht selten sogar im Mittelpunkt der vom Patienten vorgetragenen Klage, z. B. wenn es um das wiederholte Scheitern von Beziehungen nach dem immer gleichen Muster geht. Während ein Teil der Betroffenen unter solchen dysfunktionalen Beziehungsmustern leidet, erlebt ein anderer das eigene Beziehungsverhalten als unproblematisch und gerät erst sekundär aufgrund des Scheiterns in interpersonellen Situationen unter Druck (Grande 2007a,b).

8.4.1 Dysfunktionale Beziehungsmuster als Konfliktbewältigung

Im Falle der Konfliktbewältigung wird das dysfunktionale Beziehungsmuster durch den konfliktbezogenen Wunsch des Patienten und die damit verkoppelten Befürchtungen bestimmt, dass eine ablehnende, enttäuschende oder gar strafende Antwort des Gegenübers folgen könnte. Das Beziehungsangebot des Patienten (▶ Abb. 5) enthält deshalb neben jenen Signalen, die den Wunsch zum Ausdruck bringen, weitere Anteile, mit denen er sich bereits gegen die erwartete negative Antwort schützt. Diese (vorwegnehmende) Reaktion kann ganz unterschiedlicher Art sein: Der Patient kann etwa seinen Wunsch reaktionsbildend zurücknehmen oder mit besonderer Penetranz vortragen; er kann sich enttäuscht zurückziehen oder sich durch Angriff und Entwertung für die erwartete Enttäuschung revanchieren.

Durch diese Schutzmaßnahme wird das Gegenüber in der Art einer sich selbst erfüllenden Prophezeiung paradoxerweise oft gerade zu jener enttäuschenden Antwort verleitet, vor der sich der Patient eigentlich schützen möchte. So kann sich das Gegenüber z. B. deshalb reserviert zeigen, weil der Patient aufgrund einer befürchteten Zurückweisung scheinbar Desinteresse zeigt. Die Gefahr eines malignen Zirkels (▶ Abb. 5) ist in solchen Fällen groß, zumal die Wahrnehmung des Patienten selektiv und mit erhöhter Empfindlichkeit auf jene Botschaften ausgerichtet ist, die die negative Erwartung bekräftigen. Auch geringfügige Anzeichen z. B. für eine Zurückweisung unterstützen daher die Befürchtungen des Patienten, der sich in seinem nachfolgenden Beziehungsverhalten u. U. noch defensiver einstellt.

8.4.2 Ein strukturelles Unvermögen »vergröbert« das Beziehungsmuster

Die Beziehungen können in diesem Fall ebenfalls durch ein Konfliktthema mit spezifischen Wünschen und Befürchtungen geprägt sein, sind jedoch zusätzlich durch Verhaltensweisen auffällig, die auf das Vorliegen struktureller Einschränkungen hindeuten. Die strukturellen Schwierigkeiten beeinträchtigen die *Form*, in der die Konfliktspannung in interpersonellen Situationen verarbeitet wird. Sie treten deshalb hervor, wenn das *Wie* der interaktionellen Abläufe untersucht wird, während sich das Konfliktthema besser erschließt, wenn man auf den *Inhalt* des Beziehungsgeschehens achtet, d. h. auf die zugrundeliegenden Wünsche und Befürchtungen (Frage nach dem *Warum*).

Das Beziehungsangebot des Patienten ist also wie beim Prinzip der Konfliktbewältigung inhaltlich durch die eigenen Wünsche und die befürchteten negativen Antworten des Objekts bestimmt. In dieser inneren Anspannung fällt das vorwegnehmend defensive Beziehungsangebot jedoch u. U. abrupter, heftiger und irritierend aus, wenn die begleitenden Affekte nicht ertragen werden und impulsive kommunikative Handlungen auslösen. Belastet werden darüber hinaus diejenigen strukturellen Funktionen, die zum Einsatz kommen, wenn das Selbst sich orientiert und auf das Gegenüber ausrichtet, Kontakt aufnimmt und die Interaktion steuert. Das Gegenüber wird durch das schwierige Beziehungsverhalten des Patienten unter Druck gesetzt, das interpersonelle Geschehen durch beschwichtigende und gegensteuernde Interventionen mitregulieren zu müssen. Ohne diese Bemühung kommt es leicht zu Entgleisungen in der Interaktion, d. h. zur aggressiven Eskalation, zum Rückzug und schließlich zum Beziehungsabbruch.

Das Objekterleben (▶ Abb. 5 oben rechts) des Patienten ist durch jene strukturellen Fähigkeiten bestimmt, die die »Objektwahrnehmung« und die »Empathie« betreffen. Bei defizitärer Ausstattung verfügt der Patient über reduzierte Möglichkeiten, seine impliziten Vorannahmen zum Objekt zu überprüfen und zu korrigieren. Dies ist besonders dann fatal, wenn dysfunktionale Konfliktbereitschaften zu einer verzerrten Wahrnehmung des Gegenübers disponieren. Der Patient ist durch die strukturell eingeschränkte Objektwahrnehmung gleichsam noch stärker in der Welt seiner inneren Überzeugungen (bezogen auf eine negative Reaktion des Gegenübers) gefangen, wodurch er für korrigierende Rückmeldungen schwerer zu erreichen ist.

Das Selbsterleben des Patienten schließlich kann durch Defizite in den Bereichen der »Selbstwahrnehmung« und der »Kommunikation nach innen« beeinträchtigt sein. Das bedingt u. U., dass die Folgen von Beziehungsabbrüchen oder misslungenen Interaktionen im Selbsterleben nicht angemessen repräsentiert sind, weshalb die normalerweise durch solche Fehlschläge ausgelösten Gefühle und Selbstzweifel nicht für eine Selbstkorrektur zur Verfügung stehen.

Grundsätzlich sind hier jene Patienten angesprochen, bei denen die Teammitglieder erleben, dass sie für das Gelingen der Aufnahme und Aufrechterhaltung der Kommunikation den Hauptteil der Verantwortung tragen müssen, weil der Patient es selbst einfach »nicht besser kann.«

8.4.3 Das Beziehungsmuster schützt strukturelle Vulnerabilitäten

Strukturelle Probleme lassen sich nicht nur unter dem Aspekt der eingeschränkten Fähigkeit betrachten, sondern auch unter dem der strukturbedingten Vulnerabilität. Strukturelle Vulnerabilitäten werden berührt, wenn sich der Betroffene auf Beziehungen einlässt und emotional involviert. Dann existiert neben einem Beziehungswunsch eine Bedrohung, die die Annäherung an das Objekt behindert. Der Patient fürchtet z. B., dass er die eigenen Grenzen zum Objekt nicht aufrechterhalten könnte, dass er sich selbst verlieren, im Fall einer Zurückweisung wie »vernichtet« sein oder die Kontrolle über eigene Affekte verlieren könnte. Das resultierende Beziehungsangebot dient deshalb dem *Schutz* der betreffenden Vulnerabilität.

Der dysfunktionale Zirkel lässt sich im Fall des Vulnerabilitätsschutzes wie folgt beschreiben: Das Beziehungsangebot des Patienten wird einerseits durch seine Beziehungswünsche und andererseits durch die Befürchtung, dass im Zuge der Annäherung an das Objekt strukturell vulnerable Stellen berührt werden könnten, bestimmt. Im Unterschied zum Konfliktfall entsteht die Befürchtung also nicht durch die

Erwartung, dass das Objekt auf einen bestimmten Wunsch ablehnend reagieren könnte, sondern dass gerade umgekehrt eine *resonante* Antwort des Gegenübers das Selbst involvieren und dabei überfordern könnte. Die Ängste betreffen somit vor allem eine mögliche Gefährdung des *Selbst*. Das Beziehungsangebot des Patienten reagiert – analog zum Konfliktmodus – vorwegnehmend auf diese erwartete Bedrohung. Es ist vor allem defensiv und von dem Bemühen bestimmt, das Objekt bzw. das Verhältnis zum Objekt so zu steuern, dass die Situation für das Selbst erträglich bleibt. Dies geschieht dadurch, dass die bedrohlichen Aspekte des anderen – seine Mächtigkeit, sein Anderssein, seine Bedeutung – real oder im inneren Erleben verändert werden. Zu diesem Zweck können z. B. alle möglichen Formen der äußeren und innerlichen Distanzierung, der Kontrolle und der Entwertung eingesetzt werden.

Die *Antwort des Gegenübers* wird wiederum durch jene Anteile des Beziehungsangebots bestimmt, mit denen der Patient sich zu schützen versucht. Ein distanzierendes Verhalten verführt dazu, den Patienten aus dem Kontakt zu entlassen. Ein von Kontrolle und Entwertung geprägtes Beziehungsangebot legt nahe, sich zu entziehen oder aber dagegen zu halten – mit dem Risiko der Eskalation. Paradoxerweise unterstützen jedoch auch jene Reaktionen des Objekts das dysfunktionale Muster, die den Beziehungswunsch positiv beantworten: Sie involvieren den Patienten zusätzlich, machen ihn dadurch schutzlos und fordern eine noch intensivere Gegenwehr (Kontrolle, Distanzierung, Entwertung) heraus. Infolgedessen entsteht eine irritierende und paradoxe Situation für das Gegenüber, das sich widersprüchlichen und unvereinbaren Erwartungen ausgesetzt fühlt. Therapeuten kennen diese Situation z. B. von Patienten, die durch ihre Verlorenheit in der Gegenübertragung stark fürsorgliche Gefühle wecken, sich durch ein engagiertes Beziehungsangebot jedoch bedroht fühlen und deshalb nicht selten aus dem therapeutischen Kontakt flüchten.

8.4.4 Schlussfolgerungen für die Handhabung der therapeutischen Beziehung

Es ist daher sinnvoll, die eben vorgenommenen Unterscheidungen problematischer Beziehungsgestaltungen mit einer jeweils angemessenen therapeutischen *Haltung* und einem dazu passenden Therapieplan zu verbinden. Die Haltung des Teams wird nämlich wesentlich davon mitbestimmt, wie es das problematische Beziehungsverhalten des Patienten interpretiert und welche Ursachen und Absichten es ihm zuschreibt.

Hinter einem schwierigen Beziehungsverhalten mit *konflikthaftem* Hintergrund steht immer eine unbewusste Intention (und deren Abwehr), weshalb die Frage nach verdeckten Motiven und Befürchtungen therapeutisch sinnvoll ist (Grande 2007a). Dem Patienten kann eine Verantwortung für sein Verhalten grundsätzlich unterstellt werden, auch wenn er diese noch nicht erlebt und erst im Verlauf einer Behandlung schrittweise übernehmen wird. Bei der Beschreibung der Beziehungs- und Übertragungsdynamik sind deshalb Formulierungen möglich und u. U. notwendig, die das Beziehungsangebot des Patienten und dessen Auswirkungen als etwas von ihm unbewusst Beabsichtigtes darstellen.

Wenn ein *strukturelles Unvermögen* ein Beziehungsmuster »vergröbert«, dann bedeutet dies, dass der Patient seine interpersonellen Probleme nicht »absichtsvoll« erzeugt (d. h. auch nicht unbewusst), sondern es »nicht besser kann« (d. h. »sie passieren ihm«). Dieses Unvermögen angemessen zu berücksichtigen und von (bewusst oder unbewusst) intendierten Herausforderungen zu unterscheiden ist eine wichtige Aufgabe, die durch den Therapeuten beständig neu erfüllt werden sollte. Der Gewinn liegt in einer fürsorglicheren Einstellung gegenüber den Defiziten des Patienten und einer dadurch ermöglichten therapeutischen Haltung, welche die Strukturentwicklung fördert.

Wenn die Beziehungsgestaltung vor allem dem Schutz einer Vulnerabilität dient und die Brüchigkeit des Patienten deutlich spürbar ist, ist eine strukturbezogene Haltung einfach zu finden. Die problematischen Beziehungsangebote präsentieren sich dann als defensive Maßnahme. Die primäre Intention des Patienten gilt dem Schutz des Selbst, nicht dem Gegenüber. Unter einer strukturbezogenen Perspektive sind infolgedessen Formulierungen zu vermeiden, die das Beziehungsangebot des Patienten so darstellen, als würde es einer objektgerichteten (z. B. destruktiven) Intention entspringen, ohne auf seine defensive Funktion zu verweisen.

8.5 OPD-gestützte Fall-Supervision als Gruppenprozess

Eine im Behandlerteam abgesprochene Behandlungstechnik kann wesentlichen Einfluss auf das Beziehungserleben und -verhalten des Patienten in der stationären Psychotherapie nehmen (Stasch et al. 2007). Vor dem Hintergrund der OPD-Beziehungsachse lässt sich das Beziehungsverhalten des Patienten verstehen und es können Fokusformulierungen gefunden werden, um das Beziehungsverhalten des gesamten Teams auf diesen Patienten auszurichten.

8.5.1 Ablauf der Fallsupervision im Team

Zusammenfassend lässt sich der Ablauf der Fallsupervision folgendermaßen beschreiben:

1. *Kurze Fallvorstellung*
   Der Supervisor erhält dabei die notwendigen biografischen und symptomatischen Informationen. Nachdem sich die Teammitglieder in den ersten Tagen des stationären Aufenthalts unabhängig voneinander einen Eindruck von der Beziehungsgestaltung des Patienten gemacht haben, kann die Fallvorstellung bereits durch geschilderte Szenen und Einfälle der Teammitglieder lebendig bereichert werden. In einem zweiten Schritt wird das Beziehungserleben des Teams dann explizit eruiert.

2. *Gruppenassoziationsrunde mit dem Fokus auf Übertragungsangebot und Gegenübertragungsimpulsen*
Die einzelnen Behandler werden sowohl ermuntert, konkrete Beziehungsepisoden mit dem Patienten zu schildern, als auch nach der Methode der freien Assoziation Einfälle, Gefühle oder auch körperliche Reaktion einzubringen, welche sich in der Interaktion mit dem Patienten immer wieder einstellen. Auch beobachtete Szenen, in denen sich der Patient mit seinen Mitpatienten oder seinen Familienmitgliedern involviert, können sich als sehr aufschlussreich erweisen. Der Supervisor hat in dieser Phase die Aufgabe, das Material anhand der OPD-Beziehungsachse zu strukturieren und dem Team eine zusammenfassende Einschätzung sowohl der Beziehungsperspektive des Patienten als auch der Übertragungs- und Gegenübertragungsperspektive (Perspektive des Untersuchers) zur Verfügung zu stellen. Dieses Vorgehen verstehen wir als »reflektiertes Feedback« (Stasch et al. 2002).

3. *Herausarbeiten des Beziehungsmodus und der unterschiedlichen Übertragungsrollen innerhalb des Teams*
Im nächsten Schritt der »Kategorisierung« werden die konsensuell als relevant eingeschätzten interpersonellen Verhaltens- und Erlebensweisen des Patienten hierarchisiert, um schließlich den »beziehungsdynamischen Fokus« (Arbeitskreis OPD 2014) zu formulieren. Diese Fokusformulierung wird schriftlich festgehalten und dann dem interpersonellen Thema (▶ Abb. 2) zugeordnet, welches durch den Fokus am besten repräsentiert ist. Aus behandlungstechnischer Perspektive liegt dabei das Hauptaugenmerk auf dem Übertragungsangebot des Patienten und den induzierten Gegenübertragungsimpulsen. Ziel ist es, eine generelle interpersonelle Haltung des Teams gegenüber dem Patienten zu erarbeiten. Grundsätzlich geht es dabei um die Frage, ob die Beziehungsgestaltung des Patienten eher konflikthaft-neurotisch motiviert ist, oder ob es sich um eine Bewältigung struktureller Vulnerabilitäten handelt (natürlich sind auch Mischformen häufig). Im Falle einer konfliktbedingten Beziehungsgestaltung erleben sich die einzelnen Teammitglieder als Objekte der Wünsche und Ängste der Patienten, auf die sie im Sinne der unbewussten neurotischen Kompromissbildung relativ zwangs-

läufig antworten »müssen«. Die Gegenübertragungsimpulse entsprechen in diesem Falle regelhaft den schwierigen Erfahrungen, die der Patient mit den wichtigen Objekten seiner Beziehungsvergangenheit gemacht hat. Ein Ausagieren der Gegenübertragung würde also die dysfunktionalen Erfahrungen bestätigen und verstärken. Im Falle der Bewältigung einer strukturellen Vulnerabilität ist das Beziehungserleben des Teams weniger bzw. gar *nicht* mehr *objektal*. Die Kollegen erleben sich vielmehr stark verantwortlich für das Gelingen der Beziehung, fühlen sich manipuliert, selbst objekthaft verwendet oder schizoid unbezogen. Die begleitenden Affekte können sehr heftig sein, es kann zu Spaltungen und unversöhnlichen Haltungen kommen. Insgesamt schließt sich der »beziehungsdynamische Zirkel« (▶ Abb. 5) nicht mehr stimmig und zwangsläufig.
4. *Fallkonzeptualisierung (siehe Fallbeispiel)*
    a. *problematisches Beziehungsangebot und Modus der Beziehungsgestaltung,*
    b. *nahegelegte Beziehungsantwort, die im Sinne eines Enactments vermieden bzw. beachtet werden sollte,*
    c. *hilfreiche therapeutische Haltung/Intervention.*
5. *Die diagnostischen und behandlungsrelevanten Informationen kommen in die Akte.*

Das Ergebnis der Teamsupervision wird zusammenfassend schriftlich bzw. grafisch dokumentiert. Dazu hat sich ein entsprechendes Auswerteblatt (▶ Tab. 5) bewährt. Dem geschulten Team genügt dann ein kurzer Blick in die Akte, um sich die dysfunktionale Beziehungsgestaltung und die entsprechende interpersonelle Behandlungsstrategie zu vergegenwärtigen. Somit kann das Ergebnis von Supervision und Fallkonzeptualisierung auch schnell denjenigen Kollegen ersichtlich werden, die bei der Supervision nicht teilgenommen haben. Auch der Rückgriff auf den Fall in späteren Supervisionen wird erleichtert.

Ein in solcher Form dokumentierter Behandlungsfokus kann leicht zum Gegenstand von Verlaufsbeobachtungen therapeutisch angestoßener Veränderungen werden. Mit der Heidelberger Umstrukturierungsskala (Arbeitskreis OPD 2014, Stasch et al. 2014) steht dazu ein differenziertes Beschreibungswerkzeug zur Verfügung.

Fallbeispiel
Die 54-jährige Patientin wird stationär wegen einer rezidivierenden depressiven Erkrankung und chronischen Hautinfektionen aufgenommen. Die aktuelle depressive Episode entwickelte sich nach der Scheidung von ihrem Ehemann, in deren Verlauf das gemeinsame Haus verkauft wurde. Den Auszug aus dem gemeinsamen Haus verbindet die Patientin mit dem »endgültigen Verlust« der beiden Kinder, die allerdings erwachsen sind und schon vor der Trennung der Eltern ausgezogen waren. Die Patientin hatte sich bereits vor vier Jahren von ihrem Ehemann getrennt, nachdem dessen langjährige außereheliche Beziehung »ans Tageslicht« gekommen war. Den Mann beschreibt sie als einen sehr anspruchsvollen und ausbeuterischen Menschen, der schnell wütend und auch verbal aggressiv werden konnte, wenn sie nicht »funktioniert« hätte. In der Kindererziehung sei sie auf sich allein gestellt gewesen. Die Kinder seien nach wie vor ihr »Ein und Alles«. Im Ehemann erkenne sie ihren Vater wieder, einen übergriffigen und brutalen Alkoholiker, welcher die Mutter und beide Töchter regelmäßig geschlagen habe. Die Mutter hingegen sei eine sehr schwache und »zu gutmütige« Frau gewesen, es bestanden mannigfaltige Abhängigkeitsbeziehungen. Sexuell müsse man sich den fordernden Männern hingeben, da man als Frau ja »sowieso nix wert« sei, so habe sie die Mutter im Ohr. Die Patientin konnte sich ebenfalls lange keine Trennung vorstellen, hatte sie doch gelernt, sich zu schützen und ihren »eigenen Weg« zu gehen.

Auch in den Beziehungsgestaltungen auf Station fällt auf, dass die Patientin viel Wert auf ihre Autonomie legt und nicht schwach und bedürftig wirken möchte. Es wird aber auch deutlich spürbar, wie brüchig diese Haltung ist und wie schnell man sich als ein Gegenüber mit Wut, Beschuldigung und impliziter Entwertung konfrontiert sieht. Andere sollen auf der anderen Seite verständnisvollfürsorglich sein und sie in ihrer Sicht der Dinge verstehen und bestärken. In der Gruppe der Mitpatienten überwiegt die Tendenz, die Patientin »in Ruhe« zu lassen. Auch bei den Behandlern gibt es die Tendenz, der Patientin viel »Freiraum« zu gewähren und ihr eher harmonisierend zu begegnen, gerade weil man in ihr auch ein geschundenes Opfer erkennt.

In Tabelle 5 ist das Ergebnis der OPD-Beziehungsdiagnostik dargestellt, wie es sich in der Gruppensupervision abbildete. Im oberen Teil finden sich die anhand der vorgegebenen Item-Liste (Arbeitskreis OPD 2014) als typisch eingeschätzten Merkmale für die beiden Erlebensperspektiven. Darunter folgt die Identifikation der problematischen Beziehungsthemen (einfaches Auszählen).

Tab. 5a: Fallbeispiel-Auswertung #1

1. Perspektive A: Das Erleben der Patientin					
Die Patientin erlebt sich immer wieder so, dass sie (andere bzw. an andere) ...			Die Patientin erlebt andere immer wieder so, dass sie...		
Nr.	Text	Thema	Nr.	Text	Thema
1. (7)	sich besonders kümmert, sorgt	4	1. (10)	kontrollieren, Ansprüche stellen	5
2. (30)	sich schützt, auf der Hut ist	7	2. (14)	angreifen, schädigen	7
3. (31)	sich wenig anlehnt, bedürftig zeigt	4	3. (15)	vernachlässigen, im Stich lassen	4

2. Perspektive B: Das Erleben der anderen (auch des Untersuchers)					
Andere – auch der Untersucher – erleben, dass die Patientin immer wieder...			Andere – auch der Untersucher – erleben sich gegenüber der Patientin immer wieder so, dass sie...		
Nr.	Text	Thema	Nr.	Text	Thema
1. (12)	Vorwürfe macht, sie beschuldigt	6	1. (1)	ihr viel Freiraum lassen	1
2. (17)	viel Freiraum für sich beansprucht	1	2. (6)	harmonisieren, Aggressionen vermeiden	7
3. (31)	sich wenig anlehnt, bedürftig zeigt	4	3.		

Tab. 5b: Fallbeispiel-Auswertung #1

Problematische Beziehungsthemen und Ressourcen		
	Max. 3 problematische Themen	Ressourcen
1. Eigenständigkeit/Entfaltung		
2. Anerkennung/Geltung		
3. Zuneigung/Hingabe		
4. Fürsorge/Bedürftigkeit	X	
5. Kontrolle/Anpassung		
6. Anklage/Rechtfertigung		
7. Aggression/Selbstschutz	X	
8. Kontakt/Abgrenzung		

Basierend auf der konsensuellen Einschätzung werden die Themen »Fürsorge/Bedürftigkeit« und »Aggression/Selbstschutz« als beziehungsdynamisch besonders bedeutsam eingestuft. Auf dem zweiten Auswertungsblatt findet man die verschiedenen interpersonellen Themen entsprechend der Lokalisierung auf dem OPD-Zirkumplexmodell.

Die beiden problematischen Fokus-Themen sind grau gedruckt und grafisch mit dem entsprechenden Komplementär-Thema verbunden. Diese thematische Gruppierung der Items ergibt klinisch insofern einen Sinn, als man in dysfunktionalen Beziehungsmustern häufig mehrere Items eines Themenkomplexes vereinigt findet. Am Beispiel der Patientin wird die Erfahrung eigener Vernachlässigung (Thema: Kontakt/Abgrenzung) so verarbeitet, dass sie sich wenig anlehnt (Thema: Fürsorge/Bedürftigkeit) und sich andererseits besonders intensiv um andere kümmert (Thema: Fürsorge/Bedürftigkeit). In der konkreten Beziehungsgestaltung auf Station wird erneut das Thema Kontakt/Abgrenzung relevant, weil die Möglichkeit besteht, dass man sich aus »Rücksicht« vor der Patientin eher aus dem Kontakt zieht und die Patientin »einfach machen lässt«. Diese Beziehungsdynamik spielt sich wiederum vor dem Hintergrund der grundsätzlichen Schwierigkeit der Patientin ab, dass das Eingehen naher

Beziehungen schnell von Destruktivität bestimmt wird, vor der sich die Patientin durch Distanzierung und kontraphobischer Bewältigung schützen muss.

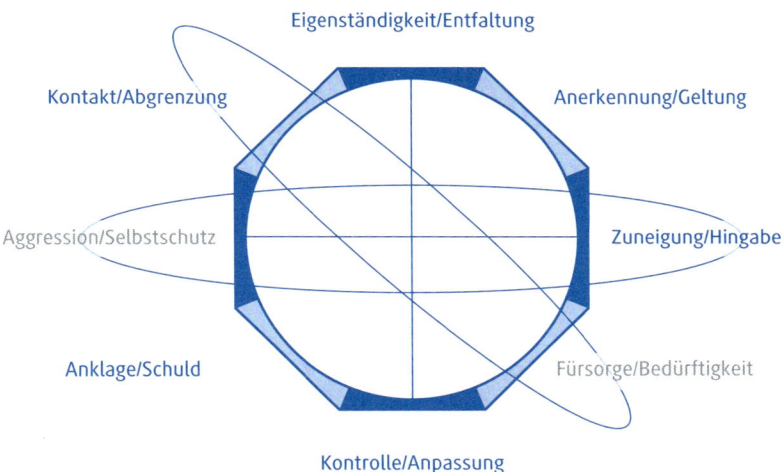

Abb. 6: Fallbeispiel-Auswertung #2

Als Modus der Beziehungsgestaltung wurde primär der strukturelle Vulnerabilitätsschutz identifiziert, der sich in Zusammenhang mit einem Versorgungs- vs. Autarkiekonflikt darstellt.

Tab. 6: Fallbeispiel-Auswertung #3

Modus der Beziehungsgestaltung	
1. Konfliktmodus	
2. Strukturelles Unvermögen	
3. Struktureller Vulnerabilitätsschutz	X

Abschließend finden sich auf dem Auswertungsblatt die relevanten Informationen zum sog. *therapeutischen Tuning* (Stasch und Cierpka 2006), wie sie sich anhand des Befundes ableiten lassen:

Das schwierige Beziehungsangebot der Patientin besteht in dem Wunsch nach interessierter Zuwendung und Fürsorge (Konflikt) einerseits und dem gleichzeitigen Beziehungsmodus von enttäuschtem Rückzug (Konflikt), aber auch Selbstschutz (Struktur) durch Abschotten und Distanzieren andererseits.

Die nahegelegte Beziehungsantwort, die im Sinne eines Enactments vermieden werden sollte, bedeutet, sich als Behandler aus Rücksicht auf die interpersonellen Grenzen bzw. die Affektintoleranz der Patientin zurückzunehmen (also letztlich Beziehung vorzuenthalten), woraufhin sie sich enttäuscht zurückziehen kann und die anderen (auch die Behandler) zu Recht beschuldigt (Konflikt). Der induzierte interpersonelle Rückzug bedeutet aber auch, vermeidend auf die strukturelle Vulnerabilität der Patientin zu reagieren. Möglicherweise hat aber die strukturelle Affektintoleranz der Patientin einen wichtigen Anteil am Symptomgeschehen, so dass Rückzug auch ein Nicht-Behandeln dieser entscheidenden strukturellen Komponente bedeuten würde.

Als *hilfreiche interpersonelle Haltung* bzw. Interventionsfokus wurde formuliert: Interessierten Kontakt und Fürsorge anbieten, auch wenn man sich in der Gefahr erlebt, zum übergriffigen »Täter« zu werden. Ansprechen der problematischen Beziehungsgestaltung. Chancen anbieten, die »Nähe«-Erfahrungen in einem sicheren Rahmen ermöglichen. Mitregulieren der schwer aushaltbaren Affekte, mit der Patienten die »Dosis« tolerierbarer Affekte »aushandeln«.

8.6 Zusammenfassung

Eine an der OPD-Beziehungsachse ausgerichtete Fallsupervision in einem interdisziplinären Behandlerteam kann folgende Aspekte fördern:

- Sprechen einer »gemeinsamen Sprache«, welche sich am unmittelbaren Erleben der Teammitglieder orientiert
- Anregen eines lebendigen Austauschs im Team

- Aufweichen hierarchischer Teamstrukturen und somit Förderung der Motivation
- Erkennen von Gegenübertragungsverstrickungen und Tendenzen zur Eigenübertragung
- Selbstwirksamkeitserleben im unmittelbaren Umgang mit »schwierigen« Patienten
- Fallkonzeptualisierung und Behandlungsplanung auf einer gemeinsamen Basis, ohne spezifische Interventionen der verschiedenen Disziplinen bzw. Berufsgruppen zu unterlaufen
- Verbesserung des Behandlungs-Outcomes (Stasch et al. 2007)

Literatur

Arbeitskreis OPD (Hrsg.) (2014) Operationalisierte Psychodynamische Diagnostik OPD-2. Das Manual für Diagnostik und Behandlungsplanung. 3. Aufl. Bern: Huber.

Balint M (1970) Therapeutische Aspekte der Regression. Die Theorie der Grundstörung. Stuttgart: Klett.

Enke H (1988) Stationäre Psychotherapie im Rückblick: Stationär oder evolutionär? In: Schepank H, Tress W (Hrsg.) Die stationäre Psychotherapie und ihr Rahmen. Berlin: Springer. S. 3–12.

Fürstenau P (2001) Stationäre Psychotherapie psychoanalytisch-systemischer Orientierung. Psychoanalytisch verstehen. Systemisch denken. Suggestiv intervenieren. Stuttgart: Pfeiffer.

Grande T (2007a) Wie inszenieren sich dysfunktionale Beziehungsmuster in der Therapeut-Patient-Interaktion? Psychotherapie, Psychosomatik und Medizinische Psychologie 57(2): 61–69.

Grande T (2007b) Wie stellen sich Konflikt und Struktur in Beziehungen dar? Zeitschrift für Psychosomatische Medizin und Psychotherapie 53: 144–162.

Groß S, Stasch M, Schmal H, Hillenbrand E, Cierpka M (2007) Changes in the mental representations of relational behavior in depressive patients. Psychotherapy Research 17: 522–534.

Janssen P (1987) Psychoanalytische Therapie in der Klinik. Stuttgart: Klett-Cotta.

Kächele H (1993) Die therapeutische Umwelt in der stationären Psychotherapie. In: Schmitt G, Seifert T, Kächele H (Hrsg.) Stationäre analytische Psychotherapie. Stuttgart: Schattauer. S. 144–162.

Körner J, Rosin U (1985) Das Problem der Abstinenz in der Psychoanalyse. Forum der Psychoanalyse 43: 25–47.

Reich G, Rüger U (1994) Die Einbeziehung der Familie in die stationäre Psychotherapie. Nervenarzt 65: 313–322.

Schneider G (1995) Möglichkeiten und Grenzen der Entwicklung der Symbolisierungsfähigkeit in der psychoanalytisch orientierten stationären Psychotherapie – ein störungsorientierter Ansatz zur stationären Psychotherapie. In: Schneider G, Seidler G H (Hrsg.) Internalisierung und Strukturbildung. Opladen: Westdeutscher Verlag. S. 279–312.

Stasch M, Cierpka M (2006) Die Umsetzung interpersoneller Therapiefoki mit einem multiprofessionellen Behandler-Team. Herausforderung an die stationäre Psychotherapie. Psychotherapeut 51: 55–63.

Stasch M, Cierpka M, Hillenbrand E, Schmal H (2002) Assessing reenactment in inpatient psychodynamic therapy. Psychotherapy Research 12(3): 355–368.

Stasch M, Grande T, Janssen P, Oberbracht C, Rudolf G (2016) OPD-2 im Psychotherapie-Antrag. Psychodynamische Diagnostik und Fallformulierung. 2. Aufl. Bern: Hogrefe.

Stasch M, Kraul A, Schmal H, Benninghoven D, Cierpka M, Hillenbrand E (2000) Die empirische Überprüfung der Reinszenierungshypothese in der stationären Psychotherapie. In: Schneider W, Freyberger HJ (Hrsg.) Was leistet die OPD? Empirische Befunde und klinische Erfahrungen mit der Operationalisierten Psychodynamischen Diagnostik. Bern: Huber. S. 179–195.

Stasch M, Schmal H, Hillenbrand E, Cierpka M (2007) Fokusorientierte Interventionen mit der OPD in der stationären Psychotherapie. Effekte auf Ergebnis und Verlauf der Behandlung. Zeitschrift für Psychosomatische Medizin und Psychotherapie 53(4): 309–323.

Thomä H, Kächele H (1989) Lehrbuch der psychoanalytischen Therapie, Bd. 1: Grundlagen. Berlin: Springer.

9 Methoden in der Klinischen Supervision

Heidi Möller und Mathias Lohmer

9.1 Der Beitrag der Psychoanalyse zur Technik der Supervision

9.1.1 Psychoanalytische Grundlagen

Die *Psychoanalyse* hat zur Etablierung und Weiterentwicklung des Formats Supervision einen wesentlichen Beitrag geleistet (Möller 2012). Insbesondere Michael Balint – als Begründer der Gruppensupervision – ist hier zu nennen (▶ Kap. 10). So sollte die Selbstanwendung der psychodynamischen Technik in den nachfolgenden Dimensionen in der Klinischen Supervision gang und gäbe sein:

- die systematische Nutzung der von Übertragungs- und Gegenübertragungsphänomenen als Diagnostikum über die therapeutische Szene, die sich zwischen Patient und Psychotherapeut in der Supervision widerspiegelt
- die Analyse der Abwehrmechanismen der Patienten und auch Behandler
- die Analyse der kollektiven Abwehrmechanismen, um die Rolle der Institution und deren Wirkmächtigkeit in der Behandlung und/oder Team- und Gruppensupervision zu begreifen
- das Nutzen von Widerstandsphänomenen in der Behandlung und/oder Supervision als Kommunikationsangebot von Patient oder Supervisand
- die partielle Verstrickung in die Falldynamik und/oder Supervisionsszene, die nach ihrer Auflösung zu einem vertieften Verstehen der Falldynamik führt.

Ein Problem bei Fallsupervisionen ist oft, dass viel Zeit auf die Erörterung der *Psychodynamik* verwendet wird, aber zu wenig Raum bleibt für die Erörterung spezieller geeigneter *Behandlungstechniken* und der genauen Interventionen, die ein therapeutisches Team anwenden kann. Die Aufgabe einer Supervision besteht aber gerade darin, sehr genaue Überlegungen zu Behandlungsstrategien und geeigneten Interventionstechniken bis hin zu einzelnen Formulierungen anzustellen. So sollte die Supervision dafür genutzt werden, direkt den therapeutischen Dialog zu erproben und zu üben.

9.1.2 Einzel- und Gruppensupervision

Besonders bei Patienten mit einer strukturellen Störung mit ihrer Neigung zu aufgespaltenen Objektbeziehungsdyaden hat eine Gruppensupervision Vorteile gegenüber einer Einzelsupervision. In den Reaktionen der Gruppenmitglieder lassen sich wie in einem Kaleidoskop die unterschiedlichen Facetten des Patienten und seiner unterschiedlichen Objektbeziehungsdyaden (vgl. Clarkin et al. 2008; Lohmer 2013) erkennen und diagnostizieren.

- Da es regelhaft zu Spaltung und Projektion der Täter- und Opfer-Introjekte, zu Polarisierung von Affekten und Rollenumkehr in den Beziehungsmustern von Macht, Ohnmacht, Dominanz, Unterwerfung, Sadismus und Masochismus kommt, erleichtert das Gruppensetting, den ganzen Patienten (im Sinne von Vollständigkeit) und seine Beziehungsmuster »im Raum« zu haben.
- Die beste Methode der Gruppensupervision, um diesen Effekt zu erzielen, ist die Methode der *Balintgruppe*, in welcher sich in der Phase der assoziativen, unstrukturierten Reaktion der Gruppe auf den Bericht des Therapeuten die oben beschriebenen Phänomene deutlich zeigen. Dieses Setting empfiehlt sich auch, um Verwicklungen und Verstrickungen des Therapeuten erkennen und lösen zu können.
- Der Supervisor nimmt hier allerdings stärker die Rolle eines Supervisors und Fachexperten ein, als es üblicherweise für den Balintgruppen-Leiter gilt. Damit nutzt er das szenische Verstehen der

Gruppensituation und die Beiträge der Gruppenteilnehmer für die Formulierung von behandlungstechnischen Empfehlungen.

Um direkt an der Weiterentwicklung der Behandlungstechnik zu arbeiten, empfiehlt sich hingegen eine Einzel- oder Gruppensupervision mit konkretem Fallmaterial: Dies geschieht am besten in der Arbeit mit einem Stundenprotokoll, Videoaufzeichnungen oder dem Rollenspiel.

9.1.3 Supervision mit dem Stundenprotokoll

Das wörtliche *Stundenprotokoll* (Verbatimprotokoll) wird optimal durch die Mitschrift einer Tonbandaufzeichnung, ansonsten anhand von Stichpunkten, die während der Sitzung mitgeschrieben wurden, im Anschluss an die Sitzung rekonstruiert oder aber nach der Sitzung ganz aus dem Gedächtnis erstellt.

Dabei sollte darauf geachtet werden, dass nicht nur die Formulierungen des Patienten, sondern auch die des Therapeuten ausführlich genug wiedergegeben werden. Es ist im Zweifelsfall besser, nur einen Stundenausschnitt zu nehmen, diesen aber möglichst wörtlich wiederzugeben.

Mithilfe dieses Verfahrens können Mikrosequenzen genau analysiert und die Formulierung einzelner Interventionen geübt werden. Besonders hilfreich ist hier die von Wolfgang Loch (1995) eingeführte Technik, jeweils nur einzelne Abschnitte des Protokolls zu diskutieren (ca. eine halbe Seite), den Rest verdeckt zu halten und die Gruppenmitglieder vor dem Verlesen der tatsächlichen Intervention des Supervisanden einzuladen, eigene Interventionsvorschläge in wörtlicher Rede zu machen. Mit dieser Supervisionstechnik können Mikrosequenzen ausführlich erörtert werden und der Fokus liegt klar auf dem interaktiven Geschehen in der Behandlungsstunde.

9.1.4 Supervision mit Videoaufzeichnungen

Mithilfe von *Videoaufzeichnungen* der Behandlungsstunden, wie sie z. B. beim manualisierten Vorgehen bei der Übertragungsfokussierten Psychotherapie (TFP) und der Dialektisch-Behavioralen Therapie (DBT) üblich sind, kann man besonders gut direkt die Interaktion des therapeutischen Paares samt seinen nonverbalen Ausdrucksweisen studieren. In diesem Setting werden alle Therapiestunden regelmäßig aufgezeichnet, der Patient gibt seine schriftliche Einwilligung zur Verwendung der Videoaufzeichnung für supervisorische Zwecke. Die Kamera sollte so ausgerichtet sein (Weitwinkelobjektiv), dass sowohl Patient wie Therapeut für den Betrachter sichtbar sind.

Für die Supervisionssitzung sucht der Therapeut aus einem aktuellen Band ein bis drei Stellen aus (jeweils nicht länger als fünf bis zehn Minuten), mit denen er eine Fragestellung verbindet.

Die Supervisionsgruppe kommentiert – wie in der Balintgruppe – zunächst den unmittelbaren Eindruck aus dem Material, entlang der drei Kommunikationskanäle: verbal, nonverbal, eigene Gegenübertragung. Anschließend werden einzelne Minisequenzen analysiert:

- Was konnte in der Interaktion beobachtet werden?
- Welche Themen wurden aufgegriffen, welche nicht?
- Was blieb unbemerkt?
- In welche Rolle und Position wird der Therapeut vom Patienten gebracht?
- Welche Übertragungsmomente gab es und wie wurden sie gedeutet?
- Welche alternativen Interventionen könnten sich Teilnehmer und Supervisor vorstellen?

Hier wird schon die Ähnlichkeit zu den klassischen Gestaltfragen (▶ Kap. 9.2.2) deutlich.

Der Supervisor nutzt – wie in der Balintgruppe – den Gruppenprozess, fokussiert auf wichtige Sequenzen, fasst die Diskussion zusammen und gibt seine fachliche Expertise hinzu. Auch wenn es Therapeuten zu Beginn meist schwer fällt, ihre Arbeit so direkt zu zeigen, so erleben sie doch rasch den hohen Profit dieser Arbeitsweise: Die Supervisionsgruppe bemerkt Aspekte, die selbst im Verbatim-Stundenprotokoll unbemerkt geblieben wären; es wird auf das beobachtbare Interaktionsgeschehen fokussiert und nicht psychodynamisch spekuliert; der Patient gewinnt im wörtlichen Sinne eine »Stimme« im Supervisionsprozess; die Gruppe macht Vorschläge für konkrete und spezifische Interventionen.

Erkenntnisreich ist hierbei die Beobachtung des *pars pro toto:* Meist genügt ein kurzer Ausschnitt aus einer Stunde, um die generelle Übertragungsthematik deutlich und bearbeitbar werden zu lassen. Ein weiterer Vorteil dieses Verfahrens besteht in der Möglichkeit, mit dem Patienten zusammen Ausschnitte einer Stunde zu betrachten. Aus dem Abstand der Beobachtung können typische Muster leichter bemerkt und verstanden werden.

9.2 Der Beitrag der Humanistischen Psychologie zur Supervisionstechnik

Zur Anreicherung des Supervisionsgeschehens kann es fruchtbar sein, sich zusätzlich einiger Methoden der *Humanistischen Psychologie* – insbesondere dem Psychodrama und der Gestalttherapie – zu bedienen. Im Folgenden werden einige *erlebnisaktivierende* Methoden dargestellt, die sich für die Klinische Supervision besonders eignen. Sie werden zudem in ihrer jeweiligen Indikation besprochen. Viele der Techniken und Methoden lassen sich gut in das psychotherapeutische Handlungsrepertoire vorwiegend psychodynamisch arbeitender Psychotherapeuten aufnehmen.

9.2.1 Anleihen aus dem Psychodrama Morenos

Beim *Psychodrama* geht es darum, Erinnerungen, Fantasien, Szenen und Bilder aus der Vergangenheit in dramatisches Spiel zu übersetzen. Im Hier und Jetzt wird emotionales Erleben verdichtet, um einer Reflexion zugänglich zu werden. Die Wahrnehmung wird durch psychodramatische Inszenierungen erweitert und damit wird auch eine oft verblüffende Erkenntnis ermöglicht, die zu einer Veränderung sowohl der Deutungs- als auch Handlungsdimension (Schreyögg 2010) in der Klinischen Supervision führt.

Durch szenisches Rollenspiel erhalten sowohl der Supervisand als auch der Supervisor oft mehr neue Einsichten zu ihrer Fallpräsentation als durch Gespräche und Diskussionen in der Gruppe. Die *Vorstellungskraft* ist nach Moreno nicht so beeindruckend wie das tatsächliche *Erleben*. Durch das Arbeiten mit unterschiedlichen Rollen wird es laut Moreno möglich, die individuellen Stärken zu fördern und sich von Rollenfixierungen zu lösen. Es können neue Verhaltensweisen erprobt werden und die innere Flexibilität wird wiederhergestellt (vgl. Kriz 2014).

9.2.1.1 Rollenspiel mit Rollentausch

Beim Rollentausch wechselt der Supervisand die Rolle mit seinem Patienten. Der Supervisor oder ein anderes Gruppenmitglied können die Rolle des Psychotherapeuten einnehmen. Beide Spieler übernehmen die typischen Verhaltensweisen des Anderen und verdeutlichen so ihre Wahrnehmung des Anderen. Der Rollentausch wird von dem Supervisor vorgeschlagen, um dem Supervisanden durch den Perspektivwechsel ein besseres Verständnis für die subjektive Erlebnisweise und damit für die Schwierigkeiten und Probleme des Patienten zu ermöglichen. Durch diese Arbeitsform werden Identifikationsprozesse stimuliert. Zudem werden durch den Rollentausch das Einfühlungsvermögen und die Mentalisierungsfähigkeit geschult und der Supervisand in die Lage versetzt, Distanz zu seiner Rolle einzunehmen.

Die Prozesse wechselseitiger Beeinflussung zwischen den am Therapieprozess Beteiligten werden deutlich. Der Patient erzeugt u. U. auch eine für ihn ungünstige Realität durch sein Handeln (gegenseitige Einsteuerung, vgl. Mead 1968). Im Behandlungsprozess kann er den Psychotherapeuten dermaßen unter Druck setzen, dass dieser unwirsch in ein Gegenübertragungsagieren gerät. Die neurotische Realität »Niemand erträgt mich« wird hergestellt und damit ein Script bestätigt.

Aus einer exzentrischen Position heraus entstehen neue Perspektiven und damit neue Handlungsmöglichkeiten, z. B. um eingeschliffene Interaktionsdynamiken zu unterbrechen. Der Rollentausch dient zunächst der erlebnishaften Rekonstruktion der Primärszene in der Behandlung. Des Weiteren kann der Psychotherapeut seine Rolle so spielen, wie er es sich wünscht zu tun. Der Supervisor kann Differenzen der Selbst- und Fremdwahrnehmung fokussieren. Das Verhalten des Patienten – aber auch des Psychotherapeuten – kann in Hinblick auf verdrängte Persönlichkeitsanteile betrachtet und diese können leichter angenommen und integriert werden.

Exkurs:

Ein weiterer Vorteil des Rollenspiels ist das direkte Üben der unmittelbaren Intervention. Dieses Modell kann noch variiert werden: So kann der Supervisor als Life-Supervisor agieren (schräg hinter dem Therapeuten des Rollenspiels sitzend – der Therapeut kann das Spiel jederzeit unterbrechen und mit ihm die Situation besprechen) oder mehrere Teilnehmer der Supervisionsgruppe können sich in der Rolle des Therapeuten abwechseln.

Danach gibt der Supervisand, der seinen eigenen Patienten gespielt hat, ein Feedback, wie er die verschiedenen Interventionen und eventuell auch den Therapeuten erlebt hat, was ihn erreichte und wo er sich verschloss; die Therapeuten wiederum berichten aus ihren Erfahrungen. Abschließend kommentiert der Außenkreis der anderen Gruppenmitglieder das Geschehen und der Supervisor gibt seine zusammenfassende Einschätzung.

Eine gute Übung in Ausbildungssituationen ist auch das Rollenspiel in einer Dreiergruppe. Die Teilnehmer werden in Dreiergruppen aufgeteilt, von denen jeweils zwei die Therapeuten- und Patientenrolle übernehmen, der dritte Teilnehmer ist Beobachter und kommentiert das Geschehen im Anschluss an die Spielsequenz. Die Rollen der Beteiligten werden so getauscht, dass jeder einmal jede Funktion innehat. Die Ausbilder gehen von Gruppe zu Gruppe, fragen kurz nach dem Problemstand und geben vorwiegend praktische Hilfen unter Berücksichtigung der theoretischen Grundlagen.

9.2.1.2 Das Doppeln

Beim Doppeln sprechen der Supervisor oder die Teilnehmer der Team- oder Gruppensupervision das aus, was innerlich in dem Psychotherapeuten vorgeht, er aber explizit nicht in Worte fasst oder fassen kann. In der klassischen Technik des Psychodramas stellen sich die Teilnehmer der Supervision oder der Supervisor selbst hinter den Supervisanden, nehmen seine typische Haltung ein, legen ihm eine Hand auf die Schulter und formulieren das Nichtgesagte: Das können Affekte, Gedanken, Fantasien oder Körpersensationen sein. Die Idee ist, dass durch Nachahmung der Körperhaltung das sich Hineinversetzen in Gefühle und Gedanken leichter fällt. Die Doppler – auch Hilfs-Ichs oder Doppelgänger genannt – versuchen, die Sprache des Psychotherapeuten zu treffen. Es kann ebenso gut auch gleichzeitig der Patient gedoppelt werden. Der Supervisor gibt dem Supervisanden anschließend Gelegenheit, diese innere Stimme zu bestätigen oder – in Abgrenzung – seine andere innere Realität zu formulieren. Das ist vor allem dann wichtig, wenn die Hilfs-Ichs eigene Intentionen in den Vorgang des Doppelns untermischen. Der Supervisor exploriert die innere Welt des Patienten und Psychotherapeuten weiter, bis eine überzeugende Stimmigkeit erreicht ist.

Das Doppeln kann sowohl

- telisch (liebendes Miteinandersein)
- einfühlend
- suggestiv/persuasiv
- konfrontativ
- paradoxal
- multipel

sein.

Das Doppeln bietet in jedem Fall die Möglichkeit, sich selbst, den Patienten und die psychotherapeutische Interaktion besser zu verstehen, Ambivalenzen zu sehen und zu verarbeiten und u.U. unangenehme Gegenübertragungsgefühle zu erfassen. Es stellt eine Möglichkeit dar, neue Deutungs- und Handlungsmuster zu entwickeln, da Vorbewusstes prägnant gemacht werden kann.

9.2.1.3 Der Rollenwechsel

Beim Rollenwechsel wählt der Supervisand eine andere Rolle aus seinem Rollenrepertoire. Schulz von Thun wählte für den Facettenreichtum inneren Erlebens die Metapher des *Inneren Teams* (2004). So kann bspw. eine Psychotherapeutin in sich die Rollen der Diva, der fürsorglichen Mutter, des schüchternen Mädchens, der leistungsorientierten Sportlerin, der zurückgezogenen Autorin u. v. m. tragen. In der Klinischen Supervision kann es sinnvoll sein, für den effektiven Fortgang psychotherapeutischer Behandlungen die professionelle Rolle Psychotherapeut mit Akzenten anderer Rollen des Inneren Teams anzureichern oder gar auszutauschen. Zur Selbstreflexion und Selbstklärung kann es nutzbringend sein, dass sich der Psychotherapeut in der Supervision »auf die Schliche kommt«, welche Person des inneren Teams gerade auf der Bühne agiert. So kann sich das Rollensegment der leistungsorientierten Sportlerin in den Vordergrund gedrängt haben und dadurch der Therapieprozess ins Stocken geraten sein, der Patient zur Verhinderung von Selbstüberforderung in den Widerstand gegangen sein. Ein Rollenwechsel hin zur »Trainerin der Anfängermannschaft« könnte dann hilfreich sein.

Zum vertieften diagnostischen Verstehen ist die Klärung hilfreich, warum welche Rollensegmente in der Behandlung aktiviert wurden und andere nicht. Prozesse unter der Perspektive der projektiven Identifikation oder des *Enactments* (Heisterkamp 2002) zu betrachten, verhilft dem Psychotherapeuten zum Verständnis der Ätiologie der Störung des Patienten, da biografisch erfahrene Rolleneinsteuerungen sich in der Behandlung reinszeniert haben können. Zudem aber führt die Klärung der Frage, welches Rollensegment des Inneren Teams in einer Behandlung vorzugsweise aktiv ist, aber auch zu einer berufsbezogenen Selbsterfahrung des Psychotherapeuten, dem deutlich werden kann, welche Rollen er im Laufe seines Lebens erworben hat, wie diese u. U. im Konflikt miteinander stehen oder sich im günstigen Fall ergänzen, um rollenflexibel den Patienten Antwort geben zu können.

Exkurs:

Mit der Betrachtung unterschiedlicher Möglichkeiten des Rollentauschs sensibilisieren sich die Supervisanden für ihre spezifischen Kompetenzen und Gefahrenstellen, z. B. auch für notorische eigene Übertragungen. Die Supervision kann an diesem Punkt als berufsbezogene Selbsterfahrung (▶ Kap. 2) verstanden werden, die jedoch in deutlicher Abgrenzung zur Lehranalyse oder –therapie zu sehen ist. Berufsbezogene Selbstreflexion hält weder die Person heraus, noch stellt sie sie so stark wie in der Lehranalyse in den Mittelpunkt. Selbsterfahrung in der Supervision verläuft immer als trianguläre Prozess: Die Person des Supervisanden wird immer über die Bezogenheit zum Klientel und in Hinblick auf die Rolle betrachtet. Die Person wird nur berufsbezogen fokussiert, immer in Hinblick auf die Patienten (Möller, im Druck).

9.2.1.4 Das Spiegeln

Das Spiegeln ist eine Variante des Rollentauschs, die die stärkste Konfrontationstechnik darstellt. Die Spiegelung des Therapeuten durch den Supervisor in Gestik, Mimik, Körperhaltung und verbalem Verhalten kann starke emotionale Reaktionen der Supervisanden auslösen. Dieser erhält die Chance, für einige Zeit seine Rolle zu verlassen, um sie aus der Distanz des Zuschauers von außen betrachten zu können. Die professionellen Eigenheiten, Handlungsweisen und Äußerungen verbal und nonverbal aus einer exzentrischen Position zu betrachten, ist gerade für Psychotherapeuten, die nicht gewohnt sind, ihre Behandlungen zu videographieren, nicht immer einfach. Der soziale Spiegel kann sehr gut auch in Gruppensupervisionen eingesetzt werden, denn der Psychotherapeut erfährt, wie er von den anderen Gruppenmitgliedern wahrgenommen wird und wie sein Verhalten auf andere wirkt. Die Spiegelung fordert die Reaktion des Supervisanden heraus und ermöglicht Selbstexploration.

Eine Variante der Spiegeltechnik ist der Verzerrspiegel. Hier wird das Dargestellte in übertriebener Form wiedergegeben und wirkt wie ein Vergrößerungsglas. Ziel dabei ist eine Erlebnisintensivierung, welche die Entwicklung von Handlungsalternativen bewirkt und sorgsamer Unterstützung durch den Supervisor bedarf. Der konfrontative Aspekt des Spiegelns kann durch räumliche Hilfsmittel etwas gemildert werden, indem der Supervisand z. B. eine psychotherapeutische Szene aus einer erhöhten Position betrachtet oder eine andere räumliche Distanz zur Szene einnimmt. Das Spiegeln soll vor allem helfen, im therapeutischen Geschehen Ressourcen zu erkennen und Lösungen zu erarbeiten.

9.2.1.5 Die Zukunftsexploration

Bei Zukunftsexplorationen handelt es sich um eine Sonderform von Imaginationen, d. h. um solche, die in die Zukunft gerichtet sind (vgl. Schreyögg 2004). Den Hintergrund für diese Arbeitsformen bilden der Zeitbegriff von Moreno und sein Konzept der »surplus reality«. Moreno (1973) geht davon aus, dass sich der Mensch über seine Fantasie ein »Mehr« an Realität erschließen kann. Dies gilt auch für zukünftige Ereignisse. Bei Zukunftsexplorationen kann Zukünftiges entweder im Sinne einer Zukunftsprobe oder im Sinne von Zukunftsprojektionen thematisiert werden. Bei der Zukunftsprobe geht es darum, dass ein zukünftiges, konkretes Ereignis als Szene fantasiert oder sogar gespielt wird. Bei Zukunftsprojektionen geht es allgemeiner um zukünftiges Leben, das von den Patienten ebenfalls erlebnishaft thematisiert werden kann.

In der Klinischen Supervision kann der Supervisand konkrete psychotherapeutische Interventionen als Zukunftsprobe imaginieren. Auf diese Weise können auch schwierigere Interventionen qua Imagination ausprobiert und eingeübt werden. Die Sorge, die Arbeitsbeziehung z. B. durch zu starkes Konfrontieren zu gefährden, kann durch diese Technik einer Realitätsprüfung unterzogen werden. Schwierigkeiten in der Behandlung können antizipiert und damit präventiv verhindert werden. In der Klinischen Supervision kann auch die Zukunftsprojektion z. B. über ein Leben der Patienten nach der Therapie, in 20 Jahren etc. Aufschluss über dessen Entwicklungsmöglichkeiten geben. Die Zukunftsprojektionen des Therapeuten sind häufig als Wachstumshilfen zu verstehen. Zudem helfen sie aus Behandlungsphasen heraus, die zu sehr von Stillstand gekennzeichnet sind.

9.2.1.6 Der Zauberladen

In einem »magic shop«, einem Geschäft, in dem man alles Mögliche, aber auch Unmögliche kaufen kann, können die Supervisanden Wissen, Fertigkeiten und Fähigkeiten erwerben, die sie für die Arbeit mit ihren Patienten benötigen. Als Währung für den Einkauf zählt das Verkaufen von vorhandenen Kompetenzen. So kann es auf symbolischer Ebene zu einer Verbesserung der therapeutischen Beziehung kommen, wenn der Therapeut seine brillante Konfrontationstechnik für diese spezielle Behandlung gegen mehr Gelassenheit und Zutrauen zu den Selbstregulationsfähigkeiten des Patienten quasi eintauscht. Bei einem anderen Patienten mag es wiederum sinnvoll sein, die väterlichen Gefühle für ein Mehr an Aktivierung der Lebensalltagspraxis zu verkaufen. Auf diese Weise kann die therapeutische Technik passgenau für den Patienten mit seiner spezifischen Diagnose adaptiert werden. Die Imagination hilft, professionelle Skills, die für den speziellen Fall als ungünstig zu bewerten sind, loszulassen und den Heilungsweg ohne störende Handlungsmuster mit Hilfe von günstigen Kompetenzen zu begleiten. Die Intervention stellt eine hervorragende Möglichkeit zur Entfaltung von Spontaneität und Kreativität dar, welche die Therapeutenpersönlichkeit bereichert und dabei unterstützt, das Ziel der Behandlung zu erreichen.

9.2.1.7 Das Standbild

Der Psychotherapeut hat ein inneres Bild des Patienten vor Augen, das er zu Beginn der Supervision darstellen kann. Gemeinsam mit dem Supervisor kann er dieses von ihm eingenommene Standbild wie ein Foto betrachten und Gestik, Mimik, Körperhaltung etc. einer intensiven Betrachtung und Analyse unterziehen. Die leiblich/affektiven Resonanzen auf das Standbild des Therapeuten können Ausgangspunkt differenzierter Betrachtung der jeweiligen Fragestellung des Supervisanden werden. Das Standbild kann im weiteren Prozess wie eine Skulptur verändert werden, zum Beispiel zu einem Bild, wie sich der Patient und/oder Therapeut den gewünschten Zielzustand am Ende der Behandlung wünscht. Widerstände der Veränderung werden bei sorgsamer Betrachtung des inneren Erlebens beim Skulpturieren unmittelbar evident.

9.2.2 Anleihen aus dem Methodenrepertoire der Gestalttherapie

Die Gestalttherapie wurde von Friedrich S. Perls, seiner Frau Lore Perls und Paul Goodman entwickelt. Sie »ist ein Humanistisches Psychotherapie-Verfahren, das dem humanistischen Menschenbild verpflichtet ist, das einen phänomenologischen Zugangsweg nutzt, ein gestaltpsychologisch orientiertes Systemdenken besitzt, das das psychodynamische Neurosenverständnis mit umschließt und das ferner von Anfang an über erfahrungs- und übungszentrierte sowie experimentierfreundliche Vorgehensweisen verfügt.« (Hartmann-Kottek 2012, S. 11). Die Gestalttherapie legt Wert auf eine existenzielle Beziehung zwischen Patienten und Therapeuten und fokussiert vor allem die Achtsamkeit im Hier und Jetzt. Gestalttherapie als ein tiefenpsychologisch orientiertes Verfahren, in das erkenntnistheoretische Positionen der Gestaltpsychologie, der Phänomenologie sowie des existential-philosophischen Gedankenguts und die fernöstlichen Meditationsformen integriert wurden (Perls et al 1985), eignet sich in hervorragender Weise, die Klinische Supervision erlebnisorientiert zu gestalten. Im Folgenden werden einige Methoden der Gestalttherapie vorgestellt, die sich im supervisorischen Kontext als besonders hilfreich erwiesen haben.

9.2.2.1 Achtsamkeitsübungen

Die Arbeit am Awareness[1]-(Aufmerksamkeit)-Kontinuum ist ein zentrales psychotherapeutisches Agens der Gestalttherapie. Heute wird das Konzept der bewussten Wahrnehmung unter dem Begriff der Achtsamkeit verwendet. Sowohl die Fokussierung der Wahrnehmung auf innerpsychische und leibliche Phänomene, als auch die externe Achtsamkeitsübung, bei der die Wahrnehmung extrapersonaler Phänomene zentriert wird, unterstützen das Verstehen und Begreifen. Sie können u. U. spontane Umstrukturierungen von Deutungsmustern hervorbringen (vgl. Schreyögg 2012). Die Supervisanden werden gebeten,

---

1 Der Begriff »Awareness« wurde von Friedrich S. Perls (1985) geprägt und geht heute im Achtsamkeitskonzept auf.

sich so intensiv wie möglich auf innere oder äußere Phänomene zu konzentrieren und die leiblichen, emotionalen und kognitiven Resonanzen zu erfassen. Dabei kann die Konzentration auf die fünf klassischen Gestaltfragen bei der Besprechung von psychotherapeutischen Interaktionsszenen erfolgen:

- Was machen Sie gerade?
- Was vermeiden Sie gerade?
- Was fühlen Sie gerade?
- Was wollen Sie?
- Was erwarten Sie von mir?

Dies kann dabei helfen, die therapeutische Beziehung und das eigene professionelle Erleben zu rekonstruieren, aber auch Zugang zu abgewehrten Aspekten der Patienten-Therapeuteninteraktion zu ermöglichen. Die Awareness-Übung kann sowohl zu Beginn der Supervision als auch in der Bearbeitung schwieriger Interaktionssequenzen in der Primär- und/oder Supervisionsszene methodisch Sinn ergeben. Insbesondere zur Erfassung von Gegenübertragungsphänomenen ist die Awareness unverzichtbar. Es ist davon auszugehen, dass ein hohes Maß an Awareness die psychotherapeutische Qualität insgesamt steigert.

9.2.2.2 Zweistuhlarbeit

Die Zweistuhlarbeit ist eine Form imaginativen Rollenspiels. Anders als im Psychodrama braucht es bei dieser Methode keine Mitspieler. Der Supervisand imaginiert den Patienten auf einen leeren Stuhl und kann ihn auf diese Weise jenseits des Drucks in der unmittelbaren therapeutischen Situation in aller Ruhe auf sich wirken lassen. Gegenübertragungsgefühle können sich voll entfalten. Durch mehrfachen Wechsel des Stuhls kann der Supervisand zu einem vertieften Verständnis dafür kommen, wie er von dem Patienten erlebt wird. Die Identifikation mit dem Patienten ermöglicht zudem ein noch besseres Kennenlernen der Psychodynamik der Störung, aber auch eine Fokussierung dessen, wie genau und warum sich das Arbeitsbündnis so gestaltet. Ambivalenzen im inneren Erleben des Therapeuten dem Patienten gegenüber, z. B. fürsorgliche und strafende Aspekte, können dargestellt werden und die Ambivalenz und deren Psychogenese begriffen werden. Auch kann die Zweistuhlarbeit in der Supervision dabei helfen, zwischen Gegenübertragungsphänomenen (verstanden als Antwort auf den Handlungsdialog) und den eigenen projizierten Anteilen des Psychotherapeuten zu unterscheiden. Durch die Zweistuhlarbeit kann es bereits zu spontanen Umstrukturierungen in den Deutungsmustern des Psychotherapeuten kommen (vgl. Schreyögg 2012). Damit können neue Handlungsoptionen erschlossen werden. Manchmal ist aber auch eine gezielte Reflexion erforderlich, um die Erweiterungen des Rollenrepertoires des Psychotherapeuten methodisch anzuleiten.

9.2.2.3 Das Experiment

Experimente sind aktionsorientierte Methoden. Die Supervisanden werden aufgefordert, den geschützten Raum der Supervision zu nutzen, um neue Handlungsmuster auszuprobieren. Jenseits des Drucks der unmittelbaren therapeutischen Situation kann damit experimentiert werden, wie sich z. B. ein »Mehr« an Konfrontation mit dem Patienten anfühlt. Das begleitende Erleben der Formulierung unerfreulicher Sachverhalte wie ständiges Zuspätkommen, das Nichtzahlen von Ausfallhonoraren, Widerstandsdeutungen u. v. m. dient der sorgsamen Vorbereitung des Einsatzes in der Realsituation. Die Schwierigkeitsgrade der Experimente können von dem Supervisor anhand des Reifegrads der Supervisanden austariert werden. Das Experiment kann der Vorbereitung schwieriger Therapiestunden dienen, aber auch ganz grundsätzlich den Handlungsspielraum und die Rollenvielfalt der Behandler in angstfreier Atmosphäre erweitern.

9.2.2.4 Sprachspiele

Die Gestalttherapie ist auch Laien dadurch bekannt geworden, dass sie sprachliche Äußerungen der Patienten nahezu wortwörtlich aufgreift. In gestalttherapeutischen Prozessen ebenso wie im Beratungssetting werden Wendungen, Floskeln und stereotype Sprachformeln aufgegriffen und dem Patienten durch Wiederholung des Therapeuten zurückgespiegelt. Sprachliche Äußerungen – so die Annahme – verweisen auf inneres kommunikatives Handeln und zeigen somit typische Kontaktmuster zur Umwelt und zu den inneren Instanzen auf. Somit dient die Analyse der sprachlichen Ausdrucksweise des Patienten der prozessualen Diagnostik. Immer wieder leitet uns der Duktus des Patienten in die innere Konfliktwelt, weist den Weg zu den Strukturmängeln. Psychodynamisch sind dabei interessant:

- Einschränkungen und Relativierungen (ziemlich, eigentlich, ein wenig, bloß...)
- vage und unkonkrete Ausdrucksweise (vielleicht, ich weiß auch nicht, aber...)
- Widersprüchlichkeiten (ja, aber..., allerdings, natürlich)
- Verallgemeinerungen (weiß doch jeder, dass alle, immer, grundsätzlich)
- Verschleierung der Verantwortlichkeit (man sollte, man, wir alle)
- Fragen, die Statements der Patienten verschleiern (vgl. Rahm et al. 1993)

Sprachliche Figuren und Satzfetzen, die fallengelassen und nicht ernst genommen werden, nimmt der aufmerksame Supervisor auf. Er sorgt mit dieser Fokussierung dafür, dass Bewusstseinsinhalte, die nicht wahrgenommen werden (wollen), in eine breitere Erlebensdimension geraten. Andeutungen und vage Formulierungen werden in klare Aussagen übersetzt und ermöglichen es, dass die Inhalte prägnant werden. Sie fächern stets die dahinterliegende Konflikt- oder Strukturdramatik auf.

9.3 Fazit

Wir hoffen, mit dem bunten Strauß an Supervisionsmethoden die Leserinnen und Leser inspiriert zu haben, einige davon auszuprobieren. Auf diese Weise kann der Supervisionsprozess neben dem »Austausch von Worten« zu einem lebendigen, leiblich-sinnlichen Erfahrungsraum werden, der zu der Entwicklung einer erweiterten Deutungs- und Handlungskompetenz der Supervisanden und Supervisoren beiträgt.

Literatur

Clarkin JF, Yeomans FE, Kernberg OF (2008) Psychotherapie der Borderline-Persönlichkeit – Manual zur psychodynamischen Therapie. 2. Aufl. Stuttgart: Schattauer.
Hartmann-Kottek L (2012) Gestalttherapie. Lehrbuch. Heidelberg: Springer.
Heisterkamp G (2002) Basales Verstehen. Handlungsdialoge in Psychotherapie und Psychoanalyse. Stuttgart: Klett-Cotta.
Kriz J (2014) Grundkonzepte der Psychotherapie. Landsberg: Beltz.
Loch W (1995) Theorie und Praxis von Balint-Gruppen. Gesammelte Aufsätze. Tübingen: Edition Diskord.
Lohmer M (2013) Borderline-Therapie. Psychodynamik, Behandlungstechnik und therapeutische Settings. 3. Aufl. Stuttgart: Schattauer.
Mead GH (1968) Geist, Identität und Gesellschaft. Frankfurt a. M.: Suhrkamp.
Möller H (2012) Was ist gute Supervision? Kassel: Kassel University Press.
Möller H (im Druck) Didaktische Überlegungen zur Ausbildung psychodynamischer Psychotherapeut_innen. Forum der Psychoanalyse.
Moreno J L (1973) Gruppenpsychotherapie und Psychodrama. Stuttgart: Thieme.
Rahm D, Ruhe-Hollenbach H, Bosse S, Otte H (1993) Einführung in die Integrative Therapie: Grundlagen und Praxis. Paderborn: Junfermann.
Perls FS, Hefferline RF, Goodman P (1985) Gestalttherapie. Lebensfreude und Persönlichkeitsentfaltung. Stuttgart: Klett-Cotta.
Schreyögg A (2010) Supervision – ein integratives Modell. Lehrbuch zur Theorie und Praxis. Wiesbaden: Verlag für Sozialwissenschaften.
Schreyögg A (2012) Coaching: Eine Einführung für Praxis und Ausbildung. Frankfurt: Campus.
Schulz von Thun F, Stegemann W (2004) (Hrsg.) Das Innere Team in Aktion. Praktische Arbeit mit dem Modell. Reinbek: Rowohlt.

10 Balintgruppe als Methode der Supervision

Andreas Herrmann

Die Arbeit mit einer Balintgruppe ist eine klassische Methode der Fallsupervision in der Gruppe. Klassisch kann diese Methode deswegen genannt werden, weil sie sich zum einen seit vielen Jahrzehnten in verschiedenen Feldern professioneller Beziehungen bewährt hat. Zum anderen kann die Arbeit mit einer Balintgruppe modifiziert werden und dennoch als eigenständiges Konzept erkennbar bleiben.

10.1 Was ist und wozu dient eine Balintgruppe?

In ihrem ursprünglichen Verständnis besteht eine Balintgruppe aus acht bis zwölf Ärzten, die über Problempatienten aus ihrer klinischen Praxis sprechen.[2] Der Gruppenleiter ist Psychoanalytiker und verfügt über Erfahrung in der Balintgruppenarbeit und Gruppenanalyse. Inzwischen können wir in dieser Definition »Arzt« durch »professionelle Helfer« ersetzen. Der heutige Balintgruppenleiter sollte nicht nur über eine ausreichende eigene Erfahrung in dieser Methode verfügen, sondern für diese Funktion auch ausgebildet worden sein. Für die Auswahl des Falls, der in der Balintgruppe besprochen wird, ist entscheidend, dass der Falleinbringer weiterhin damit »beschäftigt« ist, z. B. Schwierigkeiten hat zu verstehen, was zwischen ihm und seinem Klien-

---

2 Zur Einführung in die Balintgruppenarbeit siehe z. B. Roth (1984), Körner (1993), Loch (1995), Eichfelder (2006), Otten (2012), Schröder (2014).

ten passiert ist. Dabei kann es um einen aktuellen Fall gehen oder auch um etwas, das schon einige Zeit zurückliegt, bisher aber ungelöst geblieben ist. Immer geht es um Erfahrungen mit einer professionellen Beziehung. Wenn die Situation des Helfers ganz in den Mittelpunkt rückt und der Klient nur noch am Rande oder gar nicht mehr vorkommt, handelt es sich nicht mehr um eine Balintgruppe, sondern um eine Selbsterfahrungsgruppe. Aber auch im herkömmlichen Setting der Balintgruppe geht es um einen Selbsterfahrungsanteil (▶ Kap. 2 »Selbstreflexion in der Supervision«), den persönlichen Anteil desjenigen, der diese professionelle Beziehung eingegangen ist. Die Teilnehmer einer Balintgruppe sollten dazu bereit sein, sich in ihrem beruflichen Denken und Handeln in Frage stellen zu lassen. Es ist eine wichtige Aufgabe des Balintgruppenleiters, mit diesem Selbsterfahrungsanteil sensibel und verantwortungsvoll umzugehen.

Was sind die Ziele der Teilnahme an einer Balintgruppe? Hier lassen sich unterschiedliche Punkte benennen, die am ursprünglichen Modell einer Balintgruppe für Ärzte entwickelt worden sind, sich aber durchaus allgemeiner verstehen lassen: das Erkennen der therapeutischen Bedeutung der Arzt-Patient-Beziehung, ein besseres Verständnis der Patienten, ein leichterer Zugang zu Problempatienten, Verordnung und Wirkung der »Droge Arzt« erkennen, sich der eigenen Gefühle gegenüber Problempatienten bewusster werden, lernen, sensibel zuzuhören, die körperlichen und seelischen Anteile einer Krankheit im Sinne einer Gesamtdiagnose besser erfassen können und die Entlastung des Arztes von Inanspruchnahme außerhalb der Sprechstunden durch Schaffen einer vertrauensvollen Arzt-Patient-Beziehung. Diese Kriterien beschreiben recht gut, was für das Gelingen einer professionellen Helfer-Klient-Beziehung erforderlich ist. Die von Balint verwendete Formulierung »Droge Arzt« war übrigens ein wichtiges Stichwort, das zur Verbreitung des Konzepts der Balintgruppe entscheidend beigetragen hat. Die Frage der Verordnung und Wirkung der »Droge Supervisor« ist im psychosozialen Feld von ebenso großer Bedeutung, wie die der »Droge Berater« für Wirtschaft oder Verwaltung.

10.2 Michael Balint und die Entwicklung der Balintgruppenarbeit

Michael Balint war ein ungarischer Arzt jüdischer Herkunft, der 1896 in Budapest geboren wurde (Haynal 1987). Nach Beendigung seines Medizinstudiums begann er, sich für Psychoanalyse zu interessieren, hörte Vorlesungen bei Sandor Ferenczi und ging 1920 zur Ausbildung an das Berliner Institut für Psychoanalyse. Schon Anfang der 30er Jahre initiierte er in Budapest ein Seminar, in dem er mit praktischen Ärzten die psychotherapeutischen Möglichkeiten der ärztlichen Praxis zu erforschen versuchte. Dies scheiterte jedoch an den damals sehr schwierigen politischen Verhältnissen. Ende der 30er Jahre zog Balint nach England, wo er ab 1949 in London am »Tavistock Institute of Human Relations« das Konzept der später sog. Balintgruppen entwickelte. Anfangs arbeitete er mit Sozialarbeitern und Psychologen an Eheproblemen, ein Jahr später setzte er diese Arbeit mit praktischen Ärzten fort. Er nannte dieses Seminar »training cum research group«, das hieß, dass hier Lernen und Forschen miteinander verknüpft wurden. In den folgenden Jahren entstanden wichtige Arbeiten, in denen er sein Konzept vorstellte, v. a.: »Der Arzt, sein Patient und die Krankheit« (1980 [1964]), das von Enid Balint und ihm geschriebene Buch: »Psychotherapeutische Techniken in der Medizin« (1976 [1961]) und das von Enid Balint und anderen verfasste Buch: »Fünf Minuten pro Patient« (1975 [1973]).

Balint ging davon aus, dass »das am allerhäufigsten verwendete Heilmittel der Arzt selber sei«, und dass es »für dieses hochwichtige Medikament noch keinerlei Pharmakologie gab« (Otten 2012, S. 1f.). Er bemerkte, dass »in keinem Lehrbuch etwas über die Dosierung steht, in welcher der Arzt sich selbst verschreiben soll... oder über etwaige unerwünschte Nebenwirkungen« (ebd.). Dabei setzte er ein psychosomatisches Krankheitsverständnis voraus. Wenn körperliche Krankheit Ausdruck affektiver Spannungen bzw. innerer Konflikte ist, kann man annehmen, dass der Patient keine körperlichen Symptome zu entwickeln bräuchte, wenn er sich mit seinen Konflikten direkt an einen Arzt wenden könnte. Man könne beobachten, wie Patienten ihrem Arzt unterschiedliche Krankheiten anbieten oder vorschlagen würden, bis beide, Arzt und Patient, darin übereinkommen, eine Krankheit als begründet anzuerkennen. Die Arzt-Patient-Beziehung ist also das Resultat eines Kompromisses zwischen den »Angeboten und Forderungen des Patienten« und den »Reaktionen des Arztes« darauf. Balint fragte danach, ob es gelingen könne, dass der Arzt seinem Patienten zur Einsicht in seine Probleme verhilft, ehe dieser Zuflucht in eine langwierige medizinische Therapie nimmt und viele kostspielige Untersuchungen begonnen werden. Dies sei möglich, wenn der Arzt die Gesamtpersönlichkeit des Patienten berücksichtigt und nicht nur die Summe seiner Symptome. Dabei handle es sich um eine »Kunst« und es bedürfe dazu »einer wesentlichen, wenn auch begrenzten Umstellung des Arztes« (Balint 1980, S. 405). Häufig könne man beobachten, dass der Arzt aufgrund »mangelnder Selbstprüfung« oder wegen seines »apostolischen Eifers« den Patienten zu seinen Vorstellungen bekehren wolle, worauf dieser meist mit einer Verstärkung seiner Symptome antworten würde. Mit »apostolisch« meint er, dass »jeder Arzt eine vage, aber dennoch fast unerschütterlich feste Vorstellung (also eine Art festen Glauben) davon hat, wie ein Mensch sich verhalten soll, wenn er krank ist« (Balint 1980, S. 290). Balint ging es definitiv nicht darum, dem Arzt weitere fachliche Vorschläge für die Behandlung zu machen, die Mitglieder in seinen Gruppen wurden vielmehr dazu angehalten, auf die Gefühle zu achten, die der Patient bzw. die Darstellung des Kollegen in ihnen weckten. Dabei würde der vorstellende Kollege dazu neigen, sich wie sein Patient zu verhalten, während sich die Gruppenmitglieder eher wie der behandelnde Kollege verhalten würden. Dies nannte er den »parallelen Prozess.« Heute wird dieses Phänomen, das z. B. psychodynamisch orientierten Teamsupervisoren gut bekannt ist, meistens als »Spiegelphänomen« (Giernalczyk und Lohmer 2012) bezeichnet. Die Beziehung zwischen dem Helfer und seinem Klienten spiegelt sich also in verschiedenen Facetten der Interaktion in der Gruppe wider.

Balints Gedanken erfuhren eine große Resonanz, sie wurden zunächst bei der Schweizerischen Psychosomatischen Gesellschaft in Sils-Maria und später auf den internationalen Tagungen in Ascona eingehend diskutiert. 1972 wurde die Internationale Balintgesellschaft gegründet, es folgten viele nationale Gesellschaften oder Einzelmitgliedschaften von Ländern. Nachdem Michael Balint 1969 erstmals an den Lindauer Psychotherapiewochen teilnahm, entstand 1974 die Deutsche Balintgesellschaft. Ziel dieser Gesellschaft ist »die Weiterentwicklung und Verbreitung von Erkenntnissen der Balint-Arbeit, deren wissenschaftliche Erforschung, sowie vor allem deren Nutzbarmachung als Lehr- und Weiterbildungsmethode für eine Psychotherapie der praktizierenden Ärzte« (www.balintgesellschaft.de, Zugang am 17.03.2017). Die Möglichkeiten, mit Balintgruppen zu arbeiten, gehen allerdings weit über den Rahmen von Psychotherapie und Medizin hinaus. Inzwischen gibt es Balintgruppen für sehr unterschiedliche Berufsgruppen, beispielsweise für Lehrer, Richter, Kindergärtner, Sozialpädagogen etc.

10.3 Struktur und Leitung einer Balintgruppe

Wie funktioniert die Supervision in einer Balintgruppe? Es ist eine wichtige Voraussetzung für das Gelingen dieser Arbeit, dass der Ablauf der Sitzung vom Leiter phasenhaft strukturiert wird. Nach einem evtl. kurzen Rückblick auf die vorangegangene Sitzung geht es anfangs um die Frage, welcher Fall ausgewählt werden soll. Auch wenn diese Entscheidung letztlich vom Leiter getroffen werden muss, sollte sie möglichst im Konsens mit den Teilnehmern erfolgen, um die Motivation der Gruppe nicht zu beeinträchtigen. Dann folgt der Bericht des Falleinbringers, der nicht allzu lang dauern sollte, etwa 5 bis 15 Minuten, weil allzu detaillierte Schilderungen häufig vom Kern des Problems ablenken. Dabei hat es sich bewährt, den Fall aus der Erinnerung, also ohne weitere Hilfsmittel wie Patientenakten oder persönliche Aufzeichnungen, vorzustellen. Die von einzelnen Teilnehmern im Anschluss an den Bericht oft als dringend vorgebrachten Informationsfragen sollten vom Leiter v. a. dann begrenzt werden, wenn deutlich wird, dass sie bereits affektive Reaktionen oder Hypothesen über den Fall enthalten. Im Anschluss daran lehnt sich derjenige, der den Fall eingebracht hat, zurück und überlässt ihn der Gruppe. Ab jetzt hört er »nur« noch zu. Erst zuletzt wird er vom Leiter wieder in die Gruppe geholt und spricht dann darüber, wie er diese Sitzung erlebt hat. Dass der Balintgruppenleiter diesen phasenhaften Verlauf wie ein unveränderbares Ritual handhabt, gibt den Teilnehmern die Sicherheit, ihre Gefühle, inneren Bilder und subjektiven Eindrücke wahrzunehmen und möglichst unzensiert zu äußern. Dabei distanzieren sie sich von ihrer professionellen Rolle, ihr Fachwissen verliert vorübergehend an Bedeutung. Es geht also, ganz ähnlich wie in einer psychoanalytischen Behandlung, um die Möglichkeit (oder auch die Schwierigkeit) frei assoziieren zu können. Der freien Assoziation der Gruppenmitglieder steht die gleichschwebende Aufmerksamkeit des Leiters gegenüber, der den Gruppenprozess zwar beobachten und seine inneren Eindrücke davon wahrnehmen sollte, zugleich aber auch seiner subjektiven Reaktion auf den Fall ausgesetzt ist. Seine Aufgabe ist es, den Prozess der Fallarbeit zu fördern, zu vertiefen oder eine evtl. einseitige Reaktion der Gruppe zu kommentieren. Außerdem sollte er das Anliegen desjenigen, der einen Fall eingebracht hat, im Auge behalten. Wann interveniert er und wie? Dazu hat Balint folgende Empfehlung gegeben: »Indem der Seminarleiter jedem erlaubt, er selbst zu sein und auf seine Weise und im selbstgewählten Zeitpunkt zu sprechen, indem er den richtigen Zeitpunkt abwartet, d. h. nur dann spricht, wenn wirklich etwas von ihm erwartet wird, und wenn er seine Hinweise in einer Form macht, die den Ärzten, statt ihnen einen Weg vorzuschreiben, die Möglichkeit eröffnet, selber eine Form zu finden, wie sie mit den Problemen des Patienten fertig werden können – dann kann der Leiter in der aktuellen Situation veranschaulichen, was er lehren möchte« (Balint 1980, S. 409).

Das Wechselspiel von freien Assoziationen und gleichschwebender Aufmerksamkeit entwickelt sich aber auch zwischen den Gruppenmitgliedern untereinander und verändert und verdichtet das Gruppengeschehen. Ob die Arbeit in der Gruppe erfolgreich war, zeigt sich oft schon am Ende der Sitzung, wenn sich das anfängliche Verständnis des Falleinbringers verändert hat. Meist fühlt er sich weniger in die Problematik seines Falles verstrickt, kann neue Zusammenhänge erkennen und Perspektiven für die weitere Zusammenarbeit entwickeln.

Nicht selten wird die Wirkung dieser Form der Supervision aber erst dann sichtbar, wenn der vorstellende Kollege in der nächsten Sitzung davon berichtet, wie es weitergegangen ist.

10.4 Eine »Balintsupervision«

Um die praktische Arbeit mit einer Balintgruppe zu illustrieren, schildere ich hier eine Teamsupervision, in der ich mit Hilfe dieser Methode einen Fall supervidiert habe. Zu diesem Team, das mit psychisch Kranken arbeitet, gehören Kolleginnen und Kollegen verschiedener Berufsgruppen: Ärzte, Psychologen, Krankenschwestern und Sozialarbeiter.

Zur vereinbarten Zeit ist außer mir noch niemand da, der Raum ist noch nicht für die Supervision hergerichtet. Als einige Minuten später drei Teilnehmer des achtköpfigen Teams anwesend sind, frage ich, ob dieser Beginn ein Symptom für etwas sei. Nach etwas vage klingenden Erklärungen, dass dieser und jener Kollege noch mit Patienten beschäftigt oder gerade hierher unterwegs sei, kommt rasch die entschuldigende Feststellung, dass momentan sehr viel los sei. Eine Kollegin klagt, sie sei ganz flatterig davon, dass sie gleichzeitig Patienten behandeln, Notfälle managen und das Krisentelefon bedienen müsse. Dass die Arbeitsbelastung des Teams derzeit sehr hoch ist, wird auch von den nach und nach eintreffenden Kolleginnen und Kollegen bestätigt. Auf meine Frage, worum es heute gehen könnte, bekomme ich zu hören, dass im Team schon überlegt worden sei, worüber sie sprechen könnten, sie seien aber auf nichts gekommen. Ich biete an, über die gerade angesprochene Belastungssituation zu sprechen, lasse aber offen, ob sie etwas anderes thematisieren möchten. Ein ärztlicher Kollege äußert spontan, dass ihm gerade eine Patientin eingefallen sei, deren Krankengeschichte er zwar nicht gut kenne, dieser Fall würde ihm aber nachgehen. In nüchternem Tonfall berichtet er, dass es sich um eine Patientin mit einer Persönlichkeitsstörung handele, die einzelbetreut wohne und einen Sohn im Vorschulalter habe. Er hätte sie von seiner Vorgängerin aus der Ambulanz übernommen und ihr anfangs mehrfach vergeblich Kontakt angeboten. Jetzt habe sie ihn in einer akuten Notlage aufgesucht, weil sie schon seit einiger Zeit suizidal sei. Ihr kleiner Sohn habe sie sogar gefragt: »Mama, wann bringst Du Dich um?« Die Familie der Patientin stamme aus Nordafrika, der Vater des Kindes, von dem sie getrennt sei, würde den Jungen alle 14 Tage am Wochenende sehen, eine Schwester, zu der wenig Kontakt bestünde, lebe im europäischen Ausland. Die Patientin würde erwägen, zu ihrer Schwester zu gehen, was dem Behandler als wenig hilfreich erschiene. Sie habe alle seine Angebote, z. B. eine Mutter-Kind-Betreuung, rundweg abgelehnt.

Ich schlage dem Team vor, an diesem Fall mithilfe des Balintgruppensettings zu arbeiten. Das bedeutete, dass die Gruppe jetzt diesen Fall »übernimmt«, der behandelnde Kollege ausschließlich zuhört, was in der Gruppe dazu gesagt wird und uns erst gegen Schluss der Sitzung seine Eindrücke dazu mitteilt. Damit ist das Team einverstanden. Jetzt fragen einzelne Teammitglieder nach zusätzlichen Informationen, wie z. B. nach einer evtl. Medikation der Patientin, die aber wenig Neues bringen.

Nach einer Schweigepause äußern einige, wie schlimm so eine Situation sei, v. a. wenn ein Kind betroffen sei. Der Ärger einer Kollegin, die Patientin solle doch, obwohl sie krank sei, mehr Rücksicht auf ihr Kind nehmen, wird offenbar von einigen anderen geteilt. Zugleich wird klar, dass die Betreuung dieser Patientin durch den ärztlichen Kollegen eine schwierige Aufgabe darstellt. Vielleicht könne er sich ja eine Kollegin zu Hilfe holen. Dann stellt ein Mitglied des Teams die Frage, warum die Patientin gerade jetzt in einer Notlage sei. Daraufhin meldet sich der vorstellende Kollege noch einmal zu Wort, er habe etwas Wichtiges vergessen, ob er das noch mitteilen dürfe. Noch ehe ich als Leiter zu dieser unerwarteten Frage etwas sagen kann, teilt er uns mit, dass der Psychotherapeut der Patientin vor kurzem überraschend gestorben sei. Diese Ergänzung wird von der Gruppe nicht aufgegriffen. Es werden vielmehr weitere Einfälle geäußert, so, als ob diese Information gar nicht erfolgt wäre, was mich erstaunt. Schließlich sagt ein anderer zögernd, es sei ja vielleicht nicht verwunderlich, dass die Patientin die Hilfsangebote nicht annehmen könne, sie habe ja gerade selbst einen Verlust erlitten. Etwas später ergänzt eine andere, dass ja auch der betreuende Arzt gewechselt habe. Ich werfe ein, dass das ein doppelter Verlust sei. Inzwischen fühlt sich die Stimmung in der Gruppe immer schwerer und bedrückender an, zusätzlich scheint ein Gefühl von Hilflosigkeit aufgekommen zu sein. Ich benenne die jetzt deutlich spürbare bleierne Schwere. Nun ist auf einmal von Traumatisierung und Retraumatisierung die Rede, ohne dass dies genauer präzisiert wurde.

Ich bin zu diesem Zeitpunkt immer noch davon beeindruckt, dass der vorstellende Kollege die Information, dass der Psychotherapeut dieser Patientin plötzlich gestorben sei, erst nachträglich ergänzt hatte und diese Mitteilung noch keine Resonanz in der Gruppe gefunden hatte, und entschließe mich zu einer für mich ungewöhnlichen Intervention. Ich hätte an eine frühere Patientin denken müssen, die wegen chronischer Suizidalität eine Psychotherapie begonnen hatte und deren Psychotherapeut sich nach eineinhalb Jahren Therapie umgebracht habe. Daraufhin sei sie akut suizidal geworden und nach einer Odyssee bei verschiedenen Therapeuten schließlich stationär aufgenommen worden. Ich würde glauben, dass wir es mit einer solchen Patientin schwer hätten, weil wir uns als Behandler auch mit dem betreuenden System bzw. den Vorbehandlern identifizieren würden. Den Tod ihres Therapeuten würden wir evtl. wie unser eigenes Versagen erleben.

Durch diese Intervention wird die Stimmung in der Gruppe noch schwerer und belastender, keiner sagt etwas dazu. Ich werde innerlich unsicher, ob es richtig war, auf diese Weise zu intervenieren und zweifle daran, ob meine Intervention von der Gruppe aufgenommen werden und etwas bewirken könne. Die leitende Ärztin stellt nun fest, dass sie das Gefühl hätte, von der Patientin völlig gelähmt zu werden, sie habe überhaupt keinen Handlungsspielraum mehr, so ginge es ihr selten. Jemand anderes kommentiert unverblümt, dass er jetzt verstünde, dass die Patientin nur noch abhauen wolle. Ich sage daraufhin, ich würde glauben, dass uns diese Patientin in ein Dilemma stürzen würde. Entweder hätten wir keine Handlungsmöglichkeit mehr oder wir würden fliehen wollen, was uns aber ebenfalls als aussichtslos erscheine. Wahrscheinlich seien das auch die Gefühle der Patientin. Daraufhin glaube ich eine gewisse Entspannung in der Gruppe wahrzunehmen. Die leitende Ärztin sagt jetzt vorsichtig, sie würde die Patientin nicht zu etwas bringen wollen, sondern lediglich versuchen, sie zu begleiten. Dadurch entsteht bei mir das innere Bild eines Menschen, der eine geliebte Person verloren hat und bei der Beerdigung von jemand anderem an die Hand genommen wird. Als ich das in diesen oder ähnlichen Worten ausspreche, scheint das in der Gruppe anzukommen. Jetzt ist das im Team vorherrschende Verständnis, dass die Patientin wirklich einen schweren Verlust erlitten hat. Das ist verbunden mit der Vorstellung, sich auf sie einzustellen und in einen begleitenden Kontakt mit ihr kommen zu können. Vielleicht, so sagt ein Teilnehmer, müsse sie dann gar nicht mehr ins europäische Ausland oder nach Nordafrika fahren. Als ich kurz vor Ende der Sitzung den vorstellenden Kollegen wieder in die Gruppe hole, um ihn zu fragen, wie es ihm beim Zuhören gegangen ist, scheint sich auch dessen Stimmung verändert zu haben, er wirkt nun weicher und nachdenklicher. Ja, er könne sich vorstellen, die Patientin auf diese Weise zu erreichen. Das mit dem Verreisen mache aber sicherlich wenig Sinn, die Beziehungen in der Familie seien ziemlich schlecht. Er fügt noch hinzu, dass er sich sehr dafür geschämt habe, den Tod ihres Psychotherapeuten erst vergessen zu haben, das sei ihm aber auch im Kontakt mit seiner Patientin passiert. Nachdem damit die Zeitgrenze erreicht wurde, beende ich die Sitzung.

Sechs Wochen später berichtet dieser Kollege, dass er nach dieser Supervision deutlich entspannter gewesen wäre und sich auch die Situation mit der Patientin spürbar verändert hätte. Er habe eine Idee aus der Gruppe aufgegriffen und noch eine Kollegin hinzugezogen, die mehr den psychotherapeutischen Part der Behandlung übernommen hätte. Außerdem hätte sich herausgestellt, dass es im Rahmen des einzelbetreuten Wohnens auch ein Angebot für den Sohn gibt, das die Patientin nun nutzen wolle. Sie habe dennoch beschlossen, zu ihrer Schwester ins europäische Ausland zu gehen und deswegen auch ihre Stelle zum Quartalsende gekündigt. Das sei jedoch schlecht vorbereitet. Aus diesem Grund habe er gegenwärtig keine weitere externe Hilfe für sie oder ihren Sohn organisiert. Er glaube aber, dass die Patientin mit ihrem Sohn bald wiederkäme, dann würde er weitersehen. Zuletzt bedankt er sich für die erfahrene Hilfe.

10.5 Zur Diskussion der Fallsupervision in der Gruppe

Die Sitzung begann in einer Atmosphäre akuter Arbeitsüberlastung des Teams, die sich auch auf das Setting ausgewirkt hatte. Vermutlich hatte diese Situation auch zur Auswahl des Falls beigetragen. Es war nicht überraschend, dass sich die Gruppe nur zögernd dazu entschließen konnte, sich auf die durch die Fallvorstellung ausgelösten schwierigen Gefühle einzulassen. Zunächst hatte die Schilderung der Patientin nachvollziehbaren Ärger ausgelöst. Im weiteren Verlauf wurde die Schwere der Depression der Patientin, aber auch die dadurch ausgelöste Lähmung des Behandlers für alle deutlich spürbar. Diese Gefühle wurden durch die Thematik der Suizidalität, in der die Sinnhaftigkeit jeglichen Tuns für beide Seiten in Frage stand, noch verstärkt. Die Gruppe geriet in eine Situation, in der die belastende emotionale Qualität der als aussichtslos empfundenen Situation zwischen der Patientin und ihrem Behandler ihr Erleben beherrschte. Das heißt, es hatte sich ein *Parallelprozess* entwickelt, in dem sich die blockierende Belastung der vorgestellten professionellen Beziehung in der Reaktion der Teilnehmer widerspiegelte. Bei der hier vorherrschenden Abwehr der Gruppe handelte es sich um einen verständlichen Widerstand, die eigenen Gegenübertragungsgefühle anzuerkennen.

An dieser Stelle intervenierte ich in einer sehr persönlichen Art und Weise, ich sprach von einer eigenen Patientin, die nach dem Verlust ihres Psychotherapeuten suizidal geworden war. Die Gruppe hatte sich mit ersten empathischen Bemerkungen zur emotionalen Situation der Patientin dieser belastenden Thematik jedoch bereits angenähert, so dass mit Hilfe meiner Intervention die Tragweite ihres Verlustes nun für alle erlebbar wurde. Allerdings schien meine Intervention zunächst wenig auszulösen. Das führte dazu, dass ich in meiner Rolle als Leiter unangenehme Gefühle von Unsicherheit und Zweifel erleben musste. Nachdem ich diese ertragen konnte, fand ich weitere Möglichkeiten zu intervenieren und schließlich auch mehr Resonanz in der Gruppe. Durch die Anerkennung dieser Gefühle entstand Raum für neue Einfälle und Handlungsmöglichkeiten der Teilnehmer, vor allem die, die

Patientin begleiten zu können. Dadurch kam es zu einer schrittweisen Entlastung in der Gruppe und auch beim vorstellenden Kollegen. Eine wichtige Frage zum Ablauf einer solchen Sitzung betrifft den Falleinbringer. Warum »darf« er nichts mehr sagen, nachdem er seinen Fall vorgestellt und Informationsfragen beantwortet hat? Zum einen ist es oft entlastend für ihn, einen schwierigen Fall an seine Kollegen abgeben zu können. Andererseits lässt sich mitunter beobachten, dass der vorstellende Kollege an bestimmten Stellen emotional reagiert, weil er plötzlich das Gefühl bekommt, doch noch etwas Klärendes zum Sachverhalt oder zur Rechtfertigung seines Verhaltens beitragen zu müssen. Zuzuhören und nicht Stellung nehmen zu können ist häufig nicht einfach, es kann unsere Abwehr in Frage stellen. Dadurch, dass der Falleinbringer dem Geschehen in der Gruppe ausgesetzt ist, wird er dazu gebracht, Assoziationen zuzulassen, die ihm bisher nicht bewusst zugänglich waren, so dass er neue Erfahrungen machen kann. Das wird dadurch gefördert, dass in der Gruppe oft viel Verständnis für die Situation des Behandlers geäußert wird, einzelne Teilnehmer sich mit seinem Verhalten und den geschilderten Schwierigkeiten identifizieren und an eigene Erfahrungen erinnert werden. Andere Gruppenteilnehmer fühlen sich dagegen in den Klienten ein oder identifizieren sich mit Aspekten seines Erlebens. So werden oft beide Seiten der professionellen Beziehung erlebbar. Fast immer ist es so, dass der vorstellende Kollege in seiner abschließenden Stellungnahme zum Gruppengeschehen ganz anders »klingt« als zu Beginn. Der Kollege wirkte zu Beginn der Sitzung eher abwehrend-nüchtern, am Schluss schien er nachdenklicher, spürbarer und seiner Patientin gegenüber wieder zugewandter zu sein. Wie in seinem Nachtrag in der folgenden Sitzung deutlich wurde, hatte sich die für beide als unlösbar erlebte Situation nach dieser Fallsupervision verändert. Das heißt, dass hier unbewusste Widerstände aufgelöst wurden, so dass diese professionelle Beziehung wieder »in Fluss« kommen konnte.

10.6 Modifikationen und Grenzen der Balintgruppe

Die supervisorische Arbeit mit einer Balintgruppe kann auf verschiedene Weise modifiziert werden, ohne dass diese Methode dadurch ihren spezifischen Charakter verliert. Nachdem es in einer Fallsupervision um die Schwierigkeiten geht, die in einer professionellen Zusammenarbeit auftreten, können nicht nur Helfer, wie Ärzte, Psychotherapeuten, Supervisoren, Berater oder Coachs davon profitieren, sondern auch andere Berufsgruppen, wie Juristen, Beamte oder Führungskräfte aus Wirtschaft und Verwaltung etc. Außerdem können in diesem Setting auch Konflikte bearbeitet werden, die in einer Teamarbeit bzw. in Gruppen aufgetreten sind. Die Zahl der Teilnehmer kann ebenfalls variieren. Eine evtl. Obergrenze liegt beim Übergang zu einer Großgruppe, also bei ca. 20 Teilnehmern. Bei mehr als 8 Teilnehmern können Beobachter im Außenkreis zum Verständnis des Gruppenprozesses beitragen. Aber auch in kleineren Gruppen lässt sich gewinnbringend mit diesem Setting arbeiten. Wenn inklusive des Leiters nur drei Personen zusammenkommen, können der Leiter und einer der beiden Teilnehmer miteinander über den Fall sprechen, während derjenige, der ihn eingebracht hat, zuhört, bis der Leiter ihn wieder dazuholt. Je geringer die Zahl der Teilnehmer ist, desto mehr wird der Leiter mit eigenen Wahrnehmungen und Einfällen zum Gruppenprozess beitragen. Dennoch darf er seine Leitungsfunktion dabei nicht aus den Augen verlieren. Das kann gelingen, wenn er die dafür erforderliche »Spaltung« zwischen seiner Funktion als Leiter und als Teilnehmer der Balintgruppe ausreichend flexibel und klar handhaben kann.

Darüber hinaus kann diese Supervisionsmethode auch im Rahmen eines anderen Settings wie z. B. einer Organisationsberatung oder auch einer Teamsupervision eingesetzt werden (z. B. Bauriedl 1994, Rappe-Giesecke 2000, Giernalczyk und Lohmer 2012). Wenn die Teilnehmer noch wenig Erfahrung mit assoziativem Arbeiten haben, kann der Leiter stärker strukturieren, z. B. weniger Zeit für die Phase der Fallbearbeitung ansetzen, so dass eine bewusstseinsnähere, lösungsorientierte Zugangsweise Vorrang bekommt.

An welche Grenzen können wir mit dieser Methode der Fallsupervision stoßen? Es kann sich dabei sowohl um innere Hemmnisse der Teilnehmer handeln, z. B. eine mangelnde Offenheit oder Bereitschaft, sich emotional auf das einzulassen, was sie während der Fallarbeit erleben, als auch um Vorurteile, die es den Beteiligten erschweren, Menschen aus anderen (Organisations-) Kulturen zu verstehen. Die Fähigkeiten des Leiters, die Einfälle der Teilnehmer oder ihre Interaktionen so aufzugreifen, dass sich unbewusste Bedeutungen der geschilderten Beziehung erschließen lassen, können sich ebenfalls als begrenzt erweisen. Außerdem kann die Stärke des Konzepts, einen emotionalen Zugang zu den beteiligten Menschen und ihren unbewussten Verstrickungen gewinnen zu können, dann einseitig werden, wenn die Teilnehmer oder der Leiter der Gruppe glauben, damit *alle* Faktoren vollständig erfassen zu können, die diese Beziehungen beeinflussen. Dabei kann die Bedeutung des Fachwissens, das für die Gestaltung professioneller Beziehungen auch erforderlich ist, ebenso unterschätzt werden wie der institutionelle bzw. organisatorische Rahmen, der sich auf diese Beziehungen auswirkt. Findet die Balintgruppenarbeit innerhalb einer Institution statt, kann es erforderlich sein, die affektiven Reaktionen unterschiedlichen Ebenen zuzuordnen. Dazu gehören die Beziehungen des Teams zu seinen Klienten, die Beziehungen der Teammitglieder untereinander und die Beziehungen des Teams zu Personen und Gruppen der Institution (Lohmer und Möller 2014, S. 131). In der Praxis einer Balintgruppe, in der sich Leiter und/oder Teilnehmer für die Auswirkungen dieser Zusammenhänge auf die Klient-Helfer-Beziehung interessieren, kann eine Balintsupervision aber auch den Blick für solche Zusammenhänge öffnen.

Literatur

Balint M (1980 [1964]) Der Arzt, sein Patient und die Krankheit. 5. Aufl. Stuttgart: Klett-Cotta.
Balint M, Balint E (1976 [1961]) Psychotherapeutische Techniken in der Medizin. Stuttgart: Klett_Cotta
Balint E, Norell JS (1975 [1973]) Fünf Minuten pro Patient. Literatur der Psychoanalyse. In: Mitscherlich A (Hrsg.) Frankfurt a. M.: Suhrkamp.

Bauriedl T (1994) Auch ohne Couch. Psychoanalyse als Beziehungstheorie und ihre Anwendungen. Stuttgart: Verlag Int. Psychoanalyse bei Cotta.

Eichfelder J (2006) Balint-Arbeit gestern, heute und morgen – was ist essentiell, was führt weiter? Balint-Journal 7: 131-134.

Giernalczyk T, Lohmer M (2012) Das Unbewusste im Unternehmen. Psychodynamik von Führung, Beratung und Change Management. Stuttgart: Schäffer-Poeschel.

Haynal A (2000 [1987]) Die Technikdebatte in der Psychoanalyse, Freud, Ferenczy, Balint. Bibliothek der Psychoanalyse. Gießen: Psychosozialverlag.

Körner J (1993) Balintgruppen. In: Mertens W (Hrsg.) Handbuch psychoanalytischer Grundbegriffe. Stuttgart: Kohlhammer.

Loch W (1995) Theorie und Praxis von Balintgruppen: Gesammelte Aufsätze. Tübingen: Edition Diskord.

Lohmer M, Möller H (2014) Psychoanalyse in Organisationen. Einführung in die psychodynamische Organisationsberatung. Stuttgart: Kohlhammer.

Otten H (2012) Professionelle Beziehungen. Theorie und Praxis der Balintgruppenarbeit. Berlin, Heidelberg: Springer.

Rappe-Giesecke K (2000) Vorwärts zu den Wurzeln – Balint-Gruppenarbeit aus kommunikationswissenschaftlicher Sicht. Balint-Journal 1: 36–42.

Roth JK (1984) Hilfe für Helfer: Balintgruppen. München: Piper.

Schröder B (2014) Balintgruppe – was ist das und was soll das? In: Angerer P, Glaser J, Gündel H, Henningsen P, Lahmann C, Letzel S, Nowak D (Hrsg.) Psychische und psychosomatische Gesundheit in der Arbeit. Wissenschaft, Erfahrungen und Lösungen aus Arbeitsmedizin, Arbeitspsychologie und Psychosomatischer Medizin. Hamburg: ecomed Storck. S. 525–530.

Schröder B (2014) Balintgruppenarbeit für Arbeitsmediziner. In: Angerer P, Glaser J, Gündel H, Henningsen P, Lahmann C, Letzel S, Nowak D (Hrsg.) Psychische und psychosomatische Gesundheit in der Arbeit. Wissenschaft, Erfahrungen und Lösungen aus Arbeitsmedizin, Arbeitspsychologie und Psychosomatischer Medizin. Hamburg: ecomed Storck. S. 531–536.

www.balintgesellschaft.de: Webseite der Deutschen Balintgesellschaft. Zugriff am 17.03.2017.

11 Image von Supervision im Klinikkontext

Isabell Diermann

Dieses Kapitel bezieht sich auf eine Pilotstudie, welche erstmalig das Image von Supervision konzeptualisiert und im Klinikkontext aus der Perspektive von Führungskräften untersucht. Ergebnisse der Studie werden im Hinblick auf ihre Praxisrelevanz erläutert, wodurch die Verhaltensrelevanz des Images von Supervision in Organisationen und seine potenzielle Bedeutung als prozessexterner Wirkfaktor aufgezeigt werden können.

11.1 Zur Relevanz des Images von Supervision im Klinikkontext

Supervision ist im Klinikkontext häufig im Bereich von Psychiatrie, Psychosomatik und Psychotherapie verankert (Wittich 2004). In anderen klinischen Arbeitsbereichen hingegen stieß das Beratungsformat noch zu Beginn der 2000er Jahre auf Skepsis und Abwehr, auch aufgrund von Unbehagen gegenüber externen Beratern im System Krankenhaus und mangels verfügbarer Zeit in einem kräftezehrenden Arbeitsalltag (Degenhardt 2000; Fischer 2001). Heute gehen Wissenschaftler eher davon aus, Supervision sei im Gesundheitsbereich bereits zu einer vertrauten Interventionsform geworden (Knopf 2009; Wittich 2004; Wittich und Dieterle 2009). Der Verbreitungsgrad variiert jedoch zwischen verschiedenen Fachabteilungen. Knopf (2009) betont, gerade in dem System Krankenhaus sei es für Supervisoren essenziell, anzuerkennen, was Mitarbeitern bereits gut gelingt, sowie Strukturen, hierarchische und politische Gefüge und Dynamiken im Hinblick auf unterschiedliche Akteure genau zu kennen. Charakteristisch für dieses System ist das Vorherrschen von offensichtlichen sowie subtilen Konflikten und Belastungen im Arbeitsalltag. Nicht selten ergibt sich ein Spannungsfeld aus finanzieller Rechtfertigung der Arbeit, verfügbarer Zeit von Pflegepersonal und Ärzten und dem Wohl der Patienten. Konflikte zwischen den beiden Bereichen Pflege und Medizin manifestieren sich am ehesten auf den Ebenen von Stationen und Abteilungen und das zunehmende Effizienzstreben im Gesundheitssystem impliziert die Erledigung von mehr Arbeit mit weniger Personal (Knopf 2009). Wittich (2004) sieht die unterschiedlichen Belastungen von Mitarbeitern im Krankenhaus als ausschlaggebend für die Erwartungen an Supervision in diesem Umfeld. Erlebte Belastungen und damit auch die Erwartungen variieren zudem im Hinblick auf verschiedene Fach- und Arbeitsbereiche. Insgesamt sind häufig Konflikte in Pflegenden-Teams und die Verbesserung der Kooperation zwischen Pflegenden und Ärzten ein Thema. Im Hinblick auf Belastungen spricht Wittich (2004) auch von den Grenzen der Supervision. Denn Supervision kann nicht die Arbeitsbedingungen verändern, sondern Mitarbeitern nur veränderte Handlungskompetenzen vermitteln. Das Format Supervision kann in den genannten Bereichen ansetzen, indem es Mitarbeiter eines Klinikums in ihren beruflichen Rollen stärkt und die Qualität der geleisteten Arbeit im Hinblick auf Arbeitsergebnisse und Beziehungen zu Kollegen, Klienten und der Organisation zu sichern und zu verbessern sucht. Die Erwartungen an Supervision, die sich u. a. aus erlebten Belastungen und dem Arbeitsalltag ergeben, hängen zusammen mit dem Image von Supervision.

Welche Relevanz hat nun das Image von Supervision in Organisationen? Buer (2005) bezeichnet Image als »soziale Fiktion« (ebd., S. 282), von der nicht genau bekannt ist, inwiefern sie mit der Realität übereinstimmt. Wenn sie sozial ist, betrifft sie eine Gruppe von Menschen und wird somit für diese Gruppe zur Realität. Folglich wird auch das Image von Supervision in einer Organisation für die Organisationsmitglieder zur Realität. Vertreter der Markenforschung gehen davon aus, dass ein Image auch eine verhaltensrelevante Komponente enthält (Fiedler et al. 2009; Trommsdorff 2009). Dies bedeutet, dass ein Image antreibend wirkt und potenziell Verhalten beeinflusst. Kann dementsprechend auch das Image, das in der Organisation vorherrschende Bild von Supervision, verhaltensrelevant werden? Die Ergebnisse einer Pilotstudie zum Image von Supervision aus der Perspektive von Führungskräften eines Klinikverbundes lassen die Annahme zu, dass das Image den zukünftigen Teilnahmewunsch bzgl. Supervision, den Lerneffekt und den Verhaltenstransfer sowie den wahrgenommenen Nutzen durch Supervision beeinflusst. Es gibt bereits Forschungsergebnisse, die dem Image der Psychotherapie die Funktion als Prädiktor für den Therapieerfolg attestieren (Bartz 2004, zitiert nach Fischer 2007, S. 65). Für Supervision hingegen lagen bisher keine empirischen Studien vor, die explizit das Image von Supervision und mögliche Auswirkungen auf Ergebnisvariablen als supervisionsexternen Wirkfaktor untersuchten.

11.2 Konzeptualisierung des Images von Supervision

Aus psychologischer Perspektive ist ein *Image* ein »auf gesammelten Eindrücken basierendes, sozial geteiltes Vorstellungsbild, das Angehörige von Gruppen« über Meinungsgegenstände haben (Fichter 2015). Dieses Bild entsteht, indem Personen sich mit ihrer Umwelt auseinandersetzen (Kleining 1959). Basierend auf der Kontaktintensität der bewertenden Person mit dem Objekt wird zwischen Selbst- und Fremdimage unterschieden. Dies bedeutet, dass bspw. Anwender eines Produkts/einer Dienstleistung ein Selbstimage entwickeln, Nicht-Anwender hingegen ein Fremdimage. Am intensivsten wird das Konstrukt *Image* in der Marken- und Konsumentenforschung beforscht, die Definitionen sind dort allerdings noch uneinheitlich. Burmann und Stolle (2007) zufolge lassen sich die Definitionen auf den gemeinsamen Nenner bringen, dass es sich »um ein im Gedächtnis des Nachfragers beheimatetes Konstrukt handelt, das rein subjektiv verarbeitet und interpretiert wird« (ebd., S. 12). Dabei ist es von Bedeutung, dass es sich um das Kollektiv von Gedächtnisbildern einer Gruppe von Personen handelt. Während sich eine Einstellung bereits bei nur einer Person bilden kann, entsteht ein Image erst durch ähnliche Einstellungen, d. h. durch Konsens, mehrerer Personen. Insofern ist das Image derjenige Teil der Einstellungen, welcher sozial geteilt ist. Davon ausgehend, dass ein Image die Verhaltensabsicht beeinflussen kann, erfolgt die Operationalisierung des Konstrukts *Image von Supervision* gemäß der Dreikomponententheorie in eine kognitive, eine affektive und eine konative Komponente, welche die psychische Verarbeitung der Image-Dimensionen beschreiben. Konativ bedeutet antreibend und aktivierend, so dass die konative Image-Komponente das angestrebte Verhalten bzw. die Verhaltensabsicht betrifft. Sie ist das Ergebnis der übrigen Komponenten – der kognitiven und der affektiven Verarbeitung der von einem Meinungsgegenstand ausgehenden Reize (Trommsdorff 2009).

Die Konzeptualisierung des Konstrukts *Image* für den Supervisionskontext erfolgt in Anlehnung an die identitätsbasierte Markenführung (Burmann und Stolle 2007), da deren Definition mehrere Image-Dimensionen und die Markenherkunft berücksichtigt. Die Markenherkunft ist der Hintergrund, vor dem eine Marke wahrgenommen wird (Becker 2012). Übertragen auf Supervision geht es um den Kontext, in welchem Supervision gesehen wird. Dieser Kontext kann gemäß der Coachingforschung defizit-, präventions- oder potenzialorientiert sein (Backhausen und Thommen 2006). Aufgrund der Ähnlichkeit der beiden Formate Coaching und Supervision soll die Unterscheidung dieser Kontexte auch für die Supervision übernommen werden. Der Hintergrund von Supervision ist insofern relevant, als dass es einen Unterschied für das Image bedeutet, ob Supervision als potenzialorientierte Entwicklungsmaßnahme, als Maßnahme zur Prävention von Belastungen oder als defizitorientierte Reparaturmaßnahme wahrgenommen wird. Dementsprechend wird das Image von Supervision von mir definiert als

> das Vorstellungsbild von Supervision, welches sich als Konsens und somit als der sozial geteilte Teil von Einstellungen zu Supervision in den Köpfen relevanter Anspruchsgruppen bildet und durch die subjektive Wahrneh-

mung, Verarbeitung und Speicherung von Reizen, d. h. von unterschiedlichen Dimensionen und zugehörigen Attributen, entsteht und außerdem von der Distanz der bewertenden Personen zu Supervision abhängig ist. Als mehrdimensionales Einstellungskonstrukt besteht das Image aus einer affektiven, kognitiven und konativen Komponente.

Um die Wirkung von Images zu verdeutlichen, wird in der Marken- und Konsumentenforschung häufig das Stimulus-Organism-Response (SOR) Modell des Neobehaviorismus herangezogen (Becker 2012; Fiedler et al. 2009). Diesem folgend lösen Stimuli aus der externen Umwelt eines Individuums nicht direkt Reaktionen des Individuums aus, sondern vermittelt durch innerhalb des Organismus ablaufende Prozesse. Das Image kann demnach als intervenierende Variable im Organismus von Personen fungieren. Im übertragenen Sinne kann das Beratungsformat Supervision ein Stimulus sein, der im Organismus einer Person unter Einwirkung des Images wahrgenommen und verarbeitet wird. Reaktionen darauf können beispielsweise Verhalten, Verhaltensabsichten, Zufriedenheit oder die Bewertung des Erfolgs durch die Beratung betreffen.

Die Kosten der Supervision werden in Organisationen zumeist übernommen. Die Entscheidung der Supervisanden für oder gegen eine Teilnahme an Supervision wird folglich nicht von finanziellen Ressourcen abhängig sein. Weiterhin kann eine Teilnahme für Mitarbeiter verpflichtend oder freiwillig sein. Unter der Voraussetzung, dass die Supervisionsteilnahme freiwillig erfolgt, sollten die affektive und die kognitive Haltung gegenüber Supervision, d. h. durch Supervision ausgelöste Emotionen und Gedanken, auch mit einer Verhaltensabsicht, der konativen Komponente, zusammenhängen. Ist die Supervisionsteilnahme obligatorisch, kann das Image bzgl. einer Teilnahme nicht verhaltensrelevant sein, sich aber möglicherweise auf das Ausmaß des Teilnahmewunsches auswirken und die Wahrnehmung des Prozesses und der Ergebnisse beeinflussen. Jedoch ist es denkbar, dass das Image auch in diesem Fall direkt verhaltensrelevant wird – und zwar für den Transfer der Supervisionsergebnisse.

11.3 Warum Supervisionstransfer?

Wie für die Gesamtheit von Personalentwicklungsmaßnahmen zentral, ist der Transfer des Gelernten in die Arbeitspraxis auch im Hinblick auf Supervision von Bedeutung (Kauffeld 2010). Transfer soll eine Verbindung schaffen zwischen einer Entwicklungsmaßnahme und dem Arbeitsalltag und ist somit ausschlaggebend dafür, ob sich die Investition in eine solche Maßnahme für die Organisation und deren Mitarbeiter lohnt. Nach Rappe-Giesecke (2009) ist »Supervision […] nur dann gute Supervision, wenn sie […] übertragbares Wissen schafft und damit nachhaltig wirkt« (ebd., S. 11). Dennoch liegen bislang keine repräsentativen Studien zum Supervisionstransfer vor. Während in der Trainingsforschung von einem Transferproblem die Rede ist (Baldwin und Ford 1988; Kauffeld 2010), lassen sich in der Supervisions- und Coachingforschung hierzu bislang keine Belege finden (Jones et al. 2015). Jones et al. (2015) beschreiben Coaching als eine individuellere Lernform als das Training, die den Coachees mehr Kontrolle über ihren Lern- und Entwicklungsprozess ermögliche. Zudem fördere Coaching aktiv die Zielbindung sowie das Lernen am Arbeitsplatz.

Während Coaching, außer in Leitungsteams, in der Regel als Einzelmaßnahme stattfindet, erfolgt Supervision in Kliniken häufig teamorientiert und damit als Gruppenmaßnahme. Weil sie als individueller erlebt werden, sind Einzelmaßnahmen meist beliebter. Jedoch ermöglicht auch Supervision individuelles Lernen, daher wird sie in der Untersuchung zur Frage des Transfers analog dem Coaching gesetzt. Bislang ist allerdings offen, ob und wie sich der Transfer der Supervisionsergebnisse in den Arbeitsalltag vollzieht und wie dieser konkret sichergestellt werden kann. Als Einflussfaktoren für den Transfer werden in der Trainingsforschung Merkmale des Trainees, Trainingsdesign und Arbeitskontext identifiziert (Baldwin und Ford 1988). Zudem gehen Forscher davon aus, dass die Organisationskultur eine Rolle spielt (Tracey et al. 1995). So sind beispielsweise die Unterstützung von Kollegen und Vorgesetzten sowie ein positives Transferklima relevante Faktoren. Da das Image eines Objekts auch mit der Akzeptanz dieses Objekts einhergeht (Radtke 2014), wird für die Supervision in einer Organisation angenommen, dass die Akzeptanz des Beratungsformats mit der Unterstützung der Teilnahme durch Vorgesetzte und Kollegen verbunden ist und auf diese Weise eine Kultur entstehen kann, in der die Inanspruchnahme von Supervision befördert wird. Wenn das Image von Supervision Teil einer supervisions- bzw. entwicklungsspezifischen Kultur ist, dann wird es sich auf Ergebnisse und Nachhaltigkeit von Supervision auswirken. Je positiver das Image von Supervision ausgeprägt ist, umso eher sollte die Kultur der Organisation entwicklungsfördernd sein und den Supervisionsteilnehmern Lernen und Ausprobieren neu erworbener »Deutungs- und Handlungsmuster« (Schreyögg 2009) in der Praxis ermöglichen. Im Hinblick auf den Supervisionstransfer wird angenommen, dass das Image als Teil einer Entwicklungskultur und damit als transferfördernder Faktor (vgl. Stewart et al. 2008; Tracey et al. 1995) eine positive Wirkung entfaltet.

11.4 Das Image von Supervision im Klinikkontext – Ergebnisse einer Pilotstudie

Aufgrund der dargelegten Bedeutung des Images von Supervision und seiner möglichen Rolle als prozessexterner Wirkfaktor sollte es für Wissenschaft und Praxis von Interesse sein, welcher Aspekt von Supervision aus der Perspektive verschiedener Anspruchsgruppen wahrgenommen und bewertet wird. In einer Pilotstudie wird das Image von Supervision aus der Perspektive von 63 Führungskräften unterschiedlicher Hierarchieebenen eines deutschen Klinikverbundes untersucht, wodurch sowohl Selbsteinschätzungen der Führungskräfte über ihren zukünftigen Teilnahmewunsch und ihre eigenen Supervisionsergebnisse als auch Fremdeinschätzungen über Supervisionsaktivitäten ihrer Mitarbeiter entstehen. Die Führungskräfte wurden per E-Mail von der Personalentwicklungsabteilung kontaktiert und mittels Online-Fragebogen befragt. Die Studienergebnisse sind größtenteils quantitativer

Natur und konnten sowohl deskriptiv als auch analytisch ausgewertet werden.

11.4.1 Welches Image hat Supervision im Klinikkontext?

Aus Sicht der Führungskräfte hat Supervision im Klinikkontext das insgesamt positive Image, entlastend und klärend auf Teams und Mitarbeiter zu wirken, Stress zu reduzieren, Konflikte zu lösen sowie Kooperation und Selbstreflexion zu fördern. Diese mit Supervision assoziierten Funktionen entsprechen den Erwartungen von Supervisanden, die der bisherigen Supervisionsforschung zu entnehmen sind (Fraunbaum 2013; Lukow 2008; Wittich 2004). Ob im Arbeitsalltag erlebte Belastungen maßgebend für die Erwartungen an Supervision sind, so wie Wittich (2004) dies im Hinblick auf Supervision in einem Klinikum belegen kann, wird im Rahmen der Pilotstudie nicht explizit untersucht. Allerdings wird Supervision von den befragten Führungskräften als Instrument zur Stressreduktion und emotionalen Entlastung angesehen. Dementsprechend kann vermutet werden, dass auch das Image des Beratungsformats mit erlebten Belastungen in Verbindung steht. Weiterhin genießt Supervision das Image, nützlich, wertvoll und modern zu sein und eher mittelmäßig attraktiv, angenehm, entspannend und begeisternd zu wirken. Dass Supervision als Instrument zur Konfliktlösung angesehen wird, stützt die in der Literatur vorherrschende These, Supervision werde häufig erst bei bereits bestehenden Konflikten und Problemen nachgefragt (Kersting und Krapohl 2000). Anders als erwartet wird Supervision jedoch nicht defizit-, sondern eher potenzialorientiert wahrgenommen. Funktionen, welche sich auf die Entwicklung von Potenzialen beziehen, werden als deutlich zutreffender empfunden als die Bezeichnung als Reparaturmaßnahme. Außerdem wurde untersucht, ob Supervision im Klinikkontext das Image hat, als Führungsersatz oder zur Lösung von organisationalen Problemen zu dienen und somit Alibi-Funktionen erfüllt. Diese Image-Dimensionen wurden von den befragten Führungskräften verneint. Da Führungskräfte auch teilweise die Perspektive der Organisation vertreten und in ihrer Rolle als Vorgesetzte für eine funktionierende Arbeitsweise ihrer Mitarbeiter verantwortlich sind, ist das Bejahen von latenten Funktionen der Beratung (v. Ameln 2010) von dieser Zielgruppe nicht zu erwarten.

Wie in der bisherigen Konzeptualisierung von Images postuliert (Kleining 1959), kann auch anhand der Pilotstudie im Klinikkontext in Selbst- und Fremdimage von Supervision unterschieden werden. Dies bedeutet konkret, dass Supervision bei Führungskräften, die bereits selbst an Supervision teilgenommen haben, ein positiveres Image hat als bei solchen, die noch nicht über Supervisionserfahrung verfügen. Folglich fördert der Kontakt zu Supervision ein positiveres Image des Beratungsformates und eine Verbreitung der Supervisionsteilnahme in der Organisation kann dazu beitragen, negative Einstellungen abzubauen. Ob sich Führungskräfte über Supervision informiert haben, entscheidet gemäß der Studie nicht über das Image. Dabei sollte jedoch bedacht werden, dass sich mehr als 90 % der Befragten aktiv über Supervision informiert hatten – und zwar in erster Linie in der Personalabteilung und bei Vorgesetzten. Diesen beiden Akteuren kommt daher bei der Verbreitung von Wissen über Supervision eine beachtliche Bedeutung zu. Wenn sie potenziell als Meinungsführer in der Organisation fungieren, dann sind sie auch an der Bildung von Annahmen und Verhaltensabsichten beteiligt.

11.4.2 Verhaltensrelevanz des Images und Nachhaltigkeit der Supervision

Je positiver das Image von Supervision bei den Führungskräften des Klinikverbundes ist, desto höher bewerten diese den eigenen Verhaltenstransfer und den ihrer Mitarbeiter sowie den Lerneffekt ihrer Mitarbeiter durch Supervision. Das Erleben von Transfermöglichkeiten erhöht weiterhin den wahrgenommenen Nutzen durch Supervision. Zudem fallen die Bewertungen supervisorischer Ergebnisse auf organisationaler Ebene positiver aus: die Verbesserung von Arbeitsabläufen und Unternehmensklima sowie der wahrgenommene Nutzen für die Mitarbeiter. Auch der Wunsch, Mitarbeiter zukünftig an Supervision teilnehmen zu lassen, steigt mit einem positiven Image des Beratungsformats. Dementsprechend ist das Image von Supervision in Organisationen durchaus verhaltensrelevant. Das, was Führungskräfte von Supervision erwarten, entscheidet über die zukünftige weitere Verbreitung des Formats in der Organisation und zwar unabhängig davon, ob diese Erwartungen in der Realität eingelöst werden. Die Verhaltensrelevanz zeigt sich darüber hinaus in einem beschriebenen erhöhten Lerneffekt und Transfer der Supervisionsergebnisse im Falle eines positiven Images. Somit kann das Image auch über die Nachhaltigkeit von Supervision entscheiden. Es nimmt Einfluss darauf, ob sich die Investition in Supervision für eine Organisation und für ihre Mitglieder lohnt. Das Image von Supervision kann mittels dieser Pilotstudie als Stellschraube identifiziert werden, an der es zu drehen gilt, um den durch Supervision geschaffenen Mehrwert für alle beteiligten Akteure zu erhöhen und zu erhalten.

Ein interessanter Befund ist, dass das Image von Supervision, entlastende und klärende Funktionen zu erfüllen, Lernen zu ermöglichen und organisationale Abläufe zu verbessern, eher für die Mitarbeiter gesehen wird, als dass die Führungskräfte es für sich selbst erwarten. Der Wunsch der Führungskräfte, Mitarbeiter zukünftig an Supervision teilnehmen zu lassen, ist stärker ausgeprägt als der Wunsch nach eigener Teilnahme. Die befragten Führungskräfte möchten zukünftig lieber ein Coaching bekommen. Dies zeigt den Wunsch nach hierarchischer Differenzierung: Supervision als Reflexionsangebot beruflicher Fragen für die Mitarbeiter versus Coaching für die Leitungs- und Managementaufgaben. Es stellt sich jedoch kein signifikanter Unterschied zwischen Supervision und Coaching bzgl. Akzeptanz und Prestige im Klinikkontext heraus.

11.4.3 Implikationen für die Praxis

Was kann nun konkret getan werden, um die Verbreitung von Supervision zu fördern und das Image von Supervision in eine positive Richtung zu lenken? Die Studienergebnisse machen deutlich, dass die Verbreitung von Supervision im Klinikkontext sehr unterschiedlich ist. Auf den unteren Hierarchieebenen scheint das Format eher verbreitet zu sein als auf den oberen, zudem unterscheidet sich der Verbreitungsgrad nach Arbeitsbereichen. Es entsteht der Eindruck, Supervision sei für einige Arbeits- und Funktionsbereiche leichter zugänglich als für andere. So sind unter denjenigen Führungskräften, die ihre Mitarbeiter bereits an Supervision haben teilnehmen lassen, deutlich mehr Pflegende als Mediziner. Auch dies spricht für eine stärkere Verbreitung des Beratungsformats auf unteren Hierarchieebenen. Ausgehend davon, dass wir zwischen Selbst- und Fremdimage unterscheiden können, dass also Supervision bei Organisationsmitgliedern mit Supervisionserfahrung ein positiveres Image genießt als bei denen ohne diese Erfahrung, sind der Verbreitungsgrad und die Zugangsmöglichkeiten entscheidend. Wie bereits dargelegt, setzt dies eine positive Kettenreaktion in Gang: Die zukünftige Teilnahmebereitschaft an Supervision wird erhöht.

Allein die Information über das Beratungsformat hat jedoch noch keine Auswirkungen auf das Image in einer Organisation. Stattdessen ist es nötig, direkte Kontaktmöglichkeiten herzustellen. Die Teilnahme an Supervision in weiten Teilen eines Klinikums verpflichtend zu machen, würde zunächst den Verbreitungsgrad erhöhen. Diese Maßnahme birgt jedoch ein Risiko, Reaktanz zu verursachen. Insbesondere dann, wenn zu wenig Informationen zur Verfügung stehen und Supervision als kaum relevant oder sogar wenig sinnvoll erachtet wird, ist diese Lösung nicht zielführend. Es mag eher erfolgversprechend sein, Vernetzung und Austausch zwischen Organisationsmitgliedern mit guter Supervisionserfahrung und solchen mit wenig oder gar keiner Erfahrung zu fördern und damit die intrinsische Motivation zu schaffen, an Supervision teilnehmen zu wollen bzw. Mitarbeiter daran teilnehmen zu lassen. Konkret könnte u. a. der Austausch zwischen Pflegepersonal und Ärzten forciert und das Thema Supervision über unterschiedliche Hierarchieebenen hinweg erlebbar gemacht werden. Es ist von Bedeutung, durch persönliche Kontaktmöglichkeiten zu Supervision und zu Supervisoren den Zugang zu diesem Unterstützungsformat zu erleichtern. Möglichkeiten hierzu sind Workshops zum Kennenlernen und Team-bezogenen Ausarbeiten von Vorteilen und Chancen durch Supervision und auch die Möglichkeit für alle Mitarbeiter, probeweise an einer Supervision teilzunehmen. Auf diese Weise werden Vorurteile sukzessiv abgebaut und Reaktanz durch neue Verpflichtungen vermieden. Wichtig ist es außerdem, nicht das Gefühl entstehen zu lassen, Supervision bedeute zusätzliche Arbeit und Mehraufwand. Mitarbeiter werden sich kaum auf einen solchen zusätzlichen Aufwand einlassen, wenn sie sich nicht der positiven Wirkung bewusst sind. Einige Führungskräfte und Mitarbeiter wissen um den Nutzen einer Supervision, fühlen sich jedoch durch die ohnehin schon hohen Belastungen im Arbeitsalltag nicht in der Lage, Supervisionssitzungen in diesem unterzubringen. Die Herausforderung besteht darin, ein tragfähiges Konzept zu entwickeln, welches Supervision in den Arbeitsalltag integriert, ohne als zusätzliche Arbeit wahrgenommen zu werden. Die Partizipation von Führungskräften an der Entwicklung eines solchen Konzepts kann auch die Akzeptanz desselben deutlich erhöhen. Langfristig wird ein tragfähiges Konzept dazu beitragen, die Handlungsfähigkeit der Mitarbeiter und somit auch der Organisation als Ganzes zu erhalten.

Die Akzeptanz von Supervision im Klinikkontext ist insgesamt mittelmäßig ausgeprägt, wird jedoch in Bezug auf höhere Hierarchieebenen als mangelhaft bewertet. In Anbetracht dessen, dass Führungskräfte als Meinungsführer und sogar häufig als »Orientierungsanker« (Buchholz 2002, S. 10) in Organisationen gelten, sollte der Akzeptanz von Supervision auf höheren Hierarchieebenen durchaus Beachtung geschenkt werden. Auch gemäß den Studienergebnissen nutzen Mitarbeiter ihre Vorgesetzten als Informationsquellen. Eine schrittweise Annäherung an Supervisionsthemen mittels Workshops und probeweiser Teilnahme, wie oben beschrieben, ist empfehlenswert. Zudem sollten Führungskräfte durch die Personalentwicklung auf ihre Rolle als Meinungsführer aufmerksam gemacht werden und gemeinsam Konzepte zur Kommunikation von Supervision im Arbeitsalltag entwickelt werden. Unterstützung durch Vorgesetzte sowie Kollegen steht weiterhin mit dem Transfer der Supervisionsergebnisse in Verbindung und ist somit die Voraussetzung für eine nachhaltige Wirkung von Supervision. Eine breitere Teilnahme an Supervision in der Organisation und der Einbezug von Leistungsträgern sowie der Einsatz für positive Themen wie Teamentwicklung und Potenzialstärkung wirken einer defizitorientierten Konnotation von Supervision entgegen.

Wünschenswert ist eine Organisationskultur, in welcher die Inanspruchnahme von Supervision als selbstverständlich gilt, Supervision auf allen Ebenen akzeptiert und von Kollegen und Vorgesetzten unterstützt und geschätzt und mit Potenzialentwicklung, effizienter Konfliktlösung und Teamarbeit assoziiert wird. Die Studienergebnisse zeigen, dass die Organisation als Ganzes von der Verbreitung des Beratungsformats und eines damit einhergehenden positiven Images profitiert. Dies gilt insofern, als dass das Image die Nachhaltigkeit und damit auch den Nutzen einer Investition in Supervision beeinflusst. Zudem kann eine verbreitete Teilnahme Mitarbeiter entlasten und damit die Handlungsfähigkeit der Organisation sicherstellen.

Literatur

Backhausen W, Thommen J-P (2006) Coaching. Wiesbaden: Gabler.
Baldwin T, Ford JK (1988) Transfer of Training: A Review and Directions for Future Research. Personnel Psychology, 41 (1): 63–104.
Becker C (2012) Einfluss der räumlichen Markenherkunft auf das Markenimage. Kausalanalytische Untersuchung am Beispiel Indiens. In: Burmann C, Kirchgeorg M (Hrsg.) Innovatives Markenmanagement, Bd. 36. Wiesbaden: Springer Gabler.
Buchholz U (2002) Wie funktioniert Veränderung? Interne Kommunikation als Schlüsselfaktor. In: Bentele G, Piwinger M, Schönborn G (Hrsg.) Kommunikationsmanagement. Neuwied [u. a.]: Luchterhand.
Buer F (2005) Coaching, Supervision und die vielen anderen Formate. Ein Plädoyer für ein friedliches Zusammenspiel. Organisationsberatung, Supervision, Coaching 12 (3): 278–296.
Burmann C, Stolle W (2007) Markenimage: Konzeptualisierung eines komplexen mehrdimensionalen Konstrukts, Arbeitspapier Nr. 28. Bremen: Lehrstuhl für innovatives Markenmanagement (LiM).
Degenhardt C (2000) Möglichkeiten und Grenzen der Supervision im Allgemeinkrankenhaus. In: Pühl H (Hrsg.) Handbuch der Supervision 2. 2. Aufl. Berlin: Wissenschaftsverlag Volker Spiess. S. 221–233.
Fichter C (2015) Image. In: Dorsch Lexikon der Psychologie. Verlag Hans Huber. (https://portal.hogrefe.com/dorsch/image/, Zugriff am 19.11.2015).
Fiedler L, Becker JU, Kirchgeorg M (2009) Unternehmens- und Stakeholderkommunikation als Einflussfaktoren des Unternehmensmarkenimages. Marketing ZFP 31 (3): 197–212.
Fischer M (2001) Wirkfaktoren und Qualitätskriterien von Supervision. Endbericht zum Projekt »Evaluation des Veränderungspotenzials von Supervision in unterschiedlichen professionellen Feldern«. Wien: Institut für Evaluation und Sozialforschung.
Fischer P (2007) Das Image der Psychotherapie. Eine Studie zum Image der Psychotherapie im psychotherapeutischen Kontext. Dissertation, Carl von Ossietzky Universität Oldenburg. Oldenburg.

Fraunbaum K (2013) Erwartung und (Super-) Vision. Erwartung an Supervision und SupervisorInnen: Unterschiede und Gemeinsamkeiten von Fach- und SozialarbeiterInnen in multiprofessionalen Teams. In: Brüderlin R, Käser F (Hrsg.) Wie Beratung wirken kann. Neun Masterthesen zu einem komplexen Thema, Bd. 3. 1. Aufl. Wien: Facultas. S. 49–64.

Jones RJ, Woods SA, Guillaume YRF (2015) The effectiveness of workplace coaching. A meta-analysis of learning and performance outcomes from coaching. Journal of Occupational and Organizational Psychology. doi:10.1111/joop.12119.

Kauffeld S (2010) Nachhaltige Weiterbildung. Betriebliche Seminare und Trainings entwickeln, Erfolge messen, Transfer sichern. Berlin, Heidelberg: Springer.

Kersting HJ, Krapohl L (2000) Teamsupervision. In: Pühl H (Hrsg.) Handbuch der Supervision 2. 2. Aufl. Berlin: Wissenschaftsverlag Volker Spiess. S. 59–77.

Kleining G (1959) Zum gegenwärtigen Stand der Imageforschung. Psychologie und Praxis 3 (4): 198–212.

Knopf W (2009) Supervision und Coaching im Krankenhaus. In: Pühl H (Hrsg.) Handbuch Supervision und Organisationsentwicklung. 3. Aufl. Wiesbaden: Springer VS. S. 339–352.

Lukow R (2008) Wirksamkeit von Supervision. Eine qualitative Studie zu Perspektiven einer Organisation. Masterarbeit, Universität Wien.

Radtke B (2014) Markenidentitätsmodelle. Analyse und Bewertung von Ansätzen zur Erfassung der Markenidentität. Wiesbaden: Springer Gabler.

Rappe-Giesecke K (2009) Supervision für Gruppen und Teams. 4. Aufl. Berlin: Springer.

Schreyögg A (2009) Die Wissensstruktur von Coaching. In: Birgmeier B (Hrsg.) Coachingwissen. Denn sie wissen nicht, was sie tun? Wiesbaden: VS. Verlag für Sozialwissenschaften. S. 47–60.

Stewart LJ, Palmer S, Wilkin H, Kerrin M (2008) Towards a model of coaching transfer: Operationalising coaching success and the facilitators and barriers to transfer. International Coaching Psychology Review 3 (2): 87–109.

Tracey JB, Tannenbaum SI, Kavanagh MJ (1995) Applying trained skills on the job. The importance of the work environment. Journal of Applied Psychology 80 (2): 239–252.

Trommsdorff V (2009) Konsumentenverhalten. 7. Aufl. Stuttgart: Kohlhammer.

Von Ameln F (2010) Latente Funktionen und hidden agendas in der Organisationsberatung. In: Göhlich M, Weber SM, Seitter W, Feld TC (Hrsg.) Organisation und Beratung. Wiesbaden: VS Verlag für Sozialwissenschaften. S. 191–199.

Wittich A (2004) Supervision in der Krankenpflege. Formative Evaluation in einem Krankenhaus der Maximalversorgung. Dissertation, Albert-Ludwigs-Universität zu Freiburg.

Wittich A, Dieterle WE (2009) Empirische Supervisionsforschung. Ein Beitrag aus dem Krankenhaus. In: Haubl R, Hausinger B (Hrsg.) Supervisionsforschung: Einblicke und Ausblicke. Interdisziplinäre Beratungsforschung. Göttingen: Vandenhoeck & Ruprecht. S. 12–28.

Autoren- und Herausgeberportraits

Heidi Möller, Prof. Dr., Diplom-Psychologin, Promotion zur Psychotherapie in totalen Institutionen, Habilitation zu Gütekriterien der Supervision, TU Berlin, Psychoanalytikerin, Lehrtherapeutin für Tiefenpsychologie und Gestalttherapie, Lehrsupervisorin, Organisationsberaterin und Coach. 2002 Lehrstuhl für Kommunikationspsychologie und Psychotherapie, 2004 Gründungsdekanin der Fakultät für Bildungswissenschaften der Universität Innsbruck. Seit 1.10.2007 Professorin für Theorie und Methodik der Beratung an der Universität Kassel. *heidi.moeller@uni-kassel.de.*

Mathias Lohmer, Dr. phil., Diplom-Psychologe, Psychoanalytiker (DPV/DGPT/IPA), Organisationsberater, Coach und Supervisor. Dozent und Supervisor des TFP-Institutes München und der ISTFP (International Society for Transference Focused Psychotherapy). Dozent der International Psychoanalytic University Berlin (IPU), Mitglied ISPSO (International Society for the Psychoanalytic Study of Organizations). Geschäftsführender Gesellschafter von M19-Manufaktur für Organisationsberatung GmbH und Partner des Instituts für Psychodynamische Organisationsberatung München (IPOM). Durchführung von Supervisionscurricula bei IPOM. *mathias.lohmer@m19-organisationsberatung. de.*

Isabell Diermann M. Sc., Wirtschaftspsychologie M. Sc., Coach in Ausbildung (dpa). Wissenschaftliche Mitarbeiterin am Fachgebiet Psychologie unternehmerischen Handelns, Universität Kassel, Forschung und Lehre zu lebens- und arbeitsweltlichen Beratungskonzepten, Personal- und Organisationsentwicklung, Entrepreneurship, interkulturelles Arbeiten und Teamprozesse, freiberufliche Trainingstätigkeit. *isabell.diermann@uni-kassel.de*.

Thomas Giernalczyk, Prof. Dr. phil, geschäftsführender Gesellschafter der M19-Manufaktur für Organisationsberatung GmbH, Psychoanalytiker und Honorarprofessor für Psychologische Interventionen und Therapie an der Fakultät der Humanwissenschaften an der Universität der Bundeswehr in München. Mitbegründer des Instituts für Psychodynamische Organisationsberatung München (IPOM), Weiterbildung von Führungskräften und Beratern. Dozent der International Psychoanalytic University Berlin (IPU), Arbeitsschwerpunkte Supervision, psychodynamische Kulturentwicklung, Change-Begleitung, Coaching und Beratung von Familienunternehmen. *thomas.giernalczyk@m19-organisationsberatung.de*.

Gisela Grünewald-Zemsch, Diplom-Psychologin, Psychoanalytikerin in freier Praxis, Lehranalytikerin (DPG, IPV, DGPT). 2007-2010 Leiterin des AWBA des Instituts für Psychoanalyse Nürnberg (IPNR), Forschungsbeauftragte des IPNR, Mitglied der Curriculumkommission des IPV-AZ, seit 2013 Mitglied des IPV-AZ in der DPG. Doktorandin an der Universität Kassel zum Thema: »Die Supervisionsdyade (-Beziehung) in der psychoanalytischen Ausbildung: »Thinking under Fire«. *zemsch@thinkingunderfire.de*.

Andreas P. Herrmann, Dr. med., M. A., Facharzt für Allgemeinmedizin, Facharzt für Psychosomatische Medizin und Psychotherapie, Psychoanalyse (DGPT, DPG, IPV), Lehranalytiker und Supervisor der Akademie für Psychoanalyse und Psychotherapie München e. V., Veröffentlichungen zur Psychosomatischen Medizin, psychoanalytischen Identität, Einzel- und Teamsupervision, Institutionalisierung der Psychoanalyse, Lehranalyse, Behandlungsfehlern und Fehlerkultur. www.¬dr-andreas-herrmann.de. *andreas.p.herrmann@gmx.de*.

Silja Kotte, Dr. phil., Diplom-Psychologin, Supervisorin DGSv. Wissenschaftliche Mitarbeiterin am Fachgebiet Theorie und Methodik der Beratung, Institut für Psychologie, Universität Kassel, freiberufliche Beratungs- und Trainingstätigkeit. Promotion zur Evaluation eines binationalen Leadership Development Programms. Forschungsschwerpunkte: Coaching und Supervision, Gruppenprozesse, Führung, Mentalisierung, psychoanalytische Theorie an der Schnittstelle von klinischer und Arbeits- und Organisationspsychologie. *silja.kotte@uni-kassel.de.*

Jan Moeck, Dr. jur., Rechtsanwalt bei DIERKS + BOHLE Rechtsanwälte Partnerschaft mbB, Fachanwalt für Medizinrecht, Beratungsschwerpunkte: Vertragsarztrecht, Psychotherapeutenrecht, Berufsrecht der Heilberufe, Gesetzliche Krankenversicherung. *moeck@db-law.de.*

Michael Stasch, Psychologischer Psychotherapeut, Psychoanalytiker (DGPT), Paar- und Familientherapeut (BVPPF). Lehrtherapeut und Supervisor an verschiedenen Ausbildungsinstituten und Institutionen. OPD-Trainer und Vorsitzender des Bundesverbandes Psychoanalytische Paar- und Familientherapie (BVPPF). Delegierter bei der Couple & Family Section der European Federation for Psychoanalytic Psychotherapy in the public sector (EFPP). Publikationen in den Bereichen Psychotherapieforschung, Beziehungsdiagnostik, OPD-gestützte Behandlungsplanung. Niedergelassen in eigener Praxis in Heidelberg. www.psychotherapie-stasch.de, *praxis@psychotherapie-stasch.de.*

Martin Stellpflug, Prof. Dr. jur., M. A., Rechtsanwalt bei DIERKS + BOHLE Rechtsanwälte Partnerschaft mbB, Fachanwalt für Sozialrecht, Fachanwalt für Medizinrecht, Mediator, Professor für Gesundheitsrecht und Ethik an der Psychologischen Hochschule Berlin, Schriftleiter (zusammen mit Christian Katzenmeier) der Zeitschrift Medizinrecht, Justiziar der Bundespsychotherapeutenkammer. Beratungsschwerpunkte: Vertragsarztrecht, Psychotherapeutenrecht, Kooperationsrecht der Heilberufe, Berufsrecht der Heilberufe, Arzthaftungsrecht. *stellpflug@db-law.de.*

Sylvia Wagenaar, Dipl. Religionspädagogin, Dipl. Sozialpädagogin/-arbeiterin, M. A., Mehrdimensionale Organisationsberatung (MDO[b]). Seit 2011 in eigener Beratungspraxis in Ostfriesland in den Bereichen Supervision, Coaching und Organisationsberatung tätig. Bildungsreferentin in der Ev. Jugendbildungsstätte Asel mit den Arbeitsschwerpunkten Sozialkompetenztraining für Schulklassen und Prozessbegleitung für den Aufbau kirchengemeindlicher Kinder- und Jugendarbeit. www.sylviawagenaar.de; *sylvia.wagenaar@gmx.de*.

Stichwortverzeichnis

A

Abstinenzgebot 82
Abwehrmechanismus 161
Affekt 158
Ausbildungs- und Prüfungsverordnung 66
Ausbildungssupervision 37, 129
Außenkreis 44
Awareness 173

B

Balintgruppe 178
Behandlungsfehler 66
Behandlungsverhältnis 76
Berufsgruppenbezogene Supervision 52
Beziehungsangebot 142
Beziehungsgestaltung 97
Beziehungsmuster 145

C

Container-Contained-Beziehung 32
Containment 32

D

Dokumentationspflicht 79
Doppeln 167
Dreieck der Supervision 21

Dysfunktionaler Zirkel 148

E

Einzelsupervision 162
Enactment 153
Externe Supervision 53

F

Fallbesprechung 25, 110
Fallsupervision 51, 141

G

Gegenübertragung
– Konkordante 28
– Symmetrische 28
Gegenübertragungsanalyse 34
Gegenübertragungsimpuls 152
Gestalttherapie 173
Gruppenanalyse 178
Gruppensupervision 162

I

Image 193
Innenkreis 42
Inneres Team 169
Institutionelle Kränkung 133
Institutionelle Verwicklung 122
Interne Fallbesprechung 25

Interne Supervision 52
Interpersonelle Dynamik 27
Intersubjektive Theorie 125
Interventionsspielraum 34
Intervision 104
Intervisionsgruppe 107
Intrapsychische Dynamik 26

K

Kollegiale Beratung 104
Konfrontationstechnik 170
Kontrollanalyse 35, 63

L

Lehranalyse 120
Lehrtherapie 35
Leiterlosigkeit 109
Leitungsteamsupervision 57

M

Maligner Zirkel 146
Mentalisierungsfähigkeit 166
Metakommunikation 47
Metaprozess 25

O

Objektbeziehungsdreieck 37
Ödipale Problematik 131
OPD-Beziehungsdiagnostik 143
OPD-Zirkumplexmodell 156

P

Parallelprozess 126
Patientendynamik 59
Pol des Supervisors 24
Projektion 27
Projektive Identifizierung 126
Psychodrama 165

Psychodynamik 26, 30, 34

R

Rollenfixierung 166
Rollentausch 166
Rollenumkehr 162
Rollenwechsel 168

S

Schadenersatzpflicht 69
Schweigepflicht 68
Selbsterfahrung 47
Selbstoffenbarung 48
Selbstreflexion 34
Spiegeln 170
Spiegelphänomen 29
Spiegelungsprozess 28
Standbild 172
Supervisionsbeziehung 97, 128
Supervisionsforschung 89
Supervisionsmethode 177
Supervisionstransfer 198
Supervisionsvertrag 67
Supervisorenkompetenz 98
Supervisorische Arbeitsbeziehung 97

T

Teamdynamik 54
Teamsupervision 51
Therapie-Outcome 92
Therapiesicherung 80
Tiefenpsychologisch 37
Triadischer Prozess 32
Trianguläre Struktur 134
Triangulierung 32
Tri-Partite-Modell 120

U

Übertragung

– Neurotische 35
Übertragungsneigung 49
Übertragungsrolle 152

V

Verhaltenstransfer 195
Verstrickung 59
Vertragsverhältnis 70
Vertragsverletzung 69
Vertraulichkeitsvereinbarungen 68
Vulnerabilität 148

W

Widerspiegelungsdynamik 28
Wirkfaktoren 98
Wirksamkeit 89, 92

Z

Zauberladen 171
Zukunftsexploration 171

*2017. 232 Seiten mit 3 Abb. und
3 Tab. Kart. € 29,-
ISBN 978-3-17-029338-0
Supervision im Dialog*

*2017. 208 Seiten mit 3 Abb. und
9 Tab. Kart. € 29,-
ISBN 978-3-17-029342-7
Supervision im Dialog*

Das zweibändige Einführungswerk der Buchreihe „Supervision im Dialog" informiert über Supervisionsbegriffe und -schwerpunkte in verschiedenen Disziplinen und Anwendungsbereichen sowie über aktuelle Entwicklungen und Kontroversen. Als Auftakt zu der Buchreihe „Supervision im Dialog" soll dieser Band einen ersten Einstieg ermöglichen. Die Beiträge berichten in kurzgefasster Form und in einem einheitlichen Aufbau über ihr jeweiliges Gebiet und erläutern ein zentrales Thema mittels eines kurzen Beispiels.

Leseproben und weitere Informationen unter www.kohlhammer.de

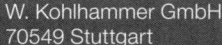 

Rolf-Dieter Stieglitz/
Harald J. Freyberger (Hrsg.)

Diagnostik in der Psychotherapie

Ein Praxisleitfaden

2017. 228 Seiten mit 2 Abb. und 15 Tab. Kart. € 30,-
ISBN 978-3-17-028719-8
Psychotherapie kompakt

Eine differenzierte Diagnostik sollte nicht nur zu Beginn einer Psychotherapie durchgeführt werden, sondern auch kontinuierlich im Verlauf, um den Erfolg der Behandlung zu evaluieren. Unter klinischen Praxisbedingungen wird eine Erfolgskontrolle jedoch eher zögerlich bis gar nicht durchgeführt. Der vorliegende Band zeigt vielfältige Möglichkeiten einer therapiebegleitenden Diagnostik auf. Neben allgemeinen Grundlagen und den therapieschulenspezifischen Ansätzen liegt der Schwerpunkt des Buchs auf der Diagnostik bezogen auf die wichtigsten Störungsgruppen: u. a. affektive Störungen, Angststörungen, Persönlichkeitsstörungen.

Leseproben und weitere Informationen unter www.kohlhammer.de

Mathias Lohmer/Heidi Möller

Psychoanalyse in Organisationen

Einführung in die psychodynamische Organisationsberatung

2014. 232 Seiten mit 1 Abb. und 2 Tab. Kart. € 24,90
ISBN 978-3-17-022113-0
Psychoanalyse im 21. Jahrhundert

Freuds Arbeiten zur Kulturtheorie und „Massenpsychologie", seine fundamentalen Einsichten zum Verhalten in Gruppen und zur unbewussten Beziehung zwischen Führung und Gefolgschaft haben den Boden bereitet für eine höchst fruchtbare Beschäftigung der Psychoanalyse mit der Dynamik und Beratung von Einzelnen, Gruppen und Organisationen. Dieses einführende Lehrbuch zeigt, wie Coaching, Supervision und Organisationsberatung als psychodynamische Beratung zu mehr Verständnis und Handlungsspielraum innerhalb von Organisationen beitragen. Anschaulich stellen die beiden Autoren dar, wie psychoanalytisch orientierte Berater und Führungskräfte in ihrer Arbeitshaltung neben anderen Methoden der Organisationsentwicklung die Grundlagen einer psychoanalytischen Arbeitsweise nutzen können: Übertragung und Gegenübertragung, Abstinenz und Containment.

Leseproben und weitere Informationen unter www.kohlhammer.de